汽车创新的辙迹

陈积芳 主编
朱盛镭 编著

U0955111

上海科学技术文献出版社
Shanghai Scientific and Technological Literature Press

图书在版编目（CIP）数据

汽车创新的辙迹 / 朱盛镭编著．—上海：上海科学技术文献出版社，2020（2022.1 重印）
（领先科技丛书）
ISBN 978-7-5439-8000-6

Ⅰ．①汽… Ⅱ．①朱… Ⅲ．①汽车—普及读物 Ⅳ．① U46-49

中国版本图书馆 CIP 数据核字 (2020) 第 020215 号

策划编辑：张 树
责任编辑：王 珺
封面设计：留白文化

汽车创新的辙迹
QICHE CHUANGXIN DE ZHEJI
陈积芳 主编 朱盛镭 编著
出版发行：上海科学技术文献出版社
地 址：上海市长乐路 746 号
邮政编码：200040
经 销：全国新华书店
印 刷：常熟市文化印刷有限公司
开 本：720×1000 1/16
印 张：16
字 数：244 000
版 次：2020 年 6 月第 1 版 2022 年 1 月第 2 次印刷
书 号：ISBN 978-7-5439-8000-6
定 价：58.00 元
http://www.sstlp.com

前言

5000多年前，人类发明了轮子并开始借助“轮子”为运输工具。由此之后，各类车型相继问世，各种车用技术竞相博弈，汽车在不断进化和演变中，其间，依赖于化石能源的汽车蹒跚前行，步步艰辛，维持着“轮子”的正宗传人地位；人类还发明了电的各种实际应用，为了解决石油依赖和环境污染，又促动各种电动汽车迈开踉跄步履，几经反复和折腾，方能奏效；而当50年前人类发明了互联网，为让民众进一步体验互联互通的便捷与高效，又推动智能互联网汽车驶上新经济时代的康庄大道……

汽车科技的演进，就是以汽车及其产业为载体，通过不断发现、发明和创新，不断吸收社会物质文明与科学文明的成果，承前启后，推陈出新，物竞天择，迭代发展，在人类文明史和科技史上镌刻下一道道汽车历经的辙迹；通过持续探索、实践、试错、变革与创造，呈现各种汽车产品及其科技成果，组成一幅幅变迁和繁荣的世界与中国汽车创新图景。

犹记中华人民共和国成立之初，国民生产总值仅100多亿美元，重工业几乎为零，轻工业只是少数纺织业。毛泽东主席曾感慨：“我们除了能造桌子椅子，能造茶壶茶碗，连一辆汽车、一架飞机、一辆坦克、一辆拖拉机都不能造。”而正是在这一穷二白的版图上，党领导人民建立起独立自主的、比较完整的工业体系和国民经济体系，生产了自己的解放牌汽车、东方红拖拉机……通过几代汽车人自力更生、艰苦奋斗和自主创业，中国汽车产业面貌焕然一新，尤其是1978年之后，在中共十一届三中全会方针指引下，中国汽车人推进了改革开放 40 多年来的产业变革和创新，在由汽车大国迈向汽车强国的征途上，频显科技进步和科技领先的阵阵辉煌。中国汽车工业成为国民经济的支柱产业，为中华民族的伟大复兴做出了不可磨灭的贡献，而在这背后的是几代汽车人栉风沐雨、中流击楫、筚路蓝缕、砥砺前行，他们用智慧和汗水践行着中国的“汽车梦”，推动着中国汽车工业的蓬勃发展。

综上所述的道理，推进了《汽车创新的辙迹》一书编写，其目的是试图通过传播和普及汽车科技知识，与读者们一起回望和憧憬中国汽车产业历经辙迹和光明前程，特别是通过采撷其间有关汽车科技创新过程中熠熠生辉的中国创造、中国设计、中国制造以及中国领先等瑰丽元素，检阅中国汽车工业从无到有、从小变大、由弱变强的过程，纵览 70 年来中国汽车产业璀璨的科技成就。

由于科技进步和产业发展日新月异，本书在编写中虽经过多方面调查、咨询和资料查询，但仍跟不上形势发展千变万化。如发现本书有不足或信息滞后之处，恳请读者批评和指正。本书编写过程中，得到上海市老科学技术工作者协会陈积芳会长、科普委娄志刚主任和机械委孙德成老师的指导；得到中国汽车工程学会和上海市汽车工程学会梁元聪秘书长，以及学会和相关行业的尹琪、卢志华、袁尚平、谷俊等多位高级专家的指导和帮助，作者在此表示衷心感谢。

目录

一、汽车史上的创新

自主移动，是人类与生俱来的创新梦想。从巴格达飞毯、嫦娥奔月、敦煌飞天……从哥伦布发现新大陆、郑和下西洋、蛟龙号载人潜水器……到阿波罗探月飞船、长征火箭、神舟载人飞船，自生命开始，我们人类的祖先就从没有停止过穿越时空的幻想与探索，从没有停止过实现自主移动的创新与发展。汽车的诞生，弥补了人类史上个性化、快速陆上移动的空白，演绎了人类追寻自主移动的理想，承载了人类探索创新的智慧和激情。汽车就是人类实现自主移动的创新工具和创新文化载体。

在同时代人共同努力下，第一辆内燃机汽车于1886年1月29日诞生。不久《纽约时报》在一篇报道中首次提出了“AUTO-MOBILE”（自主-移动）概念，表达了人类对汽车这种近似“婴儿”本能需求的最佳描述，同时“AUTO-MOBILE”的概念也成为汽车的命名（因一般多装用汽油机，故汉语简称之为汽车）。关于汽车的定义，其本质上是一种具有自主动力源，在一定时间内使人或物完成相应空间位移的交通工具。

然而人类实现和创新自主移动所构成的系统远没有如此简单。如在满足人类愿望、创造空前文明的同时，汽车的自主移动还存在不少问题，也给自然、社会、理念带来了冲击。以人为出发点，汽车实现自主移动首要解决的系统问题是：人的本身，即移动的情感、个性和渴求问题；人与产品，即移动的安全、舒适、便利问题；人与环境，即移动的环保、能源、社会问题。也许这就是人类在实现和创新自主移动中必须付出的努力和代价，也许这也就是我们中华民族在实现和领先汽车科技进步中必须投入的心血和精力。

1 车辚辚，马萧萧：古代车辆的演进

旧石器时代末期，人类迁移便蠢蠢欲动。在冰河时期，人类依靠双腿的移动足迹已经遍布除南极以外的所有大陆。在远古时候，人类最早的运输工具是木棒。后来人类从渔猎时代进入了畜牧时代，驮运物品的驮兽便成了人类的重要运输工具。随着社会生产力的发展，另一种重要的运输工具“橇”（人们在木板底下安放圆木，以滚动代替滑动）诞生了。相传“车”就是从“橇”这种原始运输工具逐渐演变来的。

从考古学材料发现，最早的车辆出现在公元前4000年代的两河流域以及中欧与东欧。随着有轮运输工具的演变，美索不达米亚平原地区的运输工具制造技术传播到欧洲西北部。当时有轮运输工具的基本形式为四轮、独辕，车轮为实心。关于史前时代车辆的材料，主要有三类：实物、模型（陶制的及铜制的）、图案（包括岩画）。从古代遗留的绘画、古墓遗迹，可知有轮运输工具是当时人们的生产生活的重要工具，也是国家重要的作战工具。

大约公元前2500年，古代印度开始形成了车辆文明。为了凸显其军事实力，古印度帝国拥有军队70万，备有9000头大象，还有10000辆战车。在公元前3世纪至公元7世纪期间，近东和北非地区体现了车辆文明进程的重要发展阶段，即用骆驼替代马车作为一种高效的运输工具，直到1000多年后欧洲列强对近东地区实施侵略计划后，轮子才得到再次利用。

车辆制造是古代中国工匠最古老的行业之一。公元前2000年后期出现了辐式车轮。中国在青铜器时期积累了大量造车经验。马车的传播是古代中国吸收外来先进文化的一个实例。相传中国人大约在4600年前黄帝时代已经创造了车。商朝国力增强，军队驾驭大批战车向南方拓展，一直插入楚国纵深地区。商的末代君主纣王，也曾频繁出动大量战车，把疆土向江淮地区拓展。商代战车的使用已经十分普遍，车辆制造技术也有很大提高，能够造相当精美的两轮车了。

到春秋战国时期，车辆制造业有了更快的发展。秦国的“千乘八返”一事，更是其运输能力的最好展示。《墨子·鲁河》说，春秋各国造的大车，能装50石谷子而运转灵活，即便长途运输也不折车轴。到战国时期，车更有了大的改进，特别是车辕开始由单辕改为双辕，这就更加牢固，载重量也更大了。

先秦时代的车，总的说来分为“小车”“大车”两大类。驾马、车厢小的叫“小车”，也叫轻车或戎车。驾牛、车厢大的叫“大车”。小车除贵族出行乘坐外，主要用于战争。大车被看作“平地任载之具”，只用来拉点笨重东西。商周时期的贵族有的把生前所用的车马连同驾车的奴隶一起殉葬，多的达几十辆车。

秦始皇统一中国后，实行了“车同轨”，对车辆制造的技术和工艺提出了更高的标准化要求。秦始皇五次大规模巡游，主要的交通工具就是马车。从秦朝留下的兵马俑中，看到当时的战车、辇车等实物，看到与真人真物几乎等高的人物与马匹形象。

到了汉朝，车子有了很大发展和变化，单辕车逐渐减少，双辕车有了大发展，车的种类增多，且主要用于载人装货，而不是战场了。汉朝最高级的马车是皇帝乘坐的“辂车”和“金根车”。贵族妇女乘坐“辎车”。此外，东汉和三国时期出现的独轮车是一种既经济又实用的交通运输工具，也是一项重要的发明。汉朝杰出的科学家张衡发明了举世闻名的记里鼓车。记里鼓车是一种利用减速齿轮系统带动车上小木人而报告车行里程的机械。每当车行

1里或10里时，小木人就会自动击鼓一下（相当于现在的里程表）。

唐宋以后，车辆的制造技术也有所进步。南北朝时出现了12头牛驾驶的大型车辆。当时还出现了磨车。磨车上装有石磨，车行磨动，行10里磨10斛。至于三轮车，在唐末五代时就已出现，但没有得到推广。明朝将前用驴拉、后以人推的独轮车叫“双缱独轮车”。明清时期除了陆续出现许多新型车辆和异型车辆外，还出现了帆车，即在车上加帆，利用风力助车行进。到清朝时又出现了铁甲车和轿车。铁甲车有四轮，轮的直径约一尺，车厢包以铁叶，以保安全。轿车是马车与轿子结合的产物，外形如轿，用马和骡拉挽。

我国古代陆路交通运输的动力，说到底主要是靠人力和畜力两大类。然而，同样是人力和畜力，其驱动车辆的方式、规模、手段、效益等，各个时期却大有不同。

根据历史记载，诸葛亮北伐时，蒲元创造“木牛流马”为军队运送粮草。

学者认为当时的“木牛流马”（图为博物馆陈列的“木牛流马”复制品），就是一种特殊的轮式车。

蒲元是中国历史上著名的能工巧匠，堪称蜀汉王朝的“大国工匠”。他为刘备、诸葛亮、姜维所赏识，多次参与蜀国的兵器锻造、“木牛流马”制造等重大工程。

2 能源迭代促动汽车业变革

人类社会经历了四个能源发展时期，即柴薪时期、煤炭时期、石油时期和新能源时期。汽车产业史上重大创新往往也是伴随着能源和动力系统的演变而发展，并以此为标志和动因。因此，从某种意义上可以说，能源发展的迭代促动着世界汽车产业一系列重大创新。

（1）柴薪时期的车辆。在历史漫长的柴薪时期，人类社会发展极其缓慢，生产力水平相当低下。能量之源除人力外，主要是火力、畜力、重力、风力和水力。然而这些能量大多受自然界控制，人类只能被动地利用这些大自然提供的有限制的能量。这一时期所谓的车辆文明只有马车、牛车、风力车、人力车或人畜力结合的车辆以及简陋的道路建设。

（2）煤炭时期的汽车。18 世纪，煤炭成为主要能源。以煤炭为动力、蒸汽机为标志的第一次工业革命使中世纪古典优雅的田园喧闹嘈杂起来。随着工业化和城市化萌芽，社会文明和科学发展为当时发展机动车创造了基本的条件。

蒸汽汽车问世是一件有着划时代意义的事件。1769 年法国人 N. J. 居诺制成了世界上第一辆三轮蒸汽汽车（下图）。到 1803 年，蒸汽汽车时速达到 14.2 千米。1831 年，美国人哥德史沃奇·勒将蒸汽汽车投入运输（时速 20 千米）；1834 年伦敦街头出现了蒸汽公共汽车，但它比现在筑路用的压道机还重，速度又低，甚至引起了各种事故。人类发明蒸汽汽车经历了长达 65 年，其技术才取得重大进步。但是蒸汽汽车体积巨大、自身消耗过多，时速和载重量均不能突破极限，不能实现产业化，技术路线也行不通。

随后古老的电动汽车问世了。1882年托马斯·爱迪生在纽约建成了世界上第一个燃煤电厂，煤炭发电从此与电动汽车发展相关。1825年法国人阿拉戈应用法拉第理论，发明了感应电动机；1859年法国人普兰特发明了二次铅酸电池；1882年法国人特鲁夫用马车改装成世界上第一辆铅酸蓄电池电动汽车（总重168公斤，时速14.5千米）。由于蓄电池汽车具有启动、加速、减速快而简便，振动噪声小等特点，一度受到欢迎。但随后进入实际使用中，这种“安静的交通工具”在持续里程、载重量、价格诸方面暴露出严重问题和局限性。从1825年至今，电动汽车的发展一直停滞不前，而蓄电池始终是其最大的症结。

（3）石油时期的汽车。1627年美国在伊利湖的印第安人居住区发现大油田；1859年美国在宾夕法尼亚州建起世界第一口油井，标志着近代石油工业的兴起。1886年德国人卡尔·本茨发明了世界第一辆燃用汽油的内燃机三轮汽车（时速18千米）。内燃机汽车依赖石油能源，体积小、功率大，可以克服蒸汽汽车笨重、动力不足问题以及电动汽车持续里程问题。

世界汽车产业发展和石油工业发展是息息相关的。1860年全球石油产量为7万吨，到1925年达到了1.46亿吨；1905年全球汽车产量仅6.3万辆，到1925年达到了243万辆。极具产业化特征的汽车业和石油业的结合，推动了汽车和石油文明时代的共同到来。

在20世纪初，蒸汽汽车、电动汽车和内燃机汽车进入一个竞争博弈格局。而到了1925年后，由于内燃机汽车的技术、价格优势以及石油业急速发展，其产业化占明显优势，蒸汽汽车和古老的电动汽车终于全局退出市场。

汽车（能源消耗占石油总销量70%以上）被公认为“改变世界的机器”，石油作为当代汽车能源的重要来源，自然成为经济发展的“血液”，汽车与石油两者结为社会发展不可分离的姐妹产业。

（4）新能源时期的汽车。进入21世纪以来，石油资源进入全球博弈年代。在严峻形势制约下，发展新能源和新能源汽车迫在眉睫。新能源汽车是指采用非常规的车用燃料作为动力来源（或使用常规的车用燃料，但采用新型车载动力装置），综合车辆的动力控制和驱动方面先进技术，形成具有新技术、新结构的汽车，例如现代纯电动汽车、替代燃料汽车、混合动力汽车、燃料电池汽车和其他新能源汽车等。

新能源和新能源汽车同属国家确立的战略性新兴产业。在21世纪，新能源产业的多元化和新能源汽车的多样化，是构成这两大产业的重大变化特征。

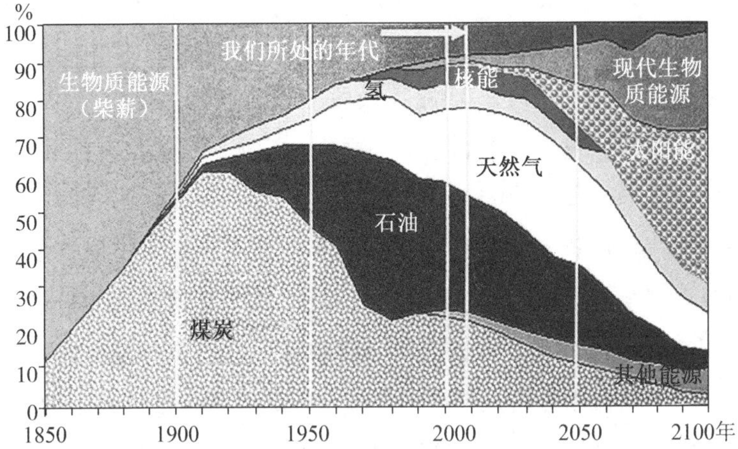

纵观历史发展，人类社会并非是用尽一种能源后再开发另一种能源的。能源的多元化与能源技术的发展与迭代，推动着世界汽车产业发生一系列重大变革。

据国内外的文献记载，以蒸汽为动力的汽车最早见于中国。1678—1679年（康熙十七至十八年），在钦天监供职的耶稣会教士，比利时人南怀仁（Ferdinand Verbiest，1623—1688年）在北京试验布兰卡充气式汽轮（由一股蒸汽冲击叶片而旋转的转轮），并将之装在轻木制成的四轮车上，凭借用手轮改变行走方向。

3　各类汽车缤纷登场

谁是汽车的发明者？一百多年以来，围绕着这一问题，众说纷纭，莫衷一是。这成了汽车发明史上的一桩“公案”。那么，汽车发明者的“桂冠”究竟应该让谁来摘取呢?

回答这一问题时，必须确定一下前提：发明汽车是指什么样的汽车。

如果指的是仅仅能够沿路驱动自身和驾驶员的汽车，那么它得归功于法国军事工程师柯诺特。他在1769年制造了世界上第一辆蒸汽驱动三轮汽车，并于1770年做了行驶表演。这辆其貌不扬的蒸汽汽车被当作牵引机，拖着一门大炮，气喘吁吁地行驶了一段路，最后一头撞在墙上而告结束。1804年，另一位法国人脱威迪克又设计制造了一辆蒸汽汽车。这辆汽车拖着10吨重的货物，创下了汽车首次行驶15.7千米的奇迹。

如果认为汽车应该是一种供人享用的车，而不应只用作拖大炮，那么要论第一辆载客汽车，得把时间推后到1815年。这一年捷克的布拉格人普什克造了一辆四座位蒸汽汽车。可惜这第一辆载客蒸汽汽车并没有保存下来。当时由于筹集的展览费用被窃，他大为沮丧，抡起大锤，把这辆车击了个粉碎。后来，另一位英国人汉考克在1838年制造了一辆轻型载客蒸汽敞篷车。这辆车比他的前人更为成功，但他没有考虑出售。

第一个公开出售汽车的是一位英国白金汉郡的铸工，名叫李克特。在1859—1860年中，他制造了三辆轻型载客蒸汽汽车。其中有一辆曾为维多利亚皇后做过表演，有一辆车卖给了卡士尼斯伯爵，并由他行驶了有纪念性意义的234千米行程。李克特为了达到宣传效果，竟以每辆200英镑的低价出售了这三辆车。

1862年，法国人兰诺使内燃机进入现实生活，但其形式相当原始。他的发动机为二冲程，不压缩混合气，曾被安装在一辆粗劣的马车上，车速每小时不到8千米。1876年，德国工程师奥托申请了具有进气、压缩、做功和排气四冲程发动机的专利，由此开创了内燃机汽车发明的新纪元。

1872年，奥托-朗根公司曾聘用了一位技术主任，名叫戴姆勒，公司的所有人奥托和朗根的专长是固定式煤气发动机，而戴姆勒更感兴趣于汽油发动机。他于1881年离职，建立了自己的工厂。在1885年，戴姆勒将排气量为462毫升的发动机安装在一辆木制的自行车上，成为世界上第一辆摩托车，并在第二年用一台更大的发动机驱动了一辆四轮汽车。戴姆勒的首辆汽车的诞生，真正定义了汽车的概念。

在距离戴姆勒的卡斯塔特工厂不到 80 千米的一个煤气厂里，另一位工程师公布了同一成果，这位就是在曼海姆的卡尔·本茨。1885 年，本茨推出了发动机排量为 1691 毫升的三轮汽车，在围绕他的工厂的土路上行驶，可汽车没走多远，发动机就熄火了。由于这辆车的设计、制造与试验没有留下任何文字记载，因此未被后人确认。不过它开创了汽油发动机汽车的历史。直到 1886 年，本茨才取得了汽车发明的专利。以后，本茨多次改进他的三轮汽车，但一直未在公开场合行驶。由于这辆车一度出现过“抛锚”现象，本茨遭到人们的讥笑。本茨的妻子贝尔特站出来用实际行动为丈夫解除了思想负担。一个清晨，她带着两个孩子，偷偷地把这辆汽车开出工厂，去探望住在 100 千米以外的祖母。而这次出征，除加了一次油和修理了一次制动器外，没出其他问题。这一旅程开创了内燃机汽车长途行驶（实用化）的首次纪录。

1887 年，本茨在展览会上展出了他制造的汽车，并在会上进行了订货交易。这样，本茨又成了将内燃机汽车商品化的第一人。

应该说还有几位有争议的汽车发明者。一位是法国的纺织机械师 E.D.D，他在 1884 年将一台 4.4 升的发动机装上一辆老式的马车，发动机驱动一个大飞轮，由此将此动力驱动马车行驶。另一位发明者是意大利帕达大学水力和农用机械教授贝纳迪。1882 年他申请了 122 毫升汽油发动机的专利，这台发动机曾用作缝纫机的动力。1884 年，贝纳迪把这台发动机安装在他 5 岁儿子的三轮车上。这辆车在佛罗那大街上跑得相当成功。还有一位是奥地利的马尔科斯。他于 1875 年将一辆安装内燃机的汽车开上了维也纳大街。

那么，回到开始问题上，汽车发明的这场“公案”该谁胜诉呢？由于每个人对汽车的含义理解不同，因此，答案也不会一样。不过，大多数人还是习惯于将 1886 年 1 月 29 日——卡尔·本茨取得汽车发明专利权的日子作为汽车诞生日，并将汽车发明的殊荣归于卡尔·本茨。事实上，我们不需要追究汽车的发明者究竟是谁，重要的是了解汽车是如何发明和如何发展的。

中国第一辆汽车的问世，可以追溯到 1929 年。当年 5 月，张学良资助民生工厂 74 万元进行国产汽车的研发，外聘美籍技师麦尔斯为总工程师，并吸纳海内外科技人士组成技术团队。当时，该厂有职员 30 人、工人 177 人，除

了聘请了美国人迈尔斯为总工程师，还雇用了几名外籍工程师。通过反复拆装、分解、复原福特和通用的汽车，获得了测绘图纸和技术数据。最后，外购美国瑞雪牌载货汽车零部件，通过组装方式生产整车。经过了两年多的时间，终于在1931年5月31日，制造出了中国第一辆民生牌75型2.5吨国产载货汽车。民生牌汽车载重1.82吨，采用六缸水冷汽油发动机，48千瓦，前后轮距4.7米，最高车速为每小时40千米。在666种主要零件中，464种是自制的，202种是进口的（主要是发动机、电器件、精密齿轮、轴承等），首辆民生牌汽车曾在国内引起很大反响。

4 汽车史上的技术创新

自从卡尔·本茨发明汽车以来，在市场需求、科技进步和社会法规的推动下，汽车发展日臻完善和精湛。现代汽车已成为人类科学发明和技术创新的载体。历史记载着汽车科技进步的光辉历程。

汽车的发展是许多发明和创新的结晶。与汽车有关的许多发明在汽车时代远未到来之前就已经存在。1580年前，载客的四轮马车就装备了弹簧悬架，18世纪和19世纪相继问世的蒸汽机车、电动车及内燃机技术为汽车的发展奠定了基础。汽车早期的发展，包括汽车基本部件的独立发明，大多是依赖于对自行车和马车改进起步的，这其中有钢管构架、滚动轴承、链传动、差速器及充气轮胎等技术，当初一些著名汽车厂商如法国标致、德国欧宝等公司还是由自行车厂商演化而来的呢。

1908年福特第一代T型车成为最早批量生产的大众化轿车。在美国独立二百年二十件大事的民意测验中，T型车及其流水线生产的问世名列第十，与后来的宇航员登月和原子弹爆炸的成功相媲美。

早期汽车的车身设计仿照马车，有的结构竟简单到“四个轮子一个座椅”，后来逐步发展到在车身上加装挡风板、挡泥板和挡风玻璃等装备。最初的福特T型厢式车身空气阻力很大，当时只能简单地依靠加大发动机功率来提高车速。20世纪30年代中期，著名汽车设计师波尔舍设计了流线型车身的甲壳虫轿车，这辆仿生轿车的车身设计考虑到空气动力性，且造型新颖，深受大众喜爱。到90年代，甲壳虫轿车累计生产了2000多万辆。随人体工程学和流体力学的研究深入，50年代又相继出现了具有较小空气阻力的船型车身和流线型车身。70年代后期，为克服世界性能源危机而降低油耗，汽车造型又出现了进一步减小风阻系数的楔形斜背式车身。80年代以来，由于风洞试验技术的应用，汽车造型趋向楔形车身方向发展，以期体现舒适、安全、环保和节能性的完美统一。

由于对汽车零部件的不断改进以及发明成果的及时应用，到1908年，汽油机汽车的典型结构已完全脱离了1900年时四轮马车那样的原始形态。法国人首先把发动机移置到驾驶员的前方，并加上罩子。当发动机功率增大、汽缸数增多时，机罩和轴距相应地加长。后来法国人的方案很快得到普遍采用。

1901年以后，许多汽车已采用方向盘代替手把转向。1908年美国汽车的方向盘开始普遍装于左侧，这样最适合右行制道路驾驶。转向节的应用，使前轮转向无须涉及整个前桥一起转动。1903年，化油器改进后，能用节气门控制车速，使汽车的控制变得更为灵敏。

随着发动机不断改进，其功率、尺寸、油耗和排放等性能均有改善。与此同时，高能点火装置也在发动机发展过程中得到应用。由于减震器、空气悬架和独立悬架的出现，使汽车底盘改变了刚性，提高了乘坐舒适感。座椅前移并置于车体内，增加了保险杠和仪表板；把当时的敞开式汽车，改装成可折叠的帆布车顶，从而使车辆全天候使用成为现实。1923—1924年间，四轮机械制动开始广泛采用，并成为一种标准结构。此外，还采用了低压大轮胎，使轮胎压力降低了一半。在1925年的汽车上，推广应用了控制更加灵敏的转向机构。1925年又出现了能快速拆卸钢圈的轮胎，代替嵌入式轮胎，使轮胎更换更加方便。

为缩短油漆的干燥时间，福特T型车使用快干的黑色油漆。这种单一颜色的车辆，从1913年后就逐渐受到用户的拒绝。后来，“杜邦”喷漆的出现，才使大量生产的汽车变得色彩缤纷各异。

低车架结构作为一种创新的车型，于20世纪30年代初得到推广。这种低车架结构可降低重心和高度。1935 年，通用汽车公司的车型推广了创新的龟背式车顶，这种车的车顶用整块钢板冲压而成，使汽车更加安全，并且制造时的冲压工艺也更为经济。1932 年型的福特 V8 发动机，由于缸体采用整体铸造工艺，使整车成本显著下降。从 20 世纪 20 年代到 1950 年，美国汽车的平均功率由 15 千瓦增加到 80 千瓦。

最早的汽车转向灯是把带干电池的灯泡装在手套内，夜间行车时，人们就能看清驾驶员戴手套打的手势。在 1885—1910 年间，因为汽车上没用电设备，所以大多数汽车不需要蓄电池。到 1911 年，蓄电池的可靠程度超过了干电池，而且能重新充电再度使用。汽车上首次应用电灯是 1898 年的“哥伦比亚”号汽车，这是一辆用蓄电池驱动的电动车。

20 世纪 70 年代后期起，汽车进入综合技术及高科技广泛应用的发展时期。从空气动力学、人体工程学、材料技术、电子技术、环境技术、安全技术、节能技术、信息技术、能源技术、智能技术到制造技术及管理技术，汽车综合了相关工业门类的众多高新技术，装备了电子控制的燃油喷射、防抱死制动、安全气囊、卫星导航、智能互联技术、智能交通系统等众多的先进装置和系统。现代汽车造型新颖，曲线流畅、动力强劲，操作安全、乘坐舒适。在高新技术融入下，汽车开始改变传统机械产品形象，逐步成为 21 世纪的电子产品，并向智能网联新能源方向发展。

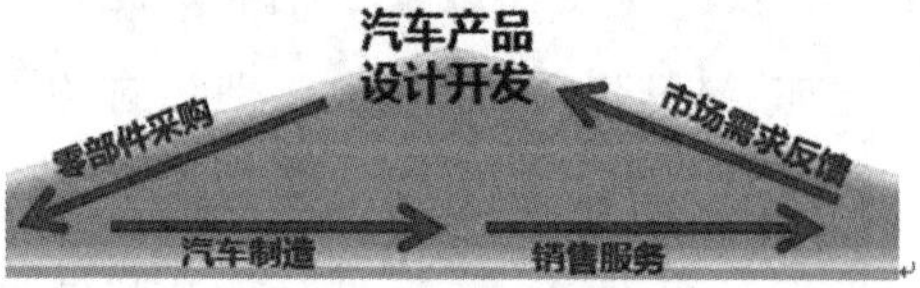

汽车是世界唯一兼有零部件以万计，产量以千万计，保有量以亿计的综合性、高科技、大批量定制生产的工业产品。作为中国经济发展的重要产业，汽车是连接第一、第二、第三产业的纽带，不仅带来了直接显著的经济效益和就业岗位，其产业体系和产业链渗入到广泛的学科领域，波及大量的相关工业和相关部门，诱发新兴产业和高新技术的出现，成为“改变世界的机器”。汽车是技术创新成果的载体，汽车凝聚着人类物质文明及精神文明成果，和谐地将科技和艺术相统一，积淀成现代社会特有的文化承载体。

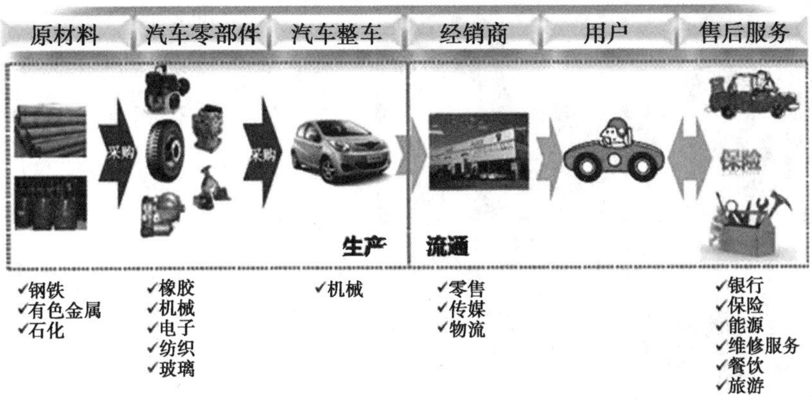

5　中国近代汽车业

汽车在清末被引入中国时，仅属于上层社会的代步工具和娱乐之物。1901 年冬，匈牙利人李恩时（Leinz）将二辆汽车带入上海，是为中国汽车之始。次年 1 月，上海公共租界工部局为李恩时的汽车发放了牌照。此后，历年皆有汽车进入中国沿海口岸的城市中。1903 年，上海公共租界仅发放了 5 辆汽车的牌照，1905 年增为 31 辆，辛亥革命前的 1910 年则达到 151 辆。此后，随着经济和社会的发展，中国对汽车的需求日益增长，创立本国汽车工业的思想主张与实践也逐渐增多。

1920 年，孙中山先生在《建国方略》中提出要建立中国自己的自动车（即汽车）工业，这是最早从政治家的角度提出建立自主汽车工业的构想。实际上，孙中山已认识到了福特的大规模制造体制对于汽车工业的重要性。整个 20 世纪 20、30 年代，中国各地也有零星的汽车仿制活动，但取得的成效相当有限。在工程界，创立自主汽车工业的呼声越来越高。

1926 年，沈阳迫击炮厂附设民生厂。1929 年，由张学良拨款 74 万元试制汽车。1931 年，民生工厂试制汽车成功，定名为民生牌汽车，这是中国人制造的第一辆汽车。1931 年 9 月 12 日，民生牌汽车开进了大上海，参加首次在中国举办的展览会，被放在展厅中央，与会上展出的福特、别克、奥兹莫比尔、雷诺等品牌汽车竞相争辉。

全面抗战前，时任政府也开始有了更大规模的创立汽车工业的计划。1936 年，经实业部等部门商定，由中国农民银行投资，成立了中国汽车制造

公司，引进德国奔驰公司的技术，准备从装配汽车发展到自制汽车。该公司在上海设有装配厂，同时在株洲筹建总厂。当时，国民政府想要引进外资与跨国公司合作办厂。不过在双方洽谈的过程中，中国政府与跨国公司的矛盾逐渐暴露出来。当时，与中国政府磋商的对象，先后有美国福特公司、美国通用公司、捷克公司以及意大利的菲亚特。一般而言，外资企业多利用 CKD（散件组装）方式规避整车出口会遇到的关税。后来，中国政府没有与美国车企合作，而是与德国奔驰合作，但合作模式还是 CKD，合作项目是组装卡车。抗战时期中国还有其他一些与外企合资建厂的项目。抗战胜利后，中国在汽车制造方面的努力以天津批量生产飞鹰牌三轮汽车较为成果显著。抗战时，日本在天津办有华北自动车工业株式会社，抗战胜利后，该厂被国民政府接收，改组为后来的平津汽车修配总厂。

值得一提的是，在近代中国发展汽车工业的努力中，替代燃料汽车始终占有一席之地。当时，世界汽车工业的发展主要使用汽油和柴油作为燃料，但中国的燃油工业不发达，这就面临着发展汽车工业的天然劣势，因此，一些工程师和企业家就借鉴某些国家的经验，用木炭来代替燃油，作为汽车的动力。其中较为有名的是仲明国产燃炭汽车。

总之，1949 年之前中国创办汽车工业的计划与实践，总体是不太成功的。虽不能很绝对地说近代中国造不出一辆汽车，但当时的中国确实缺乏具有规模生产能力的汽车工业。近代中国创立汽车工业的共性是缺乏现代生产线，只能靠零敲碎打组装汽车；未掌握核心技术，主要的核心部件仍然依赖从国外购买；倾向于与外资合作办厂，靠直接引进先进技术实现跨越式发展。近代中国的汽车工业基本上没太大发展，乃至于出现了作为服务业的汽车修理业反而比作为制造业的汽车配件业生意更红火的局面。

孙中山在《建国方略》中写道：自动车为近时所发明，乃急速行动所必要。吾并欲行动敏捷，作工较多，必须以自动车为行具。但欲用自动车，必先建造大路……中国人民既决定建造大路……即可设立建造自动车之工场。最初用小规模，后乃逐渐扩张，以供给四万万人之需要。所造之车，当合于各种用途，为农用车、工用车、商用车、旅行用车、运输用车等。此一切车以大规模制造，实可较今更廉，欲用者皆可得之。

6 中国自主汽车工业

中国的汽车工业从无到有，从小到大，从弱到强，形成了当今年产销量位居全球第一的汽车工业，并初步创建了中国自主品牌汽车及其产业链体系。

1953 年 7 月 15 日，中国第一汽车制造厂在吉林省长春市奠基，中国的汽车工业开始起步。1956 年 7 月 13 日，第一辆解放牌 CA10 型 4 吨载货汽车在第一汽车制造厂下线。1958 年 5 月，第一汽车制造厂试制成功东风牌 CA71 轿车，结束了中国不能制造轿车的历史。8 月设计试制成功第一辆红旗牌 CA72 高级轿车。

1958 年 5 月，原 456 厂（长安集团公司前身）生产出国内第一辆越野车——“长江牌” 46 型越野车。1958 年 6 月 20 日，毛泽东、朱德、刘少奇、彭真、李先念、邓小平等人在中南海观看并乘坐了由北京汽车制造厂研制的

第一辆“井冈山”牌轿车。

1958 年 9 月 28 日，上海汽车装配厂试制成功第一辆“凤凰牌”轿车。1966 年，红旗 CA770 投入批量生产，全面取代我国引进的苏联轿车，被视为中国汽车开始走自主路线的典范。

1967 年 4 月，第一汽车制造厂的骨干人员投身中国第二汽车制造厂建设（后改为东风汽车）。东风汽车吸取历史经验教训，在建厂期间特意建设了规模相当的技术中心，形成了一支当时在国内实力强劲的汽车技术队伍，开发出东风系列货车，形成了年产 10 万辆 5 吨级货车的能力。东风汽车的系列产品，从开发到投产全过程，基本是靠全国机械、汽车行业技术力量自主开发完成的。

但由于是闭门造车，改革开放后，汽车人才发现我国汽车工业水平大大落后于世界先进国家。通过采取引进技术和合资的方式，汽车行业迅速学会了制造具有世界先进水平的汽车产品。尤其是通过三十多年的乘用车生产合资经验，中国汽车行业在制造、工程开发、采购、营销和资金调度等环节上实现了国际水平的本土化，汽车开发从合资合作开发起步逐步迈向自主开发阶段。

1983 年 4 月，第一辆上海桑塔纳牌轿车在上海汽车厂组装成功。1985 年 3 月，上海大众汽车有限公司正式成立。汽车工业中著名的“老三样”（桑塔纳、捷达、富康）开始使国人产生了 A 级车、B 级车、两厢车的市场概念。

一汽、东风、上汽、长安、北汽、吉利、奇瑞等企业不断加强自主品牌开发力量，通过独立开发、模仿创新、委托设计、联合开发、购买品牌等多种模式，其自主品牌的创新已从单项技术和产品创新向集成创新和创新能力建设等全方位的发展，跃上了新的台阶。

自主品牌可分为两种类型：一种是开始就选择了自主创新模式，广泛利用国内外资源，在模仿国内外车型的基础上进行自主研发，打造自主品牌，并逐步发展壮大；另一种是国有汽车集团设立的自主品牌子公司，这类企业的母公司一般已和跨国汽车公司合资，通过购买国外的产品技术或成熟的技术平台，将其注入自主品牌子公司中，以此为基础提升自主研发和自主品牌建设。

中国自主品牌汽车研发注重于技术研发链（包括前期研究、前期工程和产品工程）的后面环节，对整个产业链发展的引领作用有待提高。自主品牌汽车企业在管理、研发、品牌等方面尚存在一定局限性，尤其是核心技术领域，仍需要企业持续研发和攻关。

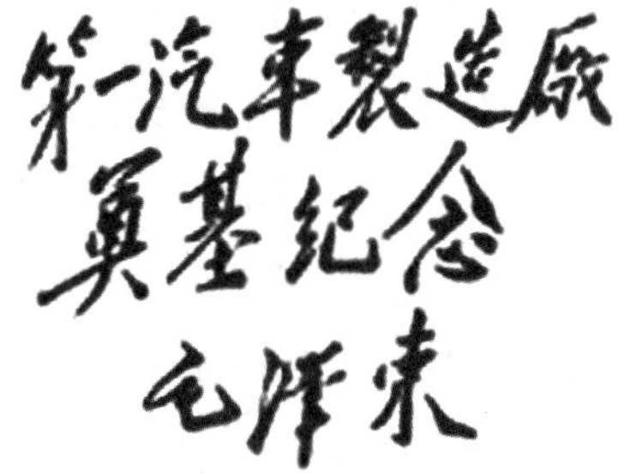

1949 年 12 月，由苏联援助中国建设了第一个载重汽车厂。经过一年多的调查研究和多个方案对比，1951 年中共中央和中央人民政府决定把第一汽车制造厂的厂址设在吉林省长春市郊。

1953 年 7 月 15 日，第一汽车制造厂举行了隆重的奠基典礼，毛泽东为此题词。在第一个五年计划时期，第一汽车制造厂完成基本建设投资 6.2 亿元，基本建设竣工面积 75 万平方米，工业建筑 41.1 万平方米，宿舍 39.9 万平方米，安装了 2 万台机器设备，铺设了 30 多公里长的铁路和 8 万多米长的管道，制造了上万套工艺装备。1956 年 7 月 1 日，被毛泽东命名为“解放”牌的第一批国产汽车试制成功。

长春第一汽车制造厂生产的“解放”牌汽车（如上图）是以苏联生产的吉斯 150 型汽车为范本，并根据中国的实际情况改进部分结构而设计和制造出来的。这款汽车装有 66 千瓦、6 个汽缸的汽油发动机，最高时速为 65 千米，载重量为 4 吨。它不仅适合当时中国的道路和桥梁的负荷条件，还可以根据需要改装成适合各种特殊用途的变形汽车。首批汽车经过行车试验后，证明性能良好，符合设计要求。

7　中国汽车产业崛起与创新

1978 年，在改革开放方针指引下，中国汽车工业开始全面进入发展阶段。当时轿车加上越野车全年产量不过 5000 辆，甚至比不上国外大公司一天的产量。同一年，中国汽车业开始了“请进来”和“走出去”的对外交往，邓小平同志也以他政治家特有的高瞻远瞩批准“轿车可以合资”，随后，北京吉普、上海大众、广州标致成为中国第一批合资汽车企业。

1987年，“中国汽车战略研讨会”在北戴河召开，会上做出了中国汽车工业战略性转移的重大决策：中国汽车工业结束了30年一贯制历史及“缺重少轻无轿车”的格局；汽车工业的重心开始向轿车发展，引进技术和资金，建设轿车工业，形成生产规模。1989年底，国务院通过的《关于我国轿车工业的发展战略》，为中国轿车工业制定了发展蓝图和具体规划。

《关于我国轿车工业的发展战略》开宗明义：轿车工业是当今世界上唯一零件以万计，产量以千万计，技术密集，关联面广，生产链条长的综合性大生产工业，对国民经济和社会发展有巨大推动作用。积极发展轿车工业，将有力地促进冶金、化工、石油、机械、电子、建材、轻工等相关工业的发展，同时也可促进道路、城市建设和第三产业的发展并有利于产业结构现代化。《关于我国轿车工业的发展战略》对发展轿车工业所需的重要因素做了详尽的分析，并提出了1989年到2000年的总体战略目标。

当中国第一款合资生产的国产轿车——桑塔纳出现在街头时，给当时看多了“老上海”“老红旗”和“老东风”的国人以强烈的震撼。桑塔纳的成功，刺激了其他跨国汽车巨头对中国市场的欲望，通用、本田、福特、日产、丰田……纷至沓来，中国汽车产业的合资格局终究成型，从此，中国轿车工业进入崛起阶段。

今天，几乎所有世界主流跨国车企均已在中国投资建厂，加速了中国汽车工业合资合作、引进技术、快速发展的进程，自此，中国汽车工业开始逐渐建立供应链体系和制造体系，为中国汽车工业的蓬勃发展打下了坚实的基础。合资车企在中国近40年的发展，培育了中国私家车消费市场的壮大，中国汽车产销连续9年全球第一。除此之外，合资车企也从人才和经验上“反哺”中国品牌，为中国品牌提供发展的“教科书”，促使中国车企建立现代企业制度，引进现代汽车制造技术，快速提升了中国的汽车制造水平，中国生产的沃尔沃、别克、福特等品牌的车型已经或计划出口美国。跨国车企纷纷在中国建立研发中心，全力推动本土化发展，中国市场正在引领着全球消费趋势和产品投入。

与此同时，中国汽车品牌也在奋力向上，不断蓄积发展的力量。2001 年，中国加入世界贸易组织（WTO），关税降低和放开投资限制是 WTO 成员的义务。一方面，激烈的竞争扑面而来；而另一面，中国本土品牌并没有一蹶不振，吉利、长城、奇瑞等中国品牌迅速发展，一批弱小企业被优胜劣汰，中国汽车市场结构得到了优化。

到 2017 年，中国汽车市场规模接近 3000 万辆，这是一个全球绝无仅有的数字，而其中一半来自中国品牌的贡献。中国品牌经过了一定量的积累，真正到了突破的历史机遇期。

优质的中国品牌正在顶破“天花板”，并向全球市场进击。吉利的领克、长城的魏派、广汽的传祺、上汽的荣威等已经在品牌向上的使命上迈出了第一步。

经过艰难困阻一直努力向上发展的自主品牌与合资品牌同台竞争，一方面磨砺了自己，另一方面让合资品牌在价格、产品和服务上不敢懈怠。

在新能源、智能网联汽车的新一轮发展竞逐中，中国品牌在新能源汽车方面先发制人，引领中国成为全球最大的新能源汽车市场，并且培养出一小批相对成熟的品牌和产品。中国品牌正积极参与到汽车电动化、网联化、智能化、共享化的创新中，通过跨界联合而推出很多具有时代领先性的智能网联和新能源汽车产品。

产业格局重构的鏖战已然开始，新一轮扩大开放将成为这场变革的强力催化剂，推动中国汽车品牌以更加深入的方式参与国际竞争，助推中国向世界汽车强国方向迈进。

同时，随着中国汽车市场重要性的不断提升，中外汽车企业正积极围绕合作与协同发展，制定新思路、实施新战略、发布新规划，共同描绘汽车产业融合创新的新蓝图。

改革开放前，中国汽车产品被称作“缺重少轻无轿车”，结构非常不合理。20 世纪 60、70 年代，因生产、建设的需要，国内汽车主要以中、重型载货汽车和越野汽车为主，同时发展矿用自卸车。随着改革开放的开始，中国汽车工业调整产品结构，开始进入全面发展的阶段。在80年代末，中国轿车工业构架形成“三大三小两微”的初步规划。其中，“三大”是指一汽的高尔夫/捷达、东风（由二汽转变而来）的雪铁龙/富康、上汽的桑塔纳等三个大型轿车生产基地；“三小”是指北京的切诺基、天津的夏利、广州的标致等三个小型轿车生产基地；“两微”是指贵航集团的云雀、重庆长安的奥拓等两个军转民微型轿车生产基地。（图为桑塔纳、捷达、富康轿车）

8　揭秘“上海制造”汽车品牌

汽车制造业作为“上海制造”品牌的传统板块，在传统技术、新兴技术、新能源和智能网联技术方面所作出的创新成果，受到全球业界的瞩目。

上海汽车制造业的起步可追溯到20世纪初。从1901年（清光绪二十七年），匈牙利人李恩时引入两辆奥斯摩比尔汽车后，上海便成为中国最早使用汽车的城市。至20世纪40年代，上海已有3万辆汽车，品牌遍及世界主要汽车厂商，被称为“万国汽车博览”。与此同时，上海逐步发展汽车贸易、出租和维修市场，建立了二百余家的汽车维修和零配件制造企业，试制成功第一辆柴油发动机和替代燃料汽车，并形成有上海特点的城市汽车文化。

在1949年后，上海的汽车修理业与汽车配件制造业得到了进一步发展，并逐渐演化为新的汽车制造工业。以上海汽车工业为代表的“本土渐进演化模式”是以民国时期汽车修配业为基础，再嫁接现代技术而形成的。截至1978年，上海汽车行业研制了上海牌（凤凰牌）轿车、吉普、三轮汽车、载重货车、客车、摩托车、变型车等各种产品，形成了较齐全的专业化生产协作体系，最典型地展示了“土洋结合”技术发展模式和工艺技术路径，有效弥补了新中国建立初期各种资源的不足，生产和建立了适合当时国情的上海汽车产品和上海品牌，培养出一支优秀的工程技术人员和技术工匠队伍。在这一时期，上海还按国家指令，以“抽调技术骨干”和“包建”“内迁”等形式，集中人员、设备成龙配套，支持一汽、二汽等地区的汽车工业建设。上海汽车制造业在全国民众的记忆中建立了“上海制造”美好的汽车品牌印象。

改革开放40年，也是上海汽车制造业发生翻天覆地变化的40年。汽车制造业是上海改革开放的亲历者、见证者与受益者，同时它也是巩固改革开放成果的推动者。汽车作为世界上最复杂的工业产品，技术是支撑其品质的重要保障。上海汽车制造业的发展经历了从手工敲打到自动化生产；从自力更生到兼容并购；从合资合作到自主创新；从一车独大到群雄逐鹿；从传统技术到智能网联新能源技术的升级与转型。同时追根溯源，上海汽车制造业的历史性发展机遇也得益于其“上海制造”品牌的历史沉淀和文化底蕴。

上汽集团是“上海制造”汽车品牌的领衔企业，通过三十多年对外合资合作的历练，形成了上汽自主创新发展的基础潜力，推动了在汽车产量、质量、管理水平方面的迅速提高，缩短了技术上与国际先进水平的差距，培养积聚了一大批汽车工程技术人才，建立了集团旗下荣威、名爵、大通等自主品牌以及上汽大众、上汽通用、上汽通用五菱等合资本土化品牌。2009年上海国际车展还展出了两款以“上海牌”命名的纯电动汽车和燃料电池汽车，这两款车也成为2010年上海世博会的贵宾接待用车。在2011年德国柏林举

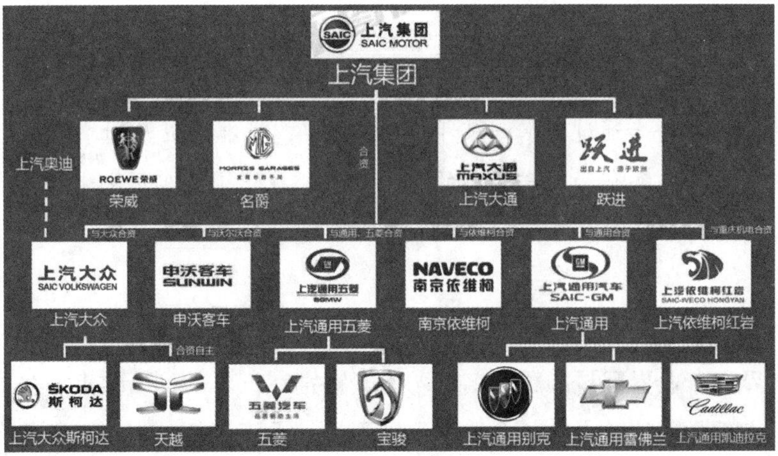

行的第十一届必比登挑战赛上，上海牌插电式燃料电池轿车、上海牌燃料电池轿车及荣威350电动汽车等三种新能源汽车，组团参加了挑战赛的各项角逐，取得了总共6A的优异成绩，并在燃料电池汽车组拉力赛中，逐鹿群雄，位列总分第三，仅次于丰田和奥迪。

上汽集团以2017年度1288.7亿美元的合并销售收入，第十四次入选2018《财富》杂志世界500强，排名第36位。此外，上海地区还形成一批适应时代发展的造车新势力（跨界领域进入汽车业），例如蔚来汽车、威马汽车、华人运通、游侠汽车等“独角兽”企业以及“隐形冠军”企业。

随着国家提出由制造业大国向制造业强国转变的百年目标，汽车业“上海制造”开始向“上海质造”与“上海智造”迈进，将重振“上海制造”辉煌，发扬光大“上海工匠精神”，振兴“上海制造”汽车品牌，打造世界汽车产业中心。

1958年9月28日，上海汽车装配厂试制成功了第一辆凤凰牌中高级轿车，其最高时速达105千米。1963年凤凰牌小轿车改称为“上海牌SH760型”轿车，使用上海汽车发动机厂生产的680Q型发动机，功率66.2千瓦。上海多家企业协作，通过技术改造和攻关，使得生产工艺和装配不断完善，完成了成套的冲模制作，结束了车身依靠手工敲打的落后的生产方式，当年小批量生产50辆。1965年上海牌轿车通过国家一机部的技术鉴定，批准定型。“上海牌”轿车也曾是中国普通公务车和国宾接待的主力车型，在中国汽车历史上有着光辉的一页。1980年，上海汽车厂年产上海牌轿车突破5000辆。

9 数点中外汽车名人

世界汽车业界巨星闪耀，名流辈出。特别在汽车的创新史上，一大批科学家、工程师、工匠大师、企业家不屈不挠，勇于创新，为汽车事业奉献了毕生和生命。他们在汽车科技的创新和发展方面，留下了叱咤风云的创造奇迹和科技伟业，其间有辉煌，有曲折；有成功，有失败；有被赞美，有被指责，总之各路人马各显神通，各领风骚。

世界汽车业界的名人主要有：

美国的福特汽车公司创始人亨利·福特及其二世、汽车技术创新者道奇兄弟、通用汽车的管理大师阿尔弗雷德·P. 斯隆、克莱斯勒汽车公司创始人……

德国的“世界汽车之父”卡尔·本茨、戴姆勒汽车公司创始人、内燃机发明者奥拓、柴油机发明者鲁道夫·狄塞尔、汽车设计师费迪南德·波尔舍、汽车设计师迈巴赫……

英国的罗尔斯-罗伊斯公司创始人……

意大利的“赛车之父”和法拉利公司的创始人恩佐·法拉利……

法国的雪铁龙汽车公司创始人、标致汽车公司创始人……

日本的丰田汽车创始人丰田喜一郎、创造了“本田神话”的本田宗一郎……

在中国的汽车领域，也同样是群星灿烂，人才辈出。从汽车工业自主创业，到改革开放后成为世界汽车产销第一大国，其间涌现出一大批科学家、工程师、设计师、一线工匠、企业家、战略家，他们与汽车界人士同心协力，共同创造了中国汽车产业的世界辉煌和奇迹。以下介绍被誉为“中国汽车工业之父”饶斌（1913—1987）的事迹。

在20世纪50年代初中央讨论长春第一汽车制造厂负责人选时，毛泽东主席想起在哈尔滨见过高大英武的饶斌，就问：“是那个当市长的白面书生吗，他够厉害吗？”在得到肯定的回答后，毛主席点点头，中央就正式任命饶斌为第一汽车制造厂厂长。

饶斌作为“中国汽车工业之父”是名副其实的，他在我国汽车工业的发展规划、政策制定以及配套建设等方面都有不可磨灭的贡献。

作为一汽、二汽核心筹建者和首任领导者，1953 年 7 月，是饶斌把第一锹黑土洒向毛主席题词的一汽建设奠基石；也是他接受了生产红旗轿车的任务；1964 年，他又奉命到湖北，在随后到来的“文革”狂潮中艰难地主持创建二汽。他亲手缔造出了解放、红旗和东风汽车。此后，饶斌长期在汽车工业的政府部门担任要职。1959 年，饶斌任第一机械工业部副部长兼汽车工业管理局局长。1977 年，任中国第一机械工业部副部长兼汽车总局局长。1981 年 3 月任第一机械工业部部长。1982 年，任中国汽车工业总公司董事长。

他是首次中外合资的倡导者和推动者。饶斌提出了汽车工业调整改组和发展规划方案，积极推进合资合作，组织引进先进技术，加速产品转型，结束了汽车产品几十年一贯制的历史；在轿车生产选择上，战略性地选择了上海，选择引进桑塔纳车型。同时，他积极地推动了桑塔纳项目的落地和施行，并积极推进汽车生产的国产化率和自主创新。

1987 年 7 月，饶斌深情地说：“我老了，无法投身中国汽车工业的第三次创业。但是，我愿意躺在地上，化作一座桥，让大家踩着我的身躯走过，齐心协力把轿车造出来，实现我们几代人的中国轿车梦。”

伴随着我国汽车工业的不断壮大和汽车技术的长足发展，一大批从事汽车学科研究的著名专家学者逐步脱颖而出。从事汽车领域及相关产业学科研究的两院院士主要有：

张德庆（1900—1977）中国科学院学部委员

孟少农（1915—1988）中国科学院学部委员

徐冠华　中国科学院院士，地学部，1991 年当选

郭孔辉　中国工程院院士，机械与运载工程学部，1994 年当选

杨裕生　中国工程院院士，能源与矿业工程学部，1995 年当选

黄其励　中国工程院院士，能源与矿业工程学部，1997 年当选

陈清泉　中国工程院院士，能源与矿业工程学部，1997 年当选

黄崇祺　中国工程院院士，机械与运载工程学部，1997 年当选

邬贺铨　中国工程院院士，信息与电子工程学部，1999 年当选

李德毅　中国工程院院士，信息与电子工程学部，1999 年当选

郑南宁　中国工程院院士，信息与电子工程学部，1999 年当选
陈立泉　中国工程院院士，化工、冶金与材料工程学部，2001 年当选
衣宝廉　中国工程院院士，能源与矿业工程学部，2003 年当选
钟志华　中国工程院院士，机械与运载工程学部，2005 年当选
苏万华　中国工程院院士，能源与矿业工程学部，2011 年当选
林忠钦　中国工程院院士，机械与运载工程学部，2011 年当选
丁荣军　中国工程院院士，机械与运载工程学部，2011 年当选
瞿金平　中国工程院院士，环境与轻纺工程学部，2011 年当选
李　骏　中国工程院院士，机械与运载工程学部，2013 年当选
丁文江　中国工程院院士，化工、冶金与材料工程学部，2013 年当选
毛新平　中国工程院院士，化工、冶金与材料工程学部，2015 年当选
孙逢春　中国工程院院士，机械与运载工程学部，2017 年当选
吴　锋　中国工程院院士，化工、冶金与材料工程学部，2017 年当选
欧阳明高　中国科学院院士，技术科学部，2017 年当选
潘复生　中国工程院院士，化工、冶金与材料工程学部，2017 年当选

10　汽车：改变世界的机器

近 130 多年来，汽车创新与汽车文明的渗透一直在影响着我们人类的生产、生活和生存方式以及社会发展，汽车早已被人们认作是“改变世界的机器”。

（1）汽车产业的扩散效应。汽车工业发展推动着成千上万的零部件企业的崛起，带动着石油、化工、钢铁、纺织、橡胶、机床、建材、电子、交通、金融、服务业等 50 多个相关行业的高速成长，造就了全世界 3 亿多人的就业岗位。

在高新技术的推动下，汽车工业在经历“装配汽车时代”和“设计汽车时代”后，进入了“科学的汽车时代”。科学的汽车时代创造了高新技术市场，诱发了新兴工业如汽车电子、新材料、新能源、工业机器人及计算机等行业的日新月异，航天、航空、军工生物、环保和信息等高新技术的融入，使汽车研究与开发的范围更广泛，规模更庞大，充分体现“大科学”趋向。

汽车的应用推动着世界各国公路网络的形成，促进城市生成和市郊化发展；创造汽车服务业新的商机，汽车银行、汽车餐厅、汽车共享、汽车旅馆和汽车艺术之类新生事物层出不穷；汽车文化已渗入到世界的每一个角落，融入我们的日常生活之中。汽车文明正在显示出越来越明显的波及效应。

（2）世界汽车工业格局的变革。汽车文明的进步同全球化进程一样，是矛盾的统一体，是合理的悖论。如果从各国情况看，汽车产业演变是从分散走向集中，它将早期各国分散的作坊制作，集聚成少数垄断的超级汽车集团，转变为基于全球平台 / 架构生产的规模经济产业。如果从世界角度看，汽车工业演变又是从单极化走向多极化，它将原先由一国主宰的单一市场格局演变为美欧日三足鼎立格局，并正形成一个包括中国在内的多极化的全球汽车市场。

（3）世界汽车产业的演变。130 多年来，汽车是一种具有四个轮子、主要依靠内燃机动力、用以载人行驶的运输工具，这个基本概念并未明显发生变化。而汽车工业则与此相反。它在百年发展过程中，已经历四次戏剧性变革。这四次变革使汽车工业从集中在法国和德国的一小批工匠和修理工组成的手工行业，发展成为世界性的庞大产业。现在汽车工业正进行着第五次重大变革，这次变革是将高新技术应用到汽车上，将对汽车工业产生更为巨大的影响。

第一次变革（1910 年前后）。早期汽车实际是一种供富人游乐消遣的单件生产“工艺品”。所谓的汽车工匠，在小作坊里敲打“工艺品”。以后，随着产量增长，汽车进入成批制造阶段，但每批产品只是相似，并不完全相同。

1908 年，亨利・福特设计了依靠装配流水线生产的 T 型车。而这一全新制造体系引领世界汽车工业进入了大量生产的新时期，使汽车成为提供大众使用的标准化产品。新的生产技术、新型产品与新型工厂社会组织系统相结合，在美国福特汽车公司中创造出了变革的奇迹，其结果是大幅度地降低了汽车的制造成本，扩大了汽车生产规模，创造了一个庞大的汽车工业，使世界大部分汽车生产从欧洲转移到了美国。

第二次变革（1950 年后）。第二次变革是第二次世界大战后由欧洲发起的，由于欧洲各国的税收制度、旅行方式、道路条件及国民爱好有所不同，各国在汽车工业发展上所采取的方式也不同。美国汽车厂商错误地估计采取扩大产量和降低成本的方法，可将小厂家排挤出去。而实际情况正好相反。欧洲汽车厂商和通用汽车利用产品多样化的特色很快占领了欧洲市场，并大量进入美国。而美国的标准尺寸汽车体积太大，能耗太多，在国外找不到市场。因此在1973年石油危机爆发后，美国汽车业由于丧失市场份额而一蹶不振。

第三次变革（1960年后）。第三次变革是日本汽车厂家发起的。它们通过采用两种新的管理概念，使福特主义的大批生产系统趋于完善。一种是“全面质量管理”，即让工人在组织和完成他们的工作中承担更多责任。另一种是“准时供应”，即使生产所需的零部件和材料、设计图样及生产工具源源不断地送到汽车厂家，“准时供应”也称看板管理或精益生产。这是继美国福特创造的“大量生产方式”后，管理上的又一场革新。它比大量生产方式更趋完善，其追求目标是不断降低成本，无废品，零缺陷、零库存和产品多样化，即以最少投入获得最大经济效益。这两项突破综合了前两次变革的优势，使得日本汽车厂商在世界范围竞争中取得巨大成功。

第四次变革（2000年后）。第四次变革并没有使汽车的基本特征发生显著变化，并不采用任何新形式的发动机。但采用高新技术将使汽车厂商能够让汽车更能适应安全、能源和环保法规的变化。柔性制造系统、计算机辅助设计、敏捷生产、虚拟现实技术等一系列先进制造技术以及大量新材料、新能源、新工艺等高新技术的引入正对汽车工业产生着巨人影响。第四次变革从根本上改变汽车工业的性质，它的主要特点是全球化生产、采购和销售；大型汽车集团之间的联合和竞争态势加剧及一些次发达国家汽车工业的先后崛起，这些现象表明，世界汽车工业格局进入一个包括中国在内的多极化竞争的时代。

第五次变革（现在）。随着互联网、大数据、云计算、物联网、“互联网+”、人工智能、5G等技术快速发展和迭代，智能新时代正在以革命的方式改变着汽车世界，这些变化带来的机遇并不亚于汽车工业创始人在130多年前遇到的机遇。

总之，汽车从它问世之日至今的一百多年的历史证明，人类创造了汽车文明，而汽车文明的递变所释放的巨大能量又对人类社会发展起到不可估量的作用！

2017年全球汽车销量国别份额比例示意

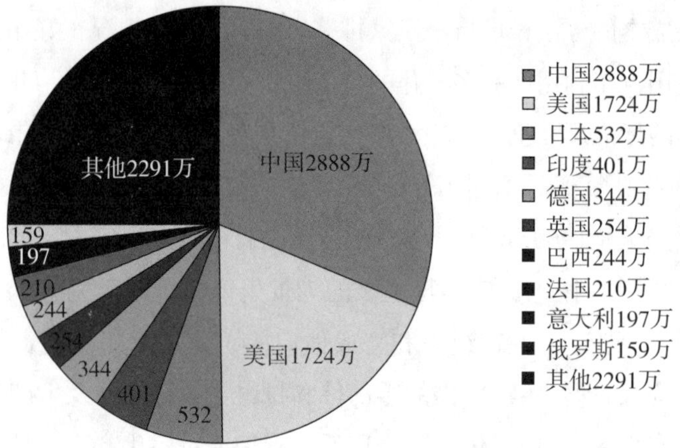

改革开放以来，尤其是中国加入世界贸易组织（WTO）近20年来，中国汽车产业形成比较完备的工业体系，走完了发达国家汽车产业100多年的历程，我国汽车工业连续多年位居世界汽车产销第一，成为名副其实的汽车工业大国。作为全球第二大经济体、全球最大的汽车市场和汽车工业大国，壮大和提高中国品牌汽车在国民经济中的地位和作用是我国实现经济强国和汽车产业发展的必然选择。从全球来看，目前汽车产业正处在快速变革的发展阶段，汽车产业转型升级和发展路径也在逐步建立。

中国汽车产业是资本技术和劳动密集型产业，具有产量密集度大、科技含量高等特点。汽车产业作为社会间接生产活动的典型代表，在整个国民经济体系中处于重要地位。除了庞大的市场和重要的国民经济地位，汽车产业新的转型与变革也为各国提供了诸多机遇。当前汽车产业的变革主要体现在，汽车产业的重心在未来可能会发生转移，而新能源汽车以及智能网联汽车则成为至关重要的环节。电动化、轻量化、网联化、智能化、共享化等新特点成为新的产业机会。同时，伴随汽车消费趋势的改变、制造过程的更新和商业模式的变革，整个汽车产业形态正处在重塑之中。以新能源和智能网联技术为突破口，引领变革下的汽车产业转型升级，中国的汽车产业具备良好的发展机遇，同时也面临更多的挑战。

二、形形色色的车型

汽车工业作为中国经济发展的重要产业不仅以其自身的发展带来了直接的经济效益，而且它还渗透到其他领域，波及大量的相关工业，带动工、农、商业发展，创造大量就业，诱发新兴工业和高新技术的出现，从而产生了巨大社会效益。汽车改变了人们的生活状况、生活方式，给人类提供了很大的便利，同时也是世界第一大类贸易产品。汽车门类众多，品种繁杂，产品丰富。我国汽车法规标准中对汽车车型大致有以下两种分类标准：

第一种分类标准是，将汽车分为L类、M类、N类、O类汽车：

L类指两轮或三轮车（如摩托车等），具体又可分为L1类、L2类等；

M类指的至少有4个轮子的载客汽车，可分为M1类（轿车等）、M2类（小客车等）、M3类（大客车）；

N类指载货汽车，具体可分为N1类、N2类等；

O类汽车是指挂车等，具体可分为O1类、O2类等。

第二种分类标准是，按车辆用途分类，分为：轿车（微型轿车、普通轿车、中级轿车、中高级轿车、高级轿车）、客车（城市公共汽车、短途客车、长途客车、游览客车、团体客车等）、货车（厢式货车、冷藏货车等）、工程作业车（起重机、混凝土搅拌车、清洁车、洒水车等）、特种汽车（警车、消防车、救护车、工程救险车、交通管理车等）、牵引车、吉普车/越野车、摩托车（两轮摩托、三轮摩托）、电瓶车、拖拉机、挂车、客运列车等等。

我国通常在汽车销量统计中（狭义汽车，指轿车、SUV、MPV 等），会用到一种分类方法：大致和以上第 2 种的轿车分类有些类似，分为微型汽车（又叫 A00 级车）、小型汽车（又叫 A0 级车）、紧凑型汽车（又叫 A 级车）、中高级汽车（又叫 B 级车）、SUV、MPV 等。

汽车产品对于提升汽车产业国际竞争力，对产业和经济发展都有着重要的意义。汽车产品竞争力表征为国家之间和企业之间的科技竞争能力。我们将汽车产品竞争力分解为产品品种和产品性能两个维度。一个维度是汽车产品品种，代表着汽车企业全面满足消费者需求、把握细分市场的能力，这以各国汽车产品类型为评价依据；而另一维度是汽车产品性能，即社会和消费者可以直接感知的汽车产品优劣，比如安全性、环保性、经济性、动力性、质保周期和关键功能等重要性能指标。

让我们来认识一下汽车家族中形形色色的车型成员。

11　汽车的印象

中国汽车大致又可分为乘用车和商用车两大类，这与国际较为通行的称谓一致。由于各国在车型细分上没有统一的标准，因此对于乘用车和商用车之下的细分类可按照我国汽车产业的特点进行划分。另外，根据动力来源的不同又可将汽车分为传统能源（内燃机）汽车和新能源汽车两大类。2017 年，中国机动车保有量达到 3.10 亿辆，其中汽车 2.17 亿辆（除传统能源汽车外，还包括新能源汽车 153 万辆）。

汽车（传统能源汽车）的基本结构主要包括汽车车身、汽车底盘、发动机系统和汽车电子电器设备等四个部分（如图）。

（1）汽车车身。车身是由各种汽车零部件组成的用于承载驾驶员、乘客或者货物的空间结构，可分为客车车身、乘用车车身和载货车车身等三种类型。汽车车身部件主要包括白车身、车门、车窗、车身内外饰及车身附件、车前钣金制作件、汽车座椅及通风、冷气、暖气、空气调节装置等；专用汽车和载货汽车还包括车厢以及其他特制空间构架等特殊车身部件。

（2）汽车底盘。汽车底盘由传动系统、转向系统、行驶系统和制动系统组成，主要作用是支撑、安装动力系统以及各种零部件，同时接受汽车发动

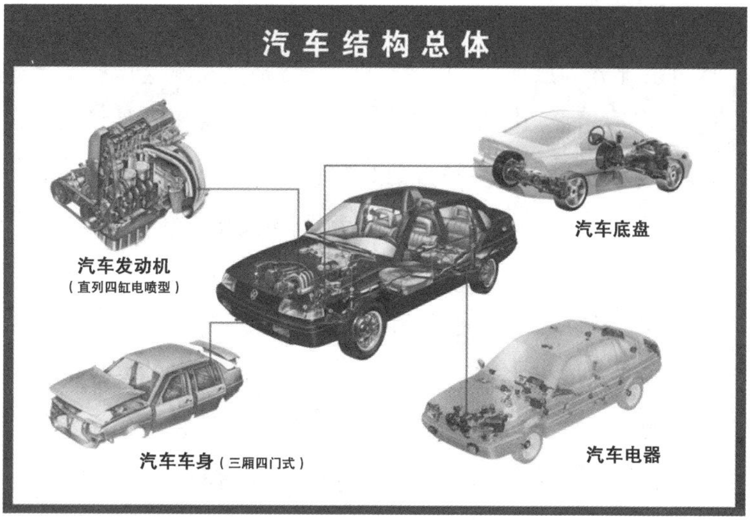

机系统的动力输出，进而实现汽车的正常行驶。

传动系统主要包括万向节、离合器、变速器、传动轴和驱动桥等零部件，其主要功能是将发动机系统输出的动力传递至驱动车轮，同时配合发动机系统的运行状态而工作，以保障汽车的正常行驶。

转向系统主要由转向操纵机构、转向器和转向传动机构组成，其功能是及时无误地调整汽车行驶方向，保证汽车正常行驶。

行驶系统是直接用于实现汽车正常行驶的专业装置，主要包括车桥、车架、悬架和车轮等汽车零部件。行驶系统的主要功能是接受由发动机系统通过传动系统传递的转矩，凭借地面对驱动轮的牵引力，实现汽车正常行驶。

制动系统包括制动操纵系统和制动器，主要功能是通过对特定零部件施加一定程度的外力，实现汽车行驶过程中的强制制动。制动系统可分为鼓式刹车系统、碟式刹车系统和盘式制动系统。

（3）发动机系统。发动机系统是指使某种能量转变为汽车可以使用的机械能的系统装置，是实现汽车正常行驶的动力源泉。传统发动机系统主要是指内燃机系统，包括柴油机和汽油机，其内部构造包括曲柄连杆机构、配气机构、燃料供给系统、进排气系统、润滑系统、冷却系统、点火系统和起动系统。新能源汽车动力系统比较复杂，下一节将做简单介绍。

（4）电子电器系统。电子电器系统包括系统电源、汽车电路系统及配电设备、电子仪表系统、汽车照明系统、其他用电设备等。

汽车照明系统分为照明灯和信号灯。电路系统及配电设备主要包括继电器、保险装置、插接器、电路开关和电路导线线束等零部件。汽车内还有大量其他用电设备，包括启动系统、点火系统、辅助电器系统（空调、刮水器、收音机、电动座椅、电动门窗、防盗系统、汽车安全系统等）等零部件。

汽车电子仪表系统是指安装于仪表盘的各类指示仪表和报警装置，以帮助驾驶者及时准确了解汽车各大系统的运行状态。

全球汽车新技术层出不穷。专家对影响汽车产业科技发展的未来趋势也做出了许多预测，主要有：无人驾驶、人工智能、车载通信系统、车间通信连接、传感器系统、智能网联技术、大脑到汽车技术等。

1978年的改革开放，我国汽车工业产品结束了三十年一贯制的生产格局；改变汽车产品缺重、少轻、少乘用车、少专用车、轿车几近空白和技术落后的产品结构调整方针，产品结构调整包括：在载货汽车生产中提高轻型、重型车比重；在客车生产中加大轻型、大型车比重；增加了微货、微客新品种；大力发展轿车；开发多种专用汽车和特种汽车，以适应经济社会发展的新需求。

在整车制造的带动下，基本形成多品种、全系列的各类零部件生产和配套体系，为汽车工业的高速发展打下了较好的基础。零部件设计制造水平不断提高，一批有比较优势的零部件企业已实现规模生产并进入国际汽车零部件采购体系。

目前，中国汽车产业已形成具备生产多种轿车、载货车、客车和专用汽车，汽油与柴油车用发动机、汽车零部件、相关工业、汽车销售及售后服务、汽车金融及保险等完整汽车产业体系，积极研发包括纯电动汽车、插电式混合动力电动汽车、燃料电池电动汽车和替代燃料汽车在内的新能源汽车，为汽车产业转型升级打下了基础。

12 乘用车的分门别类

乘用车主要用于载运乘客及其随身物品的汽车，包括驾驶员座位在内最多不超过 9 个座位。乘用车涵盖了轿车、旅行车、微型客车以及不超过 9 座的轻型客车。按用途分，乘用车分为 11 种类型，分别是普通乘用车、活顶乘用车、高级乘用车、小型乘用车、敞篷车、仓背乘用车、旅行车、多功能乘用车、越野乘用车、短头乘用车、专用乘用车（如旅居车、防弹车、救护车、殡仪车等），以上可被统称广义乘用车。

根据中国汽车工业发展的特点，又可将乘用车分为基本型乘用车、多功能车（MPV）、运动型多用途车（SUV）和交叉型乘用车四种类型。

（1）基本型乘用车：概念基本等同于传统的轿车，但将旧标准轿车中的部分非轿车品种排除在外，而原属于轻型客车中的“准轿车”列入统计。

（2）多用途车（MPV）：是从旅行轿车逐渐演变而来的，通常直接采用轿车的发动机和底盘，前轮驱动，集轿车、旅行车和厢式货车的功能于一身，车内每个座椅都可以调整，并有多种组合方式，前排座椅可以 180 度旋转等。

（3）运动型多用途车（SUV）：该车型没有准确定义，一般前悬架是轿车车型的独立螺旋弹簧悬架，后悬架是非独立钢板弹簧悬架，离地间隙较大，兼具有轿车的舒适性和越野车的动力性、越野性能。这类车既可载人，又可载货，行驶范围广泛。SUV 有时也称吉普。

（4）专用乘用车：指运载乘员或物品完成特定功能的乘用车，它具备完全特定功能所需的特殊车装备。例如：旅居车、防弹车、救护车、警车等。

（5）交叉型乘用车：是指不能列入上述车型以外的其他乘用车。

自主品牌乘用车一般定义为，车型商标为中国国内商标（包括引进技术产品）的，视为自主品牌。另一种定义认为，中国国内企业拥有完全的产品修改权、完全的品牌运营权的品牌，就可以叫作自主品牌。自主品牌的关键是拥有自主权利。

2016 年中国自主品牌乘用车有 10 款车型进入世界百强，2017 年增加到 12 款。国内 SUV 热给了自主品牌崛起的契机，哈弗、传祺、宝骏等发布性价比较高的 SUV 车型，满足消费者对通过性、载货能力、大空间的需求。近年来，我国的自主品牌乘用车发展正在奋力前行。

2017 年全球汽车车型销量百强榜中国车

2017 排名	2016 排名	品牌	车型	2017 销量	2016 销量	同比	类别	级别
15	12	五菱	宏光	551347	650018	–15.18%	MPV	
17	16	哈弗	H6	531981	580804	–8.41%	SUV	A
41	49	传祺	GS4	336331	326906	2.88%	SUV	A
48	2089	宝骏	510	304827	/	/	SUV	A0
53	37	宝骏	730	293022	370169	–20.84%	MPV	
68	239	吉利	博越	275335	109209	152.12%	SUV	A
80	79	五菱	微货	259982	251981	3.18%	微货	
81	82	福田	轻卡	259977	246142	5.62%	微货	
83	94	吉利	帝豪	257502	227672	13.10%	轿车	A
90	294	荣威	RX5	242291	90033	169.11%	SUV	A
91	101	长安	CS75	238534	209374	13.93%	SUV	A
94	112	哈弗	H2	232353	197114	17.88%	SUV	A0

中国 2017 年新能源（纯电动和插电式混合动力）乘用车市场销量首次突破 60 万辆，同比增长 70%，市场份额高达 2.1%，远高于 2016 年 1.5% 的水平，也高于美国的 1.2% 和欧洲的 1.9%。在全球售出的 120 万辆新能源乘用

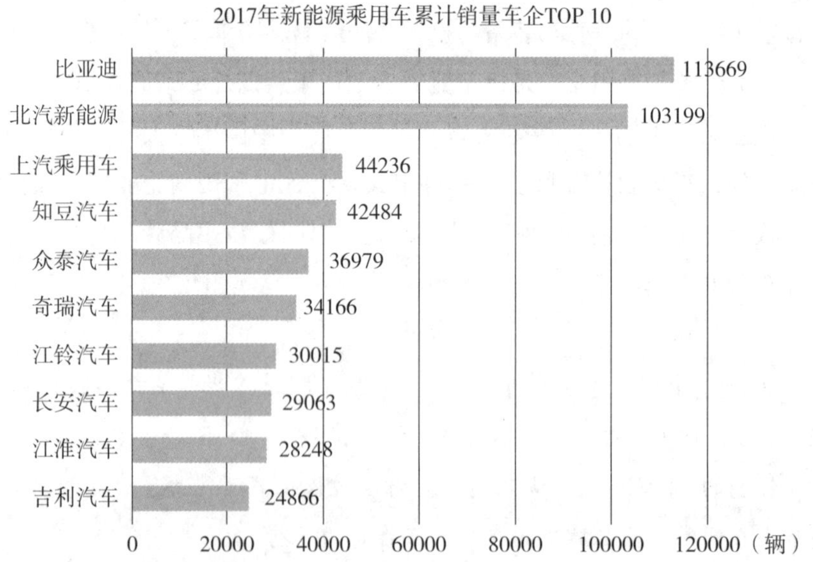

车中，中国市场的销量约占一半，而中国汽车制造商的销售占比达到了47%。2017年新能源乘用车累计销量突破10万辆的车企有两家，其中比亚迪累计销售113669，占比20.43%，夺得第一；北汽新能源累计销售103199辆，占比18.55%夺得亚军。两家车企新能源乘用车销量合计占到了近40%市场份额。总体来看，销量前10位的新能源车企销量均超过两万辆。中国的自主品牌汽车种类繁多，下表为各汽车集团旗下的部分自主品牌。

集团	名称	自主品牌	总部
中国四大汽车集团	中国长安汽车集团股份有限公司	长安、昌河、哈飞	重庆
	中国第一汽车集团公司（一汽）	红旗、奔腾、夏利、佳星、佳宝	长春
	上海汽车工业（集团）总公司（上汽）	荣威、名爵	上海
	东风汽车公司	东风风神	武汉
中国四小汽车集团	广州汽车集团	传祺、长丰	广州
	北汽集团	福田、北京	北京
	奇瑞集团	瑞麒、奇瑞、开瑞、威麟	芜湖
	中国重汽	中国重汽	济南
其他汽车集团	吉利汽车	帝豪、华普、全球鹰	杭州
	比亚迪汽车	比亚迪	深圳
	长城汽车	长城、哈弗、风骏	保定
	华晨汽车集团	中华、金杯	沈阳
	力帆集团	力帆	重庆
	江淮集团	江淮	合肥
	双环集团	双环	石家庄
	江铃汽车集团公司	江铃、陆风	南昌

13　商用车的分门别类

商用车是在设计和技术特征上用于运送人员和货物的汽车，并且可以牵引挂车。商用车包含了所有的载货汽车和9座以上的客车。商用车辆分为客车、货车、半挂牵引车、客车非完整车辆（客车底盘）和货车非完成车辆（货车底盘）五类。此外。还包括专用车、特种用途车。

客车是指乘坐 9 人以上（包括驾驶员在内），一般具有方型车厢，用于载运乘客及其随身行李的商用车。客车细分为小型客车、城市客车、长途客车、旅游客车、铰接客车、无轨客车、越野客车、专用客车。客车按总体结构可分为单车和列车。单车是基本车型，按客车总重或设置座位数常分为小型客车（3.5—7 米）、中型客车（7—10 米）、大型客车（≥ 10 米），长度一般不超过 12 米。客车列车的车厢和车架分为前后两节。两节车架用铰接盘连接，两节车厢用活动褶篷连接，故又称为铰接式或通道式客车。中国规定客车列车的长度一般不超过 18 米。

货车是一种主要为载运货物而设计和装备的商用车辆，有时还可以牵引一辆挂车。货车细分为普通货车、多用途货车、全挂牵引车、越野货车、专业作业车、专用货车。货车的结构大多采用发动机前置、后轮驱动的形式，一些轻型货车有前轮驱动，还有少数车采用发动机中置。按照最大总质量分为：微型货车（≤ 1.8 吨）、轻型货车（1.8—6.0 吨）、中型货车（6.0—14.0 吨）、重型货车（≥ 14.0 吨）。

牵引车是指专门或主要用于牵引挂车的商用车，分为半挂牵引车和全挂牵引车。半挂牵引车专门用于牵引半挂车，轴距较短，本身没有车厢，又称鞍式牵引车，半挂牵引车后面的桥承受挂车的一部分重量。全挂牵引车是利用牵引杆，专门用于牵引全挂车的牵引车，也称载货牵引车或压重牵引车，全挂牵引车只提供向前的拉力，不承受全挂车的重量。

国内商用车还属于群雄割据的局势。国内生产货车的企业有十多家，主要有第一梯队一汽、东风、重汽，第二梯队陕汽、福田等，其中轻货以福田、江淮等厂家的产品比较受欢迎，重货主要是一汽、东风、重汽占的份额比较大，其中一汽强点在于牵引车，重汽优势在于自卸车等，陕汽、一汽青岛的燃气车比较强。

商用车行业不同于乘用车，市场容量虽没那么大，但也有相对稳定的需求。随着市场的发展，国内商用车也开始走高端化，普遍的现象就是原本只在轿车上看到的配置，现在商用车也有了，例如多媒体系统、牵引力控制系统、通风座椅、加热座椅、定速巡航、电动空调等等，用户也越来越追求舒适感。另外，商用车的装配水平也越来越高，原先毫不讲究的内外饰间隙，现在也做得越来越接近轿车。而类似液力缓速器、自动变速器等高端机械配置也出现在国内货车上，总体来说国内商用车也正在慢慢向国际上的高端商用车看齐。

我国商用车将迎来全面智能升级。在电动化、网联化、智能化、共享化背景下，汽车行业成为多产业融合的创新大平台，汽车产品由单纯的交通工具，开始向大型移动智能空间、储能设备演变。各大车企将持续在车辆智能安全、智能舒适和智能互联等多维智能体系上加大投入。

14　轿车：汽车强国的表征

作为汽车制造业中技术含量、智能化程度和产业集中度较高的代表——轿车，特别是高级轿车，往往是表征各国汽车工业水平的标志。轿车通常指用于人员以及行李运输的汽车。轿车除乘客厢外，外观上可见明显长度的车头与车尾，可从外形上清晰分辨出发动机室、人员乘坐室以及行李舱。在中国，轿车特指区别于货车、皮卡、SUV、客车的小型汽车，俗称为“小轿车”、房车、私家车。美国称之为 sedan，英国称之为 saloon。

世界各国的汽车制造商对高级轿车没有统一的定义和标准。大多数是根据发动机排量、车身长度、轴距和整车自重等来分级。按照中国大陆标准划分为：微型轿车（排量为 1 升以下）、普通级轿车（排量为 1.0—1.6 升）、中级轿车（排量为 1.6—2.5 升）、中高级轿车（排量为 2.5—4.0 升）、高级轿车（排量为 4 升以上）。在某些时候的通俗分类法是以价格为主，技术规格为辅，即将 20 万元以上的轿车视作中高级轿车；15—20 万元为中级轿车；10—15 万元为普通级轿车；10 万元以下为微型轿车或经济型轿车。随着汽车技术的发展，人与自然环境的协调，轿车分级中的发动机排量、车身尺寸、整车自重都有减小的趋势。

德国大众汽车是欧洲最大的汽车制造商，也是最早进入中国轿车市场的企业，它的轿车分类法具有代表性。按照德国的汽车分级标准，A 级（包括 A0、A00）车是指小型轿车，其中 A0、A00 级相当于我国的微型轿车（如奥拓和夏利）；A 级相当于我国的普通型轿车（如捷达）；B 级车是中档轿车，相当于我国的中级轿车（如桑塔纳）；C 级车是高档轿车，相当于我国的中高级轿车（如奥迪）；而 D 级车则指的是豪华轿车，相当于我国的大红旗等高档轿车。轿车等级划分还依据轴距、排量和重量等参数，字母顺序越靠后，该级别车的轴距越长，排量和重量越大，轿车的豪华程度也不断提高。

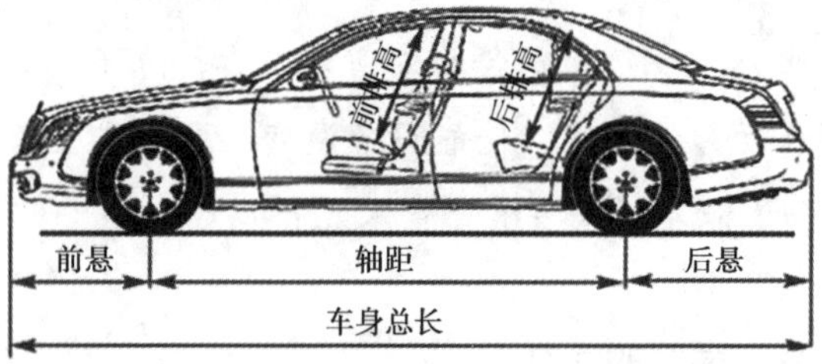

轿车还可按照功能性划分为：房车、旅行 / 轿车、轿跑车、跑车和敞篷车等车型。按照车型布置划分为：四门五座、五门掀背、双门双座和双门五座软顶等。

在世界轿车发展史上，轿车消费家庭化是从经济型轿车的发展开始的，在绝大多数发达国家，经济型轿车都是家用轿车市场的主流。现今世界上，节能、环保、紧凑型的经济型轿车倍受消费者的青睐，发展经济型轿车产业更受到各国政府的鼓励和支持。各轿车制造商也大力推出各种经济型车以迎合市场的需求。

高级轿车在动力性、舒适性、安全性等主要性能上具有相当高的水平，在整车综合性能达到非常理想状态。这一级别的著名轿车品牌有劳斯莱斯、凯迪拉克、林肯、奔驰 500 系列及 560 系轿车等。高级轿车有特定的市场，

虽然在整个轿车市场占有很小的比率，但影响却是极为广泛的。由于高级轿车的价格昂贵，产量稀少，乘坐高级轿车的都是社会名流，因此高级轿车在社会上成为权力和地位的象征，也是名望和财富的标志。

红旗轿车经过60来年的延续和发展，确立了中国轿车在世界经典名车中的地位。1958年7月，第一辆红旗牌CA72型高级轿车试制成功。这辆轿车车身长近6米，设三排座，人称“大红旗”。其通体黑色，庄重大方，有元首用车之气派。车前格栅采用扇子造型，宫灯式后灯，仪表板涂福建大漆，发动机罩前上方有直立重叠的三面红旗标志。

20世纪60年代后期，“红旗CA722”轿车开发成功，这种防弹“大红旗”专供政治局常委使用。该车全身装甲，底盘防爆，防弹的车窗玻璃厚达十几毫米，轮胎能自动补漏。防弹“大红旗”共生产12辆，毛泽东、周恩来、朱德以及李先念等人都乘坐过。

周总理对“红旗”轿车更是情有独钟。1972年，美国总统尼克松带着500余人的庞大访华团访问中国，是周恩来总理用中国的红旗轿车将他的总统专车挡在国门之外。访问前夕，黑格将军带领先遣队来到北京，做有关访问的技术准备，他首先向周总理抛出了三个正式条件：其一，总统专车运到中国；其二，总统专机直达北京；其三，电视转播车从美国带来。周总理听后的答复是：“车我们有；美国飞机停在上海；电视转播车带来可以，但使用权租给我们！”掷地有声的几句话，令黑格将军大为惊讶。这样，尼克松访华

时，周恩来陪同他一起坐“大红旗”进入中南海。尼克松对封闭时期的中国能够制造出这样的轿车感到震惊，“红旗”轿车因此名扬世界。周恩来总理不仅是坐红旗车时间最长、次数最多的人，也是向外国使节展示红旗轿车风采的第一位中国领导人。

红旗轿车辉煌的过去，源自其典雅的造型、宽敞的车身、精良的手工工艺；源自其高昂的成本、少而又少的产量，更源自其尊贵的社会地位。为了这一理想，红旗人开始了一场前所未有的新征程。从深化改革到新技术、新产品和全新服务，红旗展现出了全新的风貌，在 2018 北京国际车展上，新红旗 H5 震撼登场，“E・境”GT CONCEPT 概念车（如图）、红旗首款电动 SUV E-HS3、智能驾驶舱等共 7 款车型及技术展品面向公众集体亮相。

15 变幻中的多功能车

多功能车是一个现代社会随着汽车产业发展的时尚用语，很难给其一个确切的定义。它包括的范围很广，可以是乘用车，也可以是一部分商用车，但主要是针对车市流行的诸如 MPV、SUV、RV 等，这些都可以泛称为多功能车。它是集轿车、旅行车和厢式货车的功能于一身，车内每个座椅都可以调整，并有多种组合方式，前排座椅可以 180 度旋转的车型。它更着意于在汽车上设置有家庭设施、娱乐设施，供人们生活、休闲、娱乐。包括的类型也很多，有城市类多功能车、运动类多功能车、休闲类多功能车等。

MPV（multi purpose vehicle），中文含意是多用途汽车，是 20 世纪 80 年代发展出来的新车型，有人又把它叫作“全功能汽车”。多用途汽车是从轿车演变过来的，它通常直接采用轿车的发动机和底盘，前轮驱动。它的尺寸比轿车大，内部空间宽敞，可乘坐 5—9 人。由于它采用轿车底盘，舒适性比一般轻型客车好，加上内部装备和修饰与轿车相同，因此其档次比轻型客车高，价格也比轻型客车及普通轿车贵。

多用途汽车集轿车、旅行车和厢式货车的功能于一身：车身一般采用单厢式，也有采用一厢半的；车身外形有短头式，也有子弹头式；车内座椅布置灵活多变，每一个座椅都可以调整，并有多种组合方式，比如后排座可折叠后放置物品，中排座可放倒成床铺，前排座可做 180 度旋转等特点。

多用途汽车是发达国家汽车普及后，生活水平进一步提高的产物。法国雷诺公司在 20 世纪 80 年代初首先开发了这种汽车，取名 Espace，但未能引起广泛的关注。1984 年，美国克莱斯勒公司推出了多用途汽车一举成功，美国人争相购买，并在全世界掀起了购买多用途汽车的热潮。之后，各国汽车厂家纷纷仿效，从而成为在近十几年来最流行的车型之一。

多用途汽车趋向于小型化，又称为 SMPV，车长一般在 4.2—4.3 米之间，车身紧凑，但车厢空间并不狭窄，座位一般有 5—7 座。知名品牌有宝马、丰田、悍马、上汽大众、神龙富康、海南马自达等。

SUV（sport utility vehicle），中文含意是运动型多用途车，是从英文直译过来的名词，没有准确定义。它的外形很像常见的“吉普车”，不过其内外装饰和设备不亚于轿车，可以说它是一种高档的吉普车。它一般只有 2—5 座，尺寸较小，采用 4 轮驱动，一般前悬挂是轿车车型的独立螺旋弹簧悬架，后悬挂是非独立钢板弹簧悬架，离地间隙较大，从而既有轿车的舒适性，又有全驱越野车的强大动力性和越野性能。可以跋山涉水，也可以上班或赴宴，同时还带有 MPV 式的（多组合功能）座椅，使车辆既可载人又可载货，行驶范围广，具有豪华轿车的功能。因而比一般的轿车和越野车也贵得多。在中国，一般按照价格将运动型多用途车分为高档（30 万元以上）、中高档（15—30 万元）和中低档（15 万元以下）3 个档次。

中国经济型 SUV 的产销量所占比例呈下降趋势，中高档 SUV 占较大比例（高档 SUV 以国际品牌为主），市场相对比较平稳。国内外知名品牌：高档 SUV 有美国悍马、德国宝马、上汽通用凯迪拉克 XT4（如图）、丰田陆地巡洋舰、丰田普拉多等；中高档 SUV 有长丰猎豹、郑州日产帕拉丁、北京吉普大切诺基等；中低档 SUV 有长城赛弗、东南富利卡、北京吉普 2500、江铃陆风、福田奥铃和丹东曙光等。

RV（recreation vehicle），中文含意是休闲车。没有准确定义，通常是除了常规的轿车和运动轿车以外的各种非主流小型乘用车的总称，包括多用途车、多用途运动车，也包括专供休闲用的沙滩车和高尔夫车。

在日本，习惯上把休闲车都称为RV车，而且偏重由微型汽车衍生出来的RV车，价格相对低廉。从广义上讲，除了轿车和跑车外的轻型乘用车，都可归属于RV，包括SUV、MPV也属于RV。RV是以家庭用车为前提的，它最重要的特点在于外形上与传统的三厢车轿车不一样，看上去RV有些像越野车。有些RV采用轿车底盘，在城市及良好公路上行驶，着重于车厢座椅布置的多样化组合；有些RV采用微型车底盘，体现了一种趣味、实用与经济性的结合；有些RV则是SUV一类，4轮驱动，适合长途旅游。

长城汽车股份有限公司是全球知名的SUV制造企业，于2003年、2011年分别在香港H股和国内A股上市，截至2017年底资产总计达1105.47亿元。目前，旗下拥有哈弗、长城、WEY和欧拉四个品牌，产品涵盖SUV、轿车、皮卡三大品类，拥有四个整车生产基地，具备发动机、变速器等核心零部件的自主配套能力，下属控股子公司40余家，员工7万余人。

长城汽车的发展潜力得到了外界的广泛肯定和认可，多次入选“中国企业500强”“中国机械500强”“中国制造500强”，连续多年上榜“福布斯亚太最佳上市公司”“福布斯2000强”“《财富》中国500强”“BrandZ最具价值

中国品牌 100 强”等，也是首家成为国际氢能委员会成员的中国汽车企业。

长城汽车以“专注、专业、专家”为品牌理念，秉承以高科技装备和高性能设计为支撑，坚持聚焦 SUV，将哈弗打造成世界级的 SUV 专家品牌。

长城汽车在技术研发上坚持有效研发，追求行业领先，为持续的自主创新奠定了坚实的基础。长城汽车拥有国际一流的研发设备和体系，具备了 SUV、轿车、皮卡三大系列以及动力总成的开发设计能力；同时构建以保定总部为核心，涵盖欧洲、亚洲、北美等全球研发布局，进行新产品、新能源与智能化汽车研发。近年来，长城汽车的技术实力得到了社会的广泛肯定。

16 人性化的客车与公共汽车

客车按总体结构可分为单车和列车。单车是基本车型，按客车总重或设置座位数常分为大、中、小型（大巴、中巴、小巴）。中国规定单体客车的长度一般不超过 13.7 米。客车列车的车厢和车架分为前后两节。两节车架用铰接盘连接，两节车厢用活动褶篷连接，使车厢前后相通，故又称为铰接式或通道式客车。中国规定客车列车的长度一般不超过 18 米。

客车可分为旅行客车、城市公共客车（bus）、公路客车、铁路客车、游览客车及校车等类型。旅行客车是一种小型客车，座位数不超过 17 个，根据其外观形状，俗称“面包车”。城市公共客车由于乘客上下车频繁，其地板离地高度较低并设有 2—3 扇客门，车内设站立位置，故车内通道应有足够的高度与宽度。公路客车由于乘坐时间长，车内全部布置座席，通常只有 1 扇客门，乘坐舒适性要求较高，还须设有若干个行李舱。客车也有很高的技术含量，如低地板技术、侧置发动机技术、卧置发动机技术，还包括时下流行的混动技术、纯电技术等。

高档大客车一般定义为车内高地板化、风窗玻璃全景化、外摆式乘客门、高靠背可调式座椅、带有冷热空调装置、有较大行李仓的豪华大客车。现代世界高档大客车越来越豪华，尤其是游览大客车内饰越来越注意装饰效果和新颖的艺术，如装有顶灯、壁灯、地毯、音响设备、电视、无线电话、卫生间、厨房冰箱等。高档大客车根据有关装备与质量级别，用星级评定标准：一星最低，四星最高。

欧洲大型旅游客车处于世界领先地位，许多高贵典雅的大型旅游客车具有共同特点：

（1）车内布置和谐，遵循舒适、安全和统一的原则。

（2）乘客座椅的设计符合人机工程学原理，其造型、材质、色泽与室内布置统一、协调。

（3）驾驶区域设计可最大限度地减少驾驶员的疲劳。

（4）车内各种设施齐备，一般设有酒吧、卫生间、音像系统和完整的空调系统，有的车还设有会议间、厨房间等等。

（5）内饰设计专业化、艺术化，无论是座椅、仪表区，还是顶棚、侧壁、地板和侧窗等，都体现着专业人员统一设计和独特匠心。

驾驶员与乘客的安全与舒适度是客车关键点。安全措施在客车交通中发挥着越来越大的作用。各种驾驶员保护系统设计以保护驾驶员免受直接攻击。影响舒适度的因素有：空间布置、色彩设计、照明设计、座椅设计、车辆气味、车辆噪音、室内温度等。

可以预测未来交通必然对客车的智能化和舒适性提出了更高要求，大数据、车联网、无人驾驶等技术引入已势不可挡。未来客车技术的发展趋势是：

简洁化。从内饰上来看，造型上可能会采用较为简单的几个型进行叠加使用，或是采用简单的流线型叠加进行使用，从按键方向分析采用较为平整的触摸按键，使得操作更为简单。

智能化。智能客车就是在现有车辆的基础上，加上计算机技术等成果，使之具备感应能力、分析能力、自适应能力、行为决策能力。智能化的驾驶室人机交互也会随之变得更加智慧、方便，能够有效分担驾驶者的认知负荷，帮助其减少犯错误的可能性，从而增加安全性并提高效率。

情感化。交互设计中，情感化是必不可少的因素。汽车的人机交互中，本能水平的要求就是汽车的造型设计只管易懂且具有吸引力。行为水平则要求汽车的操作符合人机工学，侧重于驾驶员信息处理的两个方面：多感官交互和驾驶中注意力的空间分布。保证可用性与易用性。从不同角度满足人们的情感需求，构建一个更加轻松的驾驶环境，有助于集中注意力、避免事故发生。

无障碍化设计。客车作为最普遍的大众交通工具，在服务大众时，不得忽视一部分小众人群——残疾人士群体的诉求。

自动驾驶。城市巡航自动驾驶系统是未来客车的核心系统，该系统基于未来客车的高速公路领航系统改进，增加了诸多复杂城市交通环境下所必要的功能，例如识别红绿灯、障碍物，还有最重要的行人识别。公交系统是未来客车的目标领域之一，城市巡航自动驾驶系统还能控制车辆自动驶入站点，停车、开关车门。

德国法兰克福举行的世界客车展览会，汇集了世界客车领先企业的顶尖新产品，如德国的奔驰公司、尼奥普兰公司以及曼公司，还有瑞典的沃尔沃公司以及斯堪尼亚公司等。全新造型的新产品极有可能就是明天客车外形的发展趋势。

中国宇通公司自主研发的第三代氢燃料电池公交车，整车实现污染零排放，加氢时间仅需10—15分钟，续航里程超过500千米，可以实现–30 ℃低温启动，能够很好地适应寒冷气候。宇通氢燃料电池客车可靠性验证里程累计突破9万千米，有效验证了燃料电池系统、氢系统、DC/DC电压转换器以及整车集成控制的可靠性。此外，该批车配置全面升级，增加360度环视系统、空气悬架系统、无障碍通道等，让车辆行驶更智能、更安全、更放心。

17　力拔山兮载货车

载货汽车一般称作货车，又称作卡车（Truck），是运载货物和商品用的一种汽车，包括自卸货车、牵引货车、非公路和无路地区的越野货车和各种专为特殊需要制造的车辆（如机场摆渡车、消防车和救护车、油罐车、集装箱牵引货车等），有时也指可以牵引其他车辆的汽车，属于商用车辆类别。一般可根据车的重量分为重型和轻型两种。绝大部分货车都以柴油发动机作为动力来源，但有部分轻型货车使用汽油、石油气或者天然气。

载货汽车各部分功能及主要部件大致与乘用车一样，通常由发动机、底盘、车身、电器设备四个部分组成。

货车可概略分为以下几大类：

（1）一般货车。指发动机操作室与车体本身固定联结一体打造之车辆，大致分为两类：框式、倾卸式，这两类车体又包含了全密式、半密式、开放式三种。

（2）半挂车。指发动机操作室与车体本身可分离亦可透过工具联结之车辆，其加挂部分一般统称为板架、拖架或半拖车架。

（3）全挂车。即为一般货车或半拖车加挂后，再加挂板架、拖架或半拖车架。

此外，还有专用的沙石车、搅拌车、密斗货车、货柜车（集装箱车）、平板货车、全挂式平板等。

牵引车就是车头和车厢之间是用工具牵引的一般的大型货车或半挂车，

也就是该车车头可以脱离原来的车厢而牵引其他的车厢，而车厢也可以脱离原车头被其他的车头所牵引。前面有驱动能力的车头叫牵引车，后面没有牵引驱动能力的车叫挂车，挂车是被牵引车拖着走的。牵引车和挂车的连接方式有两种：第一种是挂车的前面一半搭在牵引车后段上面的牵引鞍座上，牵引车后面的桥承受挂车的一部分重量，这就是半挂；第二种是挂车的前端连在牵引车的后端，牵引车只提供向前的拉力，拖着挂车走，但不承受挂车的向下的重量，这就是全挂。

中国载货汽车的发展趋势：

（1）重型载货汽车中牵引车和自动卸货车是主力车型。

国外企业产品结构，以及目前的中国重汽、陕汽、重庆重汽、北汽福田等国内主要重型载货汽车企业产品结构都以牵引车和自卸车为主；高速公路的快速发展也为牵引车提供了发挥运输作用和效率优势的空间；同时，出于对运输效益的考虑，用户需求也会逐步转向牵引车和自卸车。

（2）低吨位中型货车将主导中货市场。

低吨位中型货车可以匹配四缸柴油发动机，价格优势明显，性价比显然优于高吨位的中型货车，其车型的灵活性、便捷性以及经济的载货量和载货空间非常适合城市物流。

（3）高吨位的载货汽车和低吨位的重型货车将处于尴尬境地。

这种倾向已经开始显现，主要原因就是这些类别的货车运输效率比较低。这些车型的未来出路将转向专用车领域，但配置会发生重大变化，如发动机的功率将提升、车桥和变速箱也将做出相应的变化和调整。

（4）中重型载货汽车的主要匹配动力向两头发展。

柴油机 11 升以上的是合资合作产品，也是重型卡车的主要动力之一，其市场规模取决于高档货车的市场需求，也取决于自身的成本水平。国内 8—9 升的 6 缸柴油机会与高吨位重型货车实现同步增长。

（5）重型载货汽车的自重将有所增长。

随着用户需求的多样化，重型载货汽车将向多档次和高档次方向发展，直接导致了其零部件种类和数量的增加；同时，新技术或者众多零部件得以应用，这也增加了重型载货汽车的自重。

18 弘扬国魂的军车

军车家族不但种类繁多，性能形态各异，而且新品备出。军车在世界陆军作战中起到运送弹药、食品、伤病员，纵深突击以及保障防卫等突出作用。在世界各大战争和演习中，军车担负长途机动、摩托化行军任务，是陆军必不可缺的行军工具。

历史的长河中，军车发展伴随着战争走过了漫漫长路。军队是大量装备汽车的集团，军车已经成为军队这部大机器不可或缺的一部分。美国陆军装备汽车40万辆，每个步兵师有汽车2962辆，平均每5.5人一辆。苏联陆军装备载重10吨以下汽车有38万辆，每个摩托化步兵师装备汽车2210辆、挂车1096辆，平均每5.7人一辆。就连不算正规军队的日本陆上自卫队的乙种师，也是平均5.9人一辆汽车。由此可见汽车对军队、对军事行动的重要意义。

实际上，人类的第一辆汽车就是用来拉炮的军车。在德军中任技师的法国人居诺的支持下，经过6年努力，研制出了用于牵引火炮的蒸汽机汽车，这也是世界上第一辆军用汽车。

在1853年—1856年的克里米亚战争中，英军在围攻塞瓦斯托波尔时，曾使用过几辆蒸汽机汽车往前线运送火炮和弹药。在1899年—1902年的第二次布尔战争中，英军又将改进后的蒸汽机军用汽车投入战场，这种车很笨重，越野性也很差。英国人制造了一辆由戴迪安三轮摩托车改装的四轮摩托车，车上装有变向托架，上置一挺马克辛机关枪。英国人用装有这种托架机枪的摩托车进行射杀。在这种战斗摩托车基础上，1914年，英、美等国都装备了有边车的三轮摩托车，边车上架轻机枪供机动部队作战使用，或用于战地救护。说到美国军车，不能不提到“吉普”（Jeep）。吉普车一直是美国在现代战争中的大功臣。美国可谓汽车王国，其军车也是五花八门，有许多新奇的名车。如一种叫“机械骡”的载重为0.5吨的低车身步兵用轻武器运输车，其发动机安装在平板车厢下面，用方向杆操纵，方向杆可以放倒，所以驾驶员可以躺着开车。该车自身重为375公斤，载重为360公斤，车上还可以安装106毫米口径无坐力炮。在历次重要战争中，越野车悍马（Hummer）承担了人员和物资的运输、遂行反坦克、通信中继和火炮牵引等多项任务（如图）。战后评论称："悍马满足了一切要求，或者说超出了人们的要求……显示了极好的越野机动能力。其可用性超过了陆军的标准。"由此悍马被美军业内外人士誉为"越野车王"。

中国在第一个 5 年计划时期，就开始了汽车、拖拉机等动力机器制造业的建设。1956 年 7 月 13 日，第一汽车制造厂建成投产，开始扭转军用汽车完全依靠进口的局面。1958 年，我国第一辆军车，驱动形式 6×6（6 轮驱动）、载重吨级 2.5 吨的 CA30 型越野汽车由一汽试制成功，随后投产并装备部队。

从 1949 年开国大典至 2018 年，中国举行了十几次阅兵，而每一次阅兵，军车都在其中扮演重要角色。2017 年 7 月 30 日上午，庆祝中国人民解放军建军 90 周年的阅兵仪式在朱日和举行。阅兵历时 75 分钟，来自陆军、海军、空军、火箭军、战略支援部队、武警部队和联勤保障部队的 1.2 万名官兵，组成 45 个方队受阅。受阅的军车等地面装备 600 余套、各型飞机 100 多架，类型多样。作为军改后的首次阅兵，也是中国人民解放军首次组织以庆祝建军节为主题的专项阅兵。

在阅兵场上，中国军车表现优越，其中北汽的 BJ80 相当令人瞩目。BJ80 在外观上，前脸方形格栅和圆形头灯的搭配很和谐，整个车身采用方正的设计，加上军绿色的涂装，极具战斗气息。BJ80 作为服务车和保障车在诸多部队服役，还可以被改装成防爆车等专业车型。

“东风猛士”是一款完全自主创新的军车，通过了上百万千米测试，全部 15 项战技指标中，有 12 项超过了美军“悍马”，越野统计百千米油耗 11.3 升，跟一些家用轿车油耗差不多。据悉，共有近 500 辆“东风猛士”参与了 2017 朱日和沙场点兵，为历年阅兵式最多。其中，包括“东风猛士”参阅车辆 223 台、受阅车辆 186 台，数量占参阅、受阅轮式装备的三分之一以上，另外还有演习对抗车辆和维护保障车辆参与阅兵。

19　亦轿亦货的皮卡

皮卡是 pick up 的音译。它亦轿亦货，“乘客载货两相宜”，即既有轿车的舒适性驾驶体验，又有载货车实用性的载货空间和强劲动力以及不同路面的适应能力，更可实现可变化的改装性能。皮卡的设计简单而独特，前半部是一个独立密封的车厢，后半部是一个开放式的车斗，装卸货物十分便利。无论农场主还是上班族，皮卡都被视为无所不能的交通工具，很容易配合建筑业、园艺业、水电工程改造业等不同行业的改装需要，而身躯巨大的皮卡作为拖动游艇或活动房屋的运载工具更是得心应手。

20 世纪 20 年代，皮卡首先在美国出现，它在美国是非常实用和常见的一种交通工具，并且深受美国人的热爱，它是美国现代牛仔文化的象征。随着美国皮卡市场的繁荣，皮卡也向世界其他地区延伸。

皮卡是汽车市场的一个重要组成部分。最常见的皮卡车型是双排座皮卡。皮卡既可作为专用车、多用车、公务车、商务车，也可作为家用车，广泛用于载货、农用、旅游、出租等不同场合。因此，所谓的“皮卡”就是轿车和货车的杂交品种。

从产品技术档次来看：皮卡可分为高、中、低三档；从结构设计来看，可分为标准双排座皮卡，轴距及货厢加长的双排座大皮卡，一排半座皮卡，中双排皮卡，以载货为主的大单排座和小单排座皮卡，厢式皮卡（即多功能越野车、经济型 SUV）等。市场上最为常见的是标准双排座皮卡和经济型（SUV）厢式皮卡车型。

20 世纪 90 年代初，随着国际流行车型的发展，皮卡开始进入中国。中国皮卡发展速度很快，大部分品牌已具备了标准、豪华、超豪华三个层次车型的生产能力。中国皮卡生产厂家已达30多家，中、高档皮卡品牌主要有扬子、长城、中兴、奥铃、曙光、新凯等。

未来皮卡发展趋势：一是车体大型化。宽体皮卡已进入市场开始引导宽体大皮卡市场需求。二是产品技术含量不断提高。新技术在皮卡产品上已广泛运用，有效满足了消费者对油耗和安全性的更高的需求。三是向乘用功能化嬗变。主流皮卡高配车型上都提供真皮座椅、电动座椅、ABS、环保空调、中控锁、动力转向、可调式方向盘、电动升降玻璃、电动后视镜、铝合金轮毂、安全气囊、电动天窗等乘用车配置。

现今，高档豪华皮卡的消费在快速上升，功能上有向中高级轿车和多功能车转变的趋势。随着中国人生活方式的日益自由化，皮卡车型受到了国人的追捧。尤其是一些国内的富裕阶层，已经不满足于跑车和SUV带来的身份感，而追求特立、独行、拉风的大皮卡。在海外市场，中国生产的皮卡已从低端产品转向高端产品，从出口第三世界国家转向发达国家的高端市场。

自1998年首辆长城皮卡出口非洲后，长城汽车便打开了国际市场的大门，如今，长城更是敲开了欧盟市场。

作为国内出口量最大的皮卡品牌，长城风骏皮卡在全球100多个国家和地区受到欢迎，海外市场的保有量占中国皮卡出口总量的40%，处于持续领先的地位，至2017年长城皮卡全年出口量已破万辆。

20 旅居车：驶往“诗和远方”

旅居车又称旅居房车，简称房车、RV等。旅居车是为了满足人们旅游和野外生活、工作的需要而设计的集房与车功能于一身的结合体，但其属性还是车，是一种可移动、具有居家基本设施的车种，可以形象地称之为“可移动的家”。旅居车上的居家设施有：卧具、炉具、冰箱、橱柜、沙发、餐桌椅、盥洗设施、空调、电视、音响等家具和电器。旅居车是集“衣、食、住、行”于一身，实现人们“生活中旅行，旅行中生活”的时尚产品。近几年，越来越多的人喜欢旅居车，喜欢享受这种无拘无束的生活。作为一款休闲车，它最大的优势是舒适性和方便性。

在美国有 1000 多万辆房车，房车已成为美国寻常百姓的大众消费品；在欧洲有 600 多万辆房车。而中国真正的带淋浴和马桶（旅居设施）的房车还不多。未来，房车将有可能成为国内年轻人与家庭出行新的休闲娱乐方式。

国外房车露营地可分为停靠式房车露营地与常规式房车露营地。停靠式房车露营地仅提供房车内水源、电力等的设施，营地设施较为简单，通常也有小型超市。而常规式房车露营地规模较大，内可供数百辆房车停靠，具备房车露营区域、帐篷露营区域、运动休闲场地区域、商店餐厅洗浴等生活区域、小木屋别墅住宿区域等，人们在这里可以享受很好的服务。

位于嘉定上海汽车博览公园内新添首个2.0版的房车露营地已启用，可同时提供50个房车露营位——支起帐篷、打开音乐、家庭聚会就此启幕。该露营地占地面积近2万平方米。如果您觉得不过瘾，也可以在此租一辆房车，从露营地出发，漫游全国，完成你的房车旅行梦想。

围绕游客服务中心—公路梦想文化中心，营地共设置房车露营位50个，提供汽车与房车停泊、水电燃气接入、洗衣淋浴、环境灯光音响、宠物娱乐园地等高标准配套，激发每个到访者对公路旅行与远方诗意的憧憬。

目前，国内大大小小的房车露营地不少，但很多露营地只能称之为1.0版的房车露营地。这是因为，很多营地只是参照一般汽车停车场的方式设计，额外加上一个水电接驳功能而已，没有更多的娱乐、休闲设施可提供，而位于汽车博览公园内的上海国际汽车城房车露营地按照国际标准来进行配置，对消防、应急设施、转弯半径、道路宽度都有相应的要求，同时，还要叠加我国刚出台的一系列露营地相关标准的应用——譬如对营地的转弯半径，水电桩应该在车的左侧后方离开车尾的距离、高度等的规定。

上海国际露营地是世界级汽车产业中心的组成部分，今后将成为中国营地建设和运营的标杆。以德国、美国、澳大利亚国家房车工业协会为代表的世界房车产业领导者将汇聚上海，交流经验、发掘市场，将公路旅行生活方式引入中国，为中国的消费者带来原汁原味又富有中国特色的房车生活与亲近大自然的生活体验。

21　专用汽车：车界的专业户

随着经济的发展，专用汽车的品种和数量日益增多。经常使用的专用汽车有500余种，在工业发达国家，专用汽车的品种可达千种以上。汽车专用化率是衡量一个国家汽车发展水平标志和经济发展水平的重要标准。进入21世纪以来至今，我国经济已由轻化工业化阶段转向重化工业化阶段，专用汽车倾向重型化发展就是明证。专用汽车可分为一般专用汽车和工矿生产用汽车两大类。

（1）一般专用汽车：把公路用货运汽车改装后用于运输和完成各种不同作业的汽车。用于运输的一般专用汽车的车厢有厢式、罐式、自卸式、仓式、格栅式和桁架式等，可运输不同性质、状态和要求的货物，如：液态、气态和散装粉状或颗粒状固态等货物；牲畜、家禽和鲜鱼等动物；要求保温、保鲜、冷冻冷藏的货物；剧毒、易燃和易爆的危险品等。在轿车产量大的国家中，还有一次运送8—10辆轿车的双层架式车厢的专用运输汽车。

另一类的一般专用汽车是从事专门作业的，这种汽车根据不同的用途，在底盘上加装相应的作业装备，如售货车、垃圾车、清扫车、洒水车、环境保护监测车、水泥搅拌车、汽车起重机、动力站车组、修理车、勘探车、油层压裂车、科学考察车、警车、消防车（如图）、飞机牵引车、加油车、充电车、空气压缩机车、救护车、医疗设施车、图书车、电视转播车、舞台车、随吊车、邮政电讯车和除雪车等。

（2）工矿生产用汽车：这类汽车是专门设计和自成系列的，一般在专用道路上行驶或在特定的区域内使用。

专用汽车是汽车工业的重要组成部分，其发端于军用改装车的需求，在国民经济飞速发展和人民生活水平不断提高下成长。随着中国城市化步伐的加快，公路、铁路建设及道路运输业的迅猛发展，同时机械、电子、液压、自动控制及 GPS 等技术在专用汽车上的集成应用大大提升了专用汽车的技术含量和产品附加值，未来几年中国专用汽车行业广阔的市场前景将日益凸显。“十三五”末，中国货车专用化率将达 70%，接近发达国家水平。到 2020 年前中国商用车市场将保持年均 9% 左右的增长速度，从而为专用汽车的发展提供良好的发展空间。庞大的基础设施建设项目将给工程类专用汽车带来极大的需求空间和市场增量，高等级公路建设总量依然巨大，带动了修建公路的工程车辆、维护公路的特种作业车辆、公路运营车辆的快速发展。同时，我国能源消耗总量巨大，能源物资的运输也会扩大专用车总需求量。

城市化进程加快，城市功能的提高，对建筑、环卫、园林、电力、通信、公安、司法、机场、金融以及各类商业运输等城市建设和服务方面的专用汽车将产生较大的需求；物流业的快速发展，也将极大带动厢式汽车、保温、冷藏汽车、半挂厢式汽车等专用汽车的快速发展。

国际专用汽车行业正加速与中国专用汽车行业的合资合作步伐和力度。同时，中国政府为促进汽车产业更快、更好地发展下去，也相继出台了各项政策与标准法规，包括国家汽车产业发展政策、国家汽车产业调整和振兴规划等，这些政策为专用汽车产业的发展创造了条件。

随着国民经济发展加速，各行各业对专用汽车的需求激增，我国专用汽车市场已经进入了快速成长时期，并成为经济建设中的重要运输与作业装备的利器，直接推动国家产业结构的升级。专用汽车是社会发展活动中具有特殊用途的车辆，与普通载货车相比，专用汽车虽生产批量小，但具有附加值高的属性。此外，专用车具有“多品种、小批量、短周期”的特点，这正切合了我国社会分工的进一步细化。

现阶段，中国专用汽车包括自卸车、散装水泥车、混凝土搅拌车、高空消防车、压缩式垃圾车、洒水车、起重吊车、轿车运输车、冷藏厢式车（冷链运输车）、电力抢险车、封闭式货车、升降工程车、邮政车、救护车、道路清扫车（如图）、桥梁检测车、信号标志车、现场照明车、油田勘探车、钻井平台车、固井车、加油车、道路扫雪车、混凝土搅拌车、起重车、医疗车、石油罐车、无线电通讯车、飞机专用车及食品和货场专用运输车等30多个种类近2000个品系。

目前，国产专用车从技术角度而言，经过几十年的磨炼，不断地汲取国外技术，取得了很大进步，必将迎来一个快速与国际接轨的时期。预期我国专用车将会向以下几大方面发展：

（1）重型化方向发展趋势；

（2）一车多用化发展趋势；

（3）新材料、新技术和智能化应用发展趋势；

（4）整车轻量化发展趋势；

（5）标准化设计应用发展趋势；

（6）在功能、结构、外观上注重个性化和人性化设计。

22 风驰电掣的赛车与跑车

赛车（race car），顾名思义，就是比赛用的车。赛车的车身呈流线型，通常在车的前后部都设有扰流装置和翼子板，在运动中利用空气动力学原理产生下压力，增加轮胎的附着力，提高赛车过弯速度及高速行驶的稳定性。赛车底盘以航天飞机的构造科学为基本理论依据，使用碳纤维制造，轻而坚固，离地间隙最小仅有50—70毫米。刹车碟盘由碳纤维制成，超高性能的刹车系

统能让赛车在2.5秒内由时速240千米至刹停，所需距离只要80米。比赛轮胎采用特殊合成橡胶制造，分干地与湿地两种轮胎，以便于在不同气候条件下使用。赛车最小重量不能低于600公斤（包括车手及燃料）。

跑车的英文名是Sports Car，其寓意在于“把赛车运动带入汽车生活”，它的问世给了很多痴迷于赛车运动的普通人体验赛车手的机会，所以跑车可以理解为“赛车的民用版”，富有运动性。传统跑车的车身为双门式，即只有左右两个车门，双座或2+2座（两个后座特别狭窄，如保时捷911），顶盖为可折叠的软质顶篷或硬顶。跑车通常设有两个座位，车身轻便，而其发动机一般又比普通轿车发动机的功率强大，加速性好，车速也较高。

赛车运动分为两大类，场地赛车和非场地赛车。场地赛车又可分为方程式赛、轿车赛、运动汽车赛、GT耐力赛、短道拉力赛、场地越野赛、直线竞速赛等；非场地赛车主要分拉力赛、越野赛及登山赛、沙滩赛、泥地赛等。赛车运动起源距今已有超过130年的历史，第一场赛车比赛于1887年4月20日在巴黎举行，比赛是在城市间的公路上进行的。

各级方程式赛车的制造程式不同。属于方程式汽车比赛的项目有：F1、F-3000、F-3、亚洲方程式、无限方程式、福特方程式、雷诺方程式、卡丁车方程式等。赛车必须依照国际汽车联合会制定颁发的车辆技术规则规定的程式制造，包括车体结构、长度和宽度、最低重量、发动机工作容积、汽缸数量、油箱容量、电子设备、轮胎的距离和大小等。

每辆F1赛车都是世界著名汽车厂家的精心杰作。一辆这种赛车的价值一般超过七百万美元，有的甚至不亚于一架小型飞机的价值。F1汽车大赛，不仅是赛车手勇气、驾驶技术和智慧的竞争，在其背后还进行着各大汽车公司之间科学技术的竞争。福特汽车公司就形象地把汽车大赛比作“高科技奥运会”。在汽车大赛中推出的新型赛车，从设计到制造都凝聚着众多研制者的心血，它代表着一家公司乃至一个国家的汽车科技的最高水平。

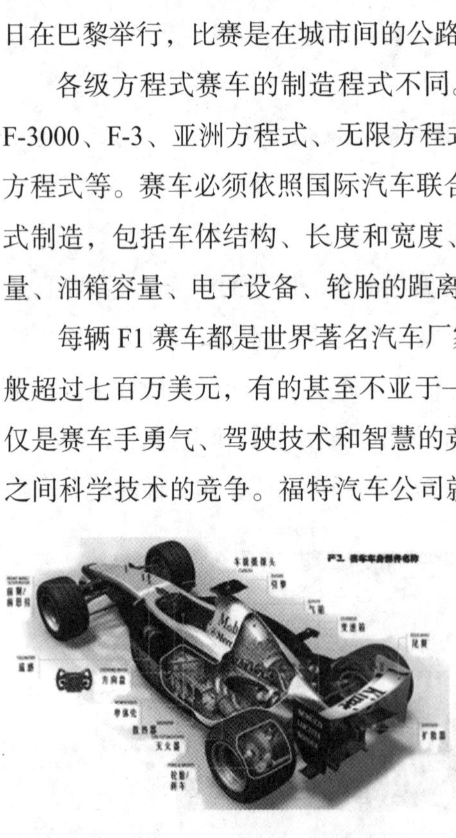

F1赛车和跑车最大的区别就是价格和科技含量，其实空气动力学、

车身材料、发动机等很多设计和部件都有较高的科技含量，成本也是极高的。赛车是结构极其复杂的特制汽车，其独立零部件的数量可达到2万个之多。所谓的F1就是第一级规则之下的赛车，既然是第一级规则，就意味着有很多的限制，比如近几年的F1有非常严格的动力单元限制，1.6升排量，限制1小时内的油耗，以及只能使用单涡轮增压发动机等，而普通跑车（下图）就没有这些限制。

长城华冠旗下的前途K50被称为自主品牌“中国纯电动城市跑车”。新车定位是一款充满日常驾驶乐趣的城市跑车，也是专门为城市场景而打造的纯电动双门双座跑车。

K50整体车身都是采用铝合金框架和碳纤维材料打造，车身仅有1900多公斤，非常轻便。此外，它采用电池T形中置结构，搭载前后双电机四驱系统，其综合功率达到320千瓦，百千米加速也只需要4.6秒，其最高车速可达200千米/小时。

除此之外，在续航和充电方面，前途K50的综合续航里程为380千米；电池电量在慢充状态下需要13小时充满，快充状态下由0充至80%仅需要45分钟。

23 摩托车的沧桑巨变

摩托车的发展已经历了130多年的沧桑巨变。原始摩托车现存于德国慕尼黑科学技术博物馆。1884年，英国人埃德华·布特勒在自行车上加装一个动力装置，制成了一辆三轮车，采用煤油发动机驱动。1885 年，德国的“汽车之父”戈特利布·戴姆勒制成用单缸风冷式汽油机驱动的摩托车，同年 8 月 29 日他获得了摩托车发明专利，还被世界公认为是摩托车的发明者。戴姆勒的第一辆摩托车为木质结构，后轮为皮带传动，两侧有辅助支撑轮。从木纹上看，摩托车的车架是木匠加工而成的，车轮也是木制的，车轮外层包有一层铁皮，车架中下方是放置发动机的格状木框，木框两侧各有一个小支承轮，其作用是静止时防止倾倒。摩托车是时代的产物，也是体现当时科学技术水平的典范，即不同阶段的摩托车上集合着不同时代科技发展的烙印。

19 世纪 90 年代至 20 世纪初，早期的摩托车由于采取了当时的新发明和新技术，诸如充气橡胶轮胎、滚珠轴承、离合器和变速器、前悬挂避震系统、弹簧车座等，才使得摩托车开始有了实用价值，并在工厂批量生产而成为商品，这就是第二代摩托车，即称为商品代的摩托车。如 1912 年，美国哈雷公司生产的 X-8A 型单缸摩托车。当时还没有解决变速器及传动系统，而是用皮带传动附在后轮上的大皮带轮，制动是通过手柄拉动后闸皮来制动的。当时也没有解决后避震问题，前避震器有附在前叉上的环套式简易避震装置。

与摩托车相关的摩托车运动最早曾是一种军事体育项目，是以摩托车为器具的一种竞技运动，分两轮和三轮两种车型，每种车型按发动机汽缸工作容积分若干等级。按竞赛形式可分为越野赛、多日赛、公路赛、场地赛和旅行赛等项目，以行驶速度或驾驶技巧评定名次。

20 世纪 30 年代之后，随着科学技术的不断进步，摩托车生产又采用了后悬挂避震系统、机械式点火系统、鼓式机械制动装置、链条传动等，使摩托车又攀上了新台阶，摩托车逐步走向成熟，并广泛应用于交通、竞赛以及军事方面。这是摩托车的第三阶段——成熟阶段。1936 年，美国哈利公司已能制造出水平较高的摩托车。该车采用 1000 毫升、27.93 千瓦的 V 型双缸发动机，最高时速达 150 千米 / 小时。

20 世纪 70 年代之后，摩托车生产又采用了电子点火、电启动、盘式制动器、流线型车体护板等技术，以及 90 年代的尾气净化技术、防抱死制动装置等，使摩托车成为造型美观、性能优越、使用方便、灵活快速的先进的机动车辆。尤其是大排量豪华型摩托车已经移植了当今汽车的先进技术，技术更趋炉火纯青。

1951年8月，中国正式开始自行试制摩托车，由当时的中国人民解放军北京汽车制配六厂完成了5辆重型军用摩托车的试制任务，并由中央军委命名为井冈山牌。该车车速最高可达每小时110千米。到1953年，井冈山牌两轮摩托车（如图）年产量突破1000辆。井冈山牌摩托车的问世，标志着中国摩托车行业进入了新纪元。

近年来，中国摩托车工业发展速度更快。中国一跃成为世界摩托车生产量最大的国家，摩托车已成为中国国民经济支柱产业——汽车工业中的重要组成部分。

中国摩托车工业经过半世纪的风雨沧桑，形成了比较完善的研发、生产、营销体系，有相当一部分独立自主的知识产权，有一批名牌产品覆盖市场。特别是改革开放以来，摩托车工业迅速崛起。经过起步、发展、整合、重组，风雨兼程、跌宕起伏的艰难历程，在摩托车工业企业的奋力拼搏下，中国现已跻身世界摩托车产销大国之列。

24　自由驾驭的“全地形车”

全地形车的英文缩写是ATV。全地形车是指可以在任何地形上行驶的车辆，又称“全地形四轮越野机车”。全地形车简单实用，越野性能好，外观一般无篷。总之很难用简单的中文名称来表达它的意义。全地形车具有宽大的轮胎能增加与地面的接触面积，产生更大的摩擦力而且能降低车辆对地面的压强，使其容易行驶于沙滩、河床、林道、溪流，以及恶劣的沙漠地形。可载送人员或运输物品。全地形车在中国俗称沙滩车，因其结构与摩托车较为相似，且许多部件与摩托车通用，所以也有人称其为“四轮摩托车”。

全地形车的兴起开始于20世纪70年代，各个厂商开始投入到各种用途全地形车的生产中。全地形车在1985年至1987年迅速在美国市场流行，同时全地形车也由三轮变至四轮。本田（HONDA）、铃木（SUKUZI）、雅马哈（YAMAHA）开发出的多款适合运动休闲的车型迅速得到市场认可。本田公司在 1986 年生产的 ForTrax 开创了四轮驱动全地形车的先河，这款车卓越的越野能力和拖挂能力，不仅受到运动赛手的欢迎，同时受到猎手、农场主、牧场主和建筑工人的欢迎。北美车企如北极星（Polaris）、庞巴迪（Bombardier）也开始进入全地形车行业，在众多生产厂商的加入和推广下，全地形车市场逐步快速发展阶段，产品的用途也日趋多元化。图为德国 E-ATV Eicker 全地形车。

现代全地形车的前身源自三轮且使用低压气胎的机车，开始时它是专为越野赛设计的车，后来逐渐成为比赛赛车、实用运输车、家庭休闲用车等等。随着在美国等市场的流行，现代全地形车由三轮车型改变为以四轮车型为主，同时，四轮驱动式全地形车也发展起来。

根据排量大小并结合车辆的外部特征，国外通常将全地形车分为：

① 少儿型（Youth），排量小于等于 125 毫升，主要供少年、儿童使用。

② 实用型（Utility），其外形方方正正有点像吉普车，最大特征是增设了前后置物架，具有多种功能且实用性极强，可运载货物、农田耕作、狩猎等。

③ 运动型（Sport），其流线外形极具运动气息，适合高速、飞跃、特技等。

④ 军用型（Military），是指可以在任何地形上行驶的车辆，最大特点是可以在普通车辆难以机动的地形上行走自如。按照行走方式分类，全地形车有轮式和履带式两种。全地形车的军用潜力已经被越来越多的军队所认识，其发展方兴未艾，目前军用全地形车家族庞大，而且型号繁多、造型新颖。

根据功能，可将全地形车分为四大类：四轮全地形车（ATV）、多功能全地形车（UV）、娱乐用场地车（Go-kart）、履带式全地形车（Crawler-type）。

我国在 20 世纪 80 年代后期才开始应用履带式全地形车。最早由石油勘探行业从国外购买全地形车，用于在泥地沼泽等恶劣地形作业。随后林业部门从芬兰西苏公司和瑞典赫格隆公司进口全地形车，主要用于森林防火和抗洪抢险。80年代后期，朝阳重型机器厂、天津工程机械研究所以及中国海洋石油地球物理勘探联营公司共同合作，仿照瑞典BV206全地形车研制出CTW12型橡胶履带式全地形车，经过试制、改进后完成样车。国内厂家开始积极探索全地形车的发展模式，开始尝试从国外引进技术、消化吸收再创新的研制方向。2008年，哈尔滨第一机械集团有限公司通过引进俄罗斯勇士（Vityaz）系列履带式全地形车，经转化吸收后形成具有自主知识产权的蟒式（MSM）系列全地形车，已形成载重量从2吨到30吨的系列产品，并广泛应用森林消防行业。

目前，全球全地形车市场主要集中在欧美地区，市场容量为150万辆。其中中国销量占40%。长期以来，中国全地形车出口导向型特征明显，90%以上的全地形车出口国外，且出口额集中度一直保持较高水平。

在国内市场消费方面，全地形车所代表的竞技运动、时尚潮流、生活方式和运动文化正在向百姓生活渗透。同时随着国内全地形车俱乐部的快速发展，全地形车逐渐被消费者认识和接纳。目前国内的全地形车俱乐部已达数百个，全地形车运动基地有上百个，全地形车销量增长很快，未来发展前景可期。

中国全地形车行业起步于20世纪90年代，行业初期产品基本以小排量全地形车为主，参与企业规模、技术能力参差不齐。2000年后，部分汽车零部件企业、摩托车企业介入全地形车行业，在全球市场形成影响力并占据一定市场份额。

自主品牌“山猫”军用8轮全轮驱动全地形车（如图）整车长度为3.9米，宽度1.8米，满载可乘6人，乘坐时有置身加大型沙滩越野车之运行感觉，最大车速每小时60千米以上，能够轻松翻越1.2米的壕沟和70度的陡坡。由于设计十分合理，该车空间利用率很高且不显得拥挤，车重1.7吨，可装载重量为1.1吨。

25 新能源汽车分门立户

汽车按动力能源的分类及其选择，对汽车发展关系重大。根据动力能源的不同将汽车分为传统（内燃机）汽车和新能源汽车。对于新能源汽车的界定和分类，尚无权威定论。在国外，汽车新能源被泛称为清洁能源或替代能源，涵盖天然气、液化石油气、氢气、甲醇、乙醇、其他醇类、醇类和汽油的混合物、非醇类生物质燃料及电力等燃料或动力。从下图的资源、燃料和车辆技术的矩阵分类中，可较清晰地了解新能源汽车的大致技术路径。

纯电动汽车是指采用单一蓄电池（如铅酸电池、镍镉电池、镍氢电池或锂离子电池等）作为动力来源，通过电池向电机提供电能，并用电机驱动运行的汽车。

混合动力汽车广义上是指拥有至少两种动力源，使用其中一种或多种动力源提供部分或者全部动力的汽车。目前，混合动力汽车多采用传统的内燃机和电动机作为动力源。

燃料电池汽车是指通过氢气、甲醇等化学反应产生电流，依靠电机驱动的车辆。其电池的能量是通过氢气和氧气的化学作用，而不是经过燃烧直接

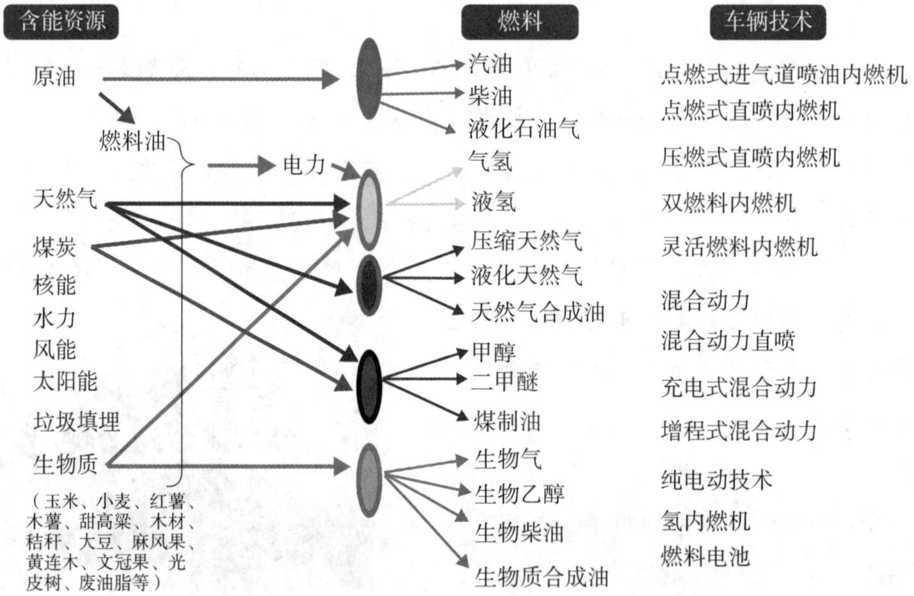

变成电能的。

氢内燃机汽车是指以氢气为燃料的内燃机汽车。

燃气汽车是指用压缩天然气（CNG）、液化石油气（LPG）或液化天然气（LNG）作为燃料的内燃机汽车。

生物质燃料汽车主要是指使用乙醇等为燃料的汽车。

近年来，随着汽车节能技术推广应用，高性能柴油机、高效变速器、轻量化材料、整车优化设计以及混合动力等节能技术和产品得到大力推广，新能源汽车的边界和分类也出现新的变化。

目前，我国新能源汽车的分类存在不同的国家层面战略划分和专家层面技术划分，而且专家之间对此也存在不同的观点争议。通常来说，新能源汽车包括纯电动汽车、混合动力汽车、燃料电池汽车、氢内燃机汽车、燃气汽车、太阳能汽车、生物质燃料汽车、甲醇汽车、超级电容汽车等。如果从大类进行划分，新能源汽车又可归为两大阵营，即电动汽车（包括纯电动汽车、插电式或增程式混合动力汽车、燃料电池汽车和太阳能汽车等）和替代燃料汽车（燃气汽车、生物质燃料汽车、甲醇汽车等）。

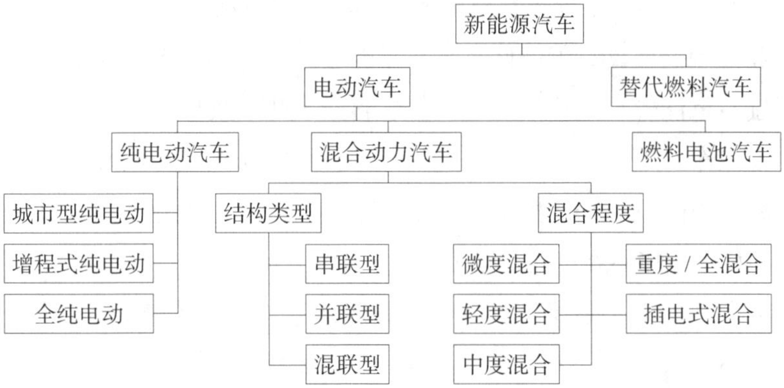

26 各类新能源汽车比试

有比较，才能有鉴别。对不同新能源汽车或不同动力源汽车进行比较，可更深层次理解新能汽车。

（1）纯电动汽车不同于传统汽车的区别。电力驱动及控制系统（也称发动机）是纯电动汽车的核心部件，也是电动汽车与传统内燃机汽车的最大区别。电力驱动及控制系统主要组成部分包括电源、驱动电动机和电动机调速控制装置，电源为驱动电动机提供电能，电动机将电源电能转化为汽车用机械能，电动机调速控制装置主要用于控制调整行驶速度和行驶方向。目前众多不同类型的汽车电池被应用于电动汽车系统中，作为电动汽车的动力电源，主要包括锂电池、镍氢电池、铅酸电池等。

（2）混合动力汽车不同于传统汽车的区别。混合动力主力车型是配合使用传统内燃机和电动机作为动力源的新能源汽车。混合动力汽车构造与传统内燃机汽车的主要区别是同时安装传统内燃机和电力驱动系统两套驱动系统。混合动力汽车工作模式可分为并联式、串联式和混联式（串并联）。丰田普锐斯是市场上比较成熟的一款混合动力车型，其采用混联式工作方式，即根据汽车行驶状况，配合利用传统发动机和电力驱动系统共同驱动汽车或者两者分开独立使用，从而减少能源损耗。

（3）氢能源汽车又称氢动力汽车，即指以氢能为动力来源的汽车。氢能源汽车是人类能够同时解决能源不足和环境恶化问题，真正实现零排放的未来型汽车。氢能源汽车有两类，一类是氢能燃料电池汽车；另一类是氢内燃机汽车。前者使用的氢能燃料电池是21世纪汽车的核心技术，它对汽车工业的创新和转型发展具有革命性意义。氢能燃料电池汽车与氢内燃机汽车有很大的区别。氢能燃料电池汽车是由氢燃料通过化学反应产生驱动电力（氢能燃料电池汽车又不同于一般的纯电动汽车，纯电动汽车的电力来自车载电池的反复充电获得）；而氢内燃机汽车是以氢气为燃料，通过氢内燃机（类似于汽油发动机）直接燃烧氢获得动力。

（4）太阳能汽车是比较特殊的一种新能源汽车，传统的发动机、底盘、变速器和驱动系统等汽车零部件一般不在太阳能汽车上出现，其主要结构由太阳能电池方阵、电力系统、控制系统、电动机和机械系统组成，而工作原理是利用贴在车体外表的太阳能电池板收集太阳能，并将太阳能转化为电能存储于蓄电池或者直接使用，通过电动机的运转驱动车轮，实现汽车正常行驶。

（5）生物质燃料汽车、甲醇汽车等替代燃料新能源汽车的基本结构与传统能源汽车基本相同，区别在于发动机系统的不同。针对不同燃料的特殊性，替代燃料类新能源汽车对发动机系统内部结构进行一定程度的适应性改造，以符合替代燃料对发动机系统的特殊要求。

截至2017年底，我国新能源汽车累计销量达到180万辆，在全球累计销量中占比超过50%。无论是销量、增速还是全球市场份额，中国均为世界第一。

经过十余年的研究开发和示范运行，我国新能源汽车行业已经形成了从原材料供应、动力电池、整车控制器等关键零部件研发生产，到整车设计制造，以及充电基础设施的配套建设等完整的产业链，具备了产业化基础。

2012年国务院出台《节能与新能源汽车产业发展规划（2012—2020年）》，提出了新能源汽车行业具体的产业化目标：到2020年，纯电动汽车和插电式合动力汽车生产能力达200万辆、累计产销量超过500万辆。此后，国家接连出台了一系列配套补贴优惠政策，这些政策以车辆购置补贴政策为主，包括全国范围内的车辆购置税减免、政府及公共机构采购、扶持性电价、充电基础设施建设支持等，以此对新能源汽车行业进行全方位扶持。2017年我国新能源汽车产量已达到79.4万辆，占全国汽车产量比重超过2.7%。其中，新能源乘用车销售57.8万辆，占新能源汽车总销量的74%。2017年新能源乘用车销量排名前十的企业分别是：比亚迪、北汽新能源、上汽乘用车、知豆、众泰、奇瑞、江铃、长安、江淮、吉利。

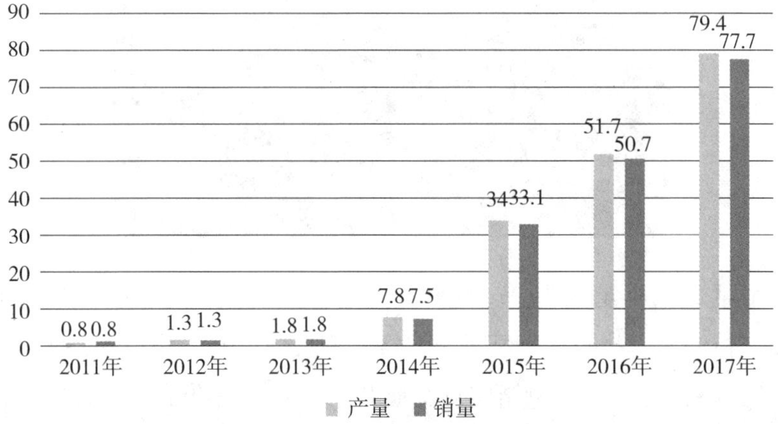

2011—2017年我国新能源汽车销量

27　颠覆传统的智能网联汽车

智能网联汽车（ICV）是一种正在研制的新型高科技汽车，这种汽车无须专人驾驶，只要舒服地坐在车上享受这高科技的成果就行了。这种汽车上装有相当于汽车的"眼睛""大脑"和"脚"的电视摄像机、电子计算机和自动操纵系统之类的装置，这些装置经由程序控制，能和人一样"思考""判断""行走"，可以自动启动、加速、刹车，自动绕过地面障碍物。在复杂多变的情况下，它的"大脑"能随机应变，即时选择最佳方案，保证汽车正常、顺利地行驶。

传统汽车只能跑一条道，而智能网联汽车（ICV）能同时在两股道上跑，即运行于网上网下（O2O）的"殊途同路"。智能网联汽车在一定程度上更像是一个新的汽车技术功能包：实现电脑、智能手机、智能传感器和先进执行器等智能设备之间的互联互通。智能网联汽车是一种突破性的技术，它会颠覆传统的汽车产业结构，迎来新的商业模式，进而改变汽车产业的本质。

智能网联汽车通过先进的传感器网络系统，集车联网、RFID 射频识别、摄像头、图像处理、激光雷达、触摸屏等技术于一身，可实现汽车智能（无人）驾驶。

智能网联汽车定义为：车联网与智能车的有机联合，搭载先进的车载传感器、控制器、执行器等装置，并融合现代通信与网络技术，实现车与 X（人、车、路、后台等）智能信息交换共享，具备复杂的环境感知、智能决策、协同控制和执行等功能，可实现安全、舒适、节能、高效行驶的新一代

汽车。智能网联汽车产业发展有七大核心功能：

自动驾驶：车辆自动行驶，无须人员操作。但尚未普及，只适用于部分领域，例如自助泊车汽车、高速公路服务站，以及在精心划定的运输路线上运输货物的联网货车。

安全性：对道路安全问题进行警告和自动感知并排除潜在碰撞的功能，例如危险预警信号和紧急呼叫功能。

娱乐功能：为乘客和司机提供音乐和视频等娱乐项目的功能，例如智能手机接口、无线或局域网热点、社交网络访问接口或“移动办公”等。

身心健康：优化司机身体健康和驾驶状态的功能，例如检测或减轻司机疲劳的电子警报功能，以及其他形式的个人协助功能。

车辆管理：最大限度地降低运营成本，提高舒适度的功能，例如远程控制汽车功能、显示服务项目和汽车状态、传输交通数据。

移动性管理：根据特别针对车辆收集的数据而制定的操作规范，以实现更快、更安全、更经济、更节能的驾驶体验，例如显示实时交通信息、显示维修和服务相关信息和传送使用数据等。

家庭一体化：将车辆连接到住宅、办公室或其他建筑物的功能，例如连接家庭报警系统或能源监测系统。

智能网联汽车所依赖的车联网，实际上不仅仅是一个移动的互联网（车内网、车际网、车云网），而是智能终端、智能电网、通信网络、通信平台的融合。智能汽车首先得有一套导航信息资料库，存有全国高速公路、普通公路、城市道路以及各种服务设施（餐饮、旅馆、加油站、景点、停车场）的信息资料；其次是 GPS 定位系统，利用这个系统精确定位车辆所在的位置，与道路资料库中的数据相比较，确定随后的行驶方向；道路状况信息系统，由交通管理中心提供实时的前方道路状况信息，如堵车、事故等，必要时及时改变行驶路线；车辆防碰系统，包括探测雷达、信息处理系统、驾驶控制系统，控制与其他车辆的距离，在探测到障碍物时及时减速或刹车，并将信息传给指挥中心和其他车辆；紧急报警系统，如果出了事故，自动报告指挥中心进行救援；无线通信系统，用于汽车与指挥中心的联络；自动驾驶系统，用于控制汽车的点火、改变速度和转向等。

2018年，在《上海市智能网联汽车道路测试管理办法（试行）》新闻发布会上，上汽集团和蔚来汽车获得全国第一批智能网联汽车开放道路测试号牌。上海成为继北京之后，第二个公布无人驾驶汽车测试要求的城市。

上海目前累计开放智能网联汽车测试道路37.2公里，其中嘉定区的11.1公里将聚焦于推进乘用车自动驾驶技术的研发测试；临港测试示范区内的总长4.7公里的封闭测试道路聚焦于无人驾驶，26.1公里的开放测试道路将聚焦于推进商用车自动驾驶技术的研发测试（如图），还有3平方公里封闭测试区及数据中心，以及4G、5G网络全覆盖，初步构建了车路协同智能交通系统环境。

未来，上海还将分级逐步开放更多的道路环境用于智能网联汽车测试，这意味着我国的汽车产业在从中国制造向“中国智造”的升级过程中，将智能网联汽车作为重要载体和突破口，以打造中国智能网联汽车“高地”。

三、汽车是现代科技的载体

汽车工业作为现代化大生产的重要部门，成为现代高新技术的发明者和使用者。科学技术的每一次革命都带动了汽车工业的飞跃发展，而汽车工业的发展又创造了高新技术的市场，诱发了新兴工业的出现，许多汽车新技术、新材料、新能源逐步取得商品化的成功。

汽车电子化发展促使汽车工业培育了自己的电子工业。EFI、ABS、ASR、安全气囊、电控悬架系统、电子转向、电控座椅以及激光音响、GPS、通讯、导航设备等先进技术产品的推广普及，使一辆车上的电子元器件价格平均上升到占整车价格 30%—50%。同时，智能网联新能源汽车等产品开发生产销售充分采用 CAX、CIMS、FMS、VR 及电子商务等手段，使汽车工业还成为计算机、人工智能、IT 市场的最大用户。未来汽车可能就是一台“装了四个轮子的计算机”。

28 汽车零件知多少

一辆汽车有多少个零件？随汽车的功能越来越多，结构也越来越复杂，据估计，传统的汽车通常由 5000 以上个不可拆解的独立零件组成，轿车约由 1 万多个独立零件组装而成。高级轿车或跑车由约 2 万个独立零件组成。汽车的结构一般由发动机、底盘、车身和电子电气设备等四个基本部分组成。

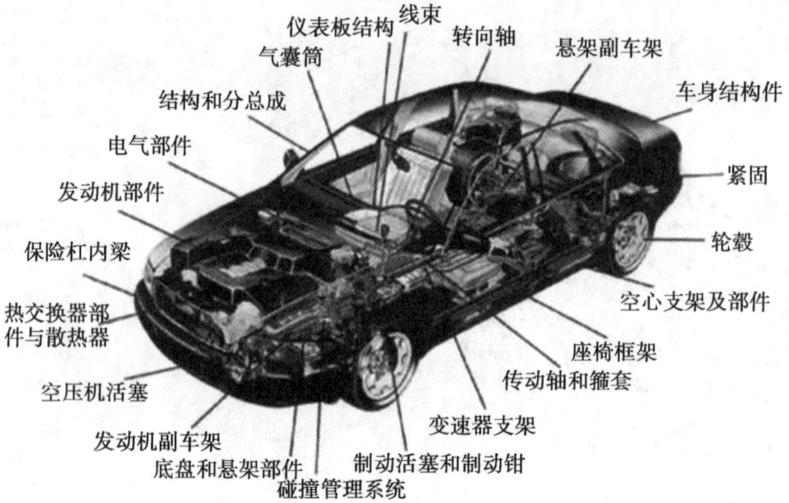

（1）发动机。发动机是汽车的动力装置，主要由机体、曲柄连杆机构、配气机构、冷却系、润滑系、燃料系和点火系（柴油机没有点火系）等组成。

（2）底盘，汽车底盘主要由传动系、行驶系、转向系、制动系组成。传动系主要是由离合器、变速器（如图）、万向节、传动轴和驱动桥等组成；行驶系由车架、车桥、悬架和车轮等部分组成，它的基本功用是支持全车质量并保证汽车的行驶；转向系由方向盘、转向器、转向节、转向节臂、横拉杆、直拉杆等组成，作用是转向；制动系，制动系统的作用是使行驶中的汽车按照驾驶员的要求进行强制减速甚至停车，使已停驶的汽车在各种道路条件下（包括在坡道上）稳定驻车，使下坡行驶的汽车速度保持稳定。

（3）车身。主要是发动机盖、车顶盖、行李厢盖、翼子板、前围板等组成。

（4）电子电气。汽车电子是车体汽车电子控制装置和车载汽车电子控制装置的总称。

汽车零部件制造行业的技术特点主要表现为：产品系统化、集成化开发；产品通用化、平台化制造；产品材料轻量化、环保化应用以及高科技化。

（1）产品系统化、集成化开发。汽车整车由大量零部件组成，其中零部件总成或模块，又包含众多单元件，如仪表板总成产品由仪表、仪表罩、风道、出风口、手套箱、安全气囊托架及盖板等单元件构成。

（2）产品通用化、平台化制造。标准化、通用化是零部件工业化生产的基础，目前国外汽车工业已经广泛采用平台化或架构战略。平台化或架构战略的核心是提高零部件的通用化，尽可能实现零部件共享，实现通用零部件更大规模的生产，从而降低因为车型增多和产品周期缩短导致新增的研发成本。

（3）产品材料轻量化、环保化应用。汽车轻量化是在保证汽车的强度和安全性的前提下，尽可能地降低汽车的装备重量，提高汽车的动力性，减少燃料消耗，降低污染排放。采用现代化的设计方法对汽车产品结构进行优化设计，同时使用新型的轻质材料制造产品是达到产品轻量化，满足材料可再生利用的重要举措。

（4）零部件的高科技化趋势。汽车有许多的零部件技术来自新兴科技行业或高技术行业，其高科技化是必然发展趋势，许多关键零部件企业已经开始推行超前开发或与整车同步开发的技术策略。

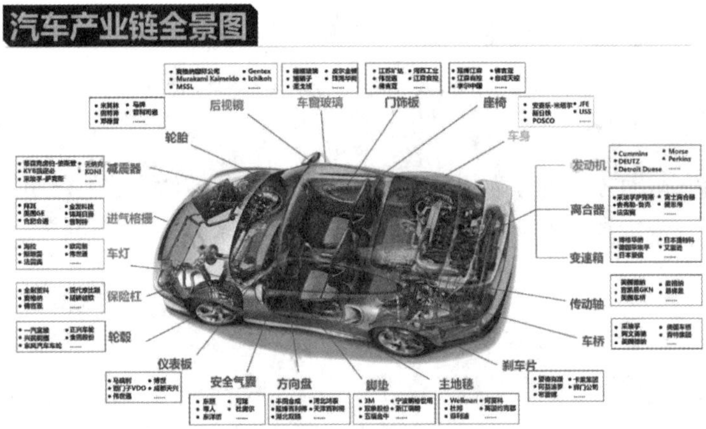

我国汽车零部件行业通过自主研发、吸收引进、与国际先进企业合作开发等方式不断提高技术水平和研发能力，整体技术水平及研发能力得到较大幅度的提升，并形成了一批具有较强的自主开发设计能力的本土零部件企业，其中部分企业已成功进入国际汽车零部件供应链。

29 发动机：汽车的“心脏”

汽车发动机是为汽车提供动力的装置，好比是汽车的“心脏”。发动机决定着汽车的动力性、经济性、稳定性和环保性，是汽车极其重要的部件。根据动力来源不同，汽车发动机可分为柴油发动机、汽油发动机、电动汽车电动机以及混合动力系统等。

1876 年，德国人奥托（Nicolaus A.Otto）在大气压力式发动机的基础上发明了往复活塞式四冲程汽油机。由于采用了进气、压缩、做功和排气四个冲程（也称奥托循环），发动机的热效率从大气压力式发动机的 11% 提高到 14%，而发动机的重量却降低了 70%。1892 年，德国工程师鲁道夫 · 狄塞尔发明了压燃式发动机（即柴油机），实现了内燃机历史上的第二次重大突破。由于采用高压缩比和膨胀比，热效率比当时其他发动机又提高了 1 倍。

传统汽车使用的汽油发动机和柴油发动机都属于往复活塞式内燃机，是将燃料的化学能转化为活塞运动的机械能并对外输出动力。汽油机转速高、质量小、噪音小，起动容易，制造成本低；柴油机压缩比大，热效率高，经济性能和排放性能都比汽油机好。传统汽车使用的内燃机分类如下：

按进气系统的工作方式可分为自然吸气、涡轮增压、机械增压和双增压四个类型。

按活塞运动方式可分为往复活塞式内燃机和旋转活塞式发动机两种。

按气缸排列形式分直列发动机，V 型发动机、W 型发动机和水平对置发动机等。

按气缸数目不同可以分为单缸发动机和多缸发动机。现代汽车多采用三缸、四缸、六缸、八缸发动机。

按冷却方式不同可以分为水冷发动机和风冷发动机。水冷发动机冷却均匀、工作可靠、冷却效果好，已被广泛应用于现代车用发动机。

按冲程数可分为四冲程内燃机和二冲程内燃机。汽车发动机广泛使用四冲程内燃机。

按燃油供应方式分类：化油器发动机和电喷发动机以及缸内直喷发动机。

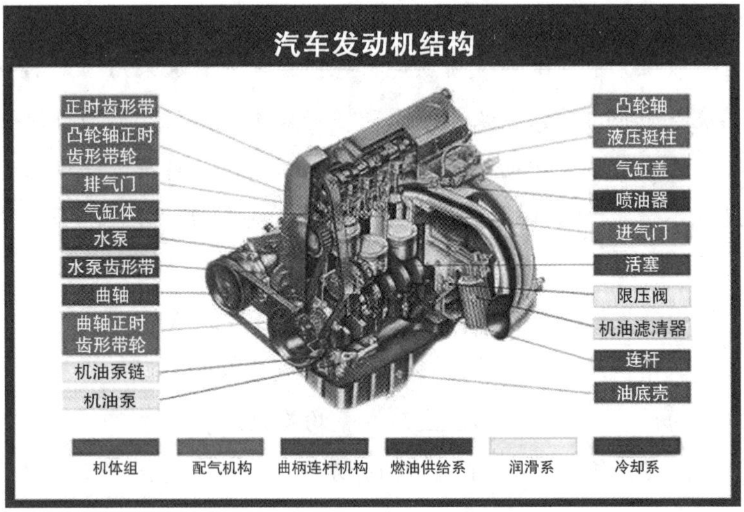

汽车发动机主要由机体、曲柄连杆机构、配气机构、冷却系、润滑系、燃料系和点火系（柴油机没有点火系）等组成。

作为汽车的核心，发动机对汽车的整体性能有着非常重要的影响；同时，作为高新技术密集型、高创新型产品的代表，发动机的制造水平是一个国家汽车工业发展水平的缩影。世界各国汽车公司都将轿车发动机技术研发作为企业核心能力和竞争制高点。近年来，中国自主研发的汽车发动机也达到国际先进水平。

上汽集团自主研发的具有国际先进水平的缸内直喷汽油机（NLE）系列产品，上汽 NLE 系列发动机荣获 2016 年度中国机械工业科学技术奖一等奖。获授权国家专利 24 项，其中发明专利 14 项。这一系列产品的问世，填补了国内高增压缸内直喷汽油机自主开发的多项技术空白，突破了国外汽车公司长期在高效清洁汽油机中的垄断地位。上汽 NLE 系列发动机各项性能指标达到全球一线品牌水平，已在中、高端自主品牌汽车中获得广泛应用，并远销英国以及澳洲、东南亚地区和南美地区的多个国家。主要核心技

术如下：

（1）高增压、中置缸内直喷燃烧系统：在国内首次采用喷油器中心布置的直喷燃烧系统技术方案，设计采用高滚流比进气道、紧凑型燃烧室和高压喷射系统，是目前最先进的汽油机燃烧系统。同时，解决了高增压直喷汽油机缸内混合气形成、燃烧过程稳定性控制以及机油稀释和早燃等关键性共性难题。

（2）结构优化设计：整机设计采用了高增压、DVVT、电控开关式水泵、电子节温器、平衡轴、静音正时链等众多先进技术和小型化、集成化、模块化、智能化的设计理念，成功解决了在平均有效压力高达 22 bar 情况下实现高性能、低油耗、低 NVH 和低成本的开发目标，并率先满足了欧洲排放法规要求。

（3）控制策略开发与整机标定：自主开发的控制策略有效地降低了整机排放、油耗和噪声，并确保发动机高效运行。拥有完全自主知识产权的控制策略通过 Patch 的方式集成到了直喷汽油机控制器中，并已扩展应用到其他发动机的开发中。上汽在国内自主品牌企业中首次具备直喷汽油机的标定能力。

（4）各种比例乙醇汽油的燃烧及控制策略：通过对各种比例乙醇汽油燃烧特性的研究，开发了各种比例乙醇汽油的控制策略及专用零件，使汽油机能够自动识别各种比例的乙醇汽油，并平顺切换，确保汽油机能在纯汽油到 85% 乙醇汽油范围内正常工作。NLE 发动机是国内首款乙醇燃料（E0-E85）增压直喷汽油机。

30 灵巧的汽车变速器

如果说发动机是汽车的“心脏”，那么变速器是汽车动力传输、变换的中枢系统，它决定汽车的动力性、经济性、环保性（排放）水平。变速器结构复杂、零部件众多、机械精度要求高、核心技术多，是汽车技术核心竞争价值的关键。

汽车变速器是汽车传动系中最主要的部件之一，通过协调发动机的转速和车轮的实际行驶速度发挥发动机的最佳性能。汽车在行驶过程中，变速器在发动机和车轮之间产生不同的变速比。通过换挡可以让发动机在最佳动力性能状态下工作。随着汽车工业的发展变速器的发展趋势越来越复杂，自动化程度也越来越高，自动变速器将是未来的主流。

通常情况下，汽车变速器还与发动机以及集成到变速器上面的其余零件，如离合器/前差速器等组成汽车“动力总成系统”。汽车变速器分为手动变速器、自动变速器、手动/自动变速器和无级变速器（CVT）。

（1）手动变速器（简称MT），俗称手动挡，通过手拨动变速杆改变变速器内的齿轮啮合位置，改变传动比，从而达到变速的目的。手动变速在操纵时必须踩下离合，方可拨得动变速杆。如果驾驶者技术好，手动变速的汽车在加速、超车时比自动变速的汽车快，也比较省油。

（2）自动变速器（简称AT），利用行星齿轮机构进行变速，它能根据油门踏板程度和车速变化，自动地进行变速。驾驶者只需操纵加速踏板控制车速即可。虽说自动变速汽车没有离合器，但自动变速器中有很多离合器，这些离合器能随车速变化而自动分离或合闭，从而达到自动变速的目的。

（3）手动/自动变速器（简称AMT），它可使高性能跑车不必受限于传统的自动挡束缚，让驾驶者也能享受手动换挡的乐趣。

（4）无级变速器（CVT）最早由荷兰人范·多尼斯（Van Doorne's）发明。无级变速系统不像手动变速器或自动变速器那样用齿轮变速，而是用两个滑轮和一个钢带来变速，其传动比可以随意变化，没有换挡的突跳感觉。无级变速器也属于自动变速器的一种，它能克服普通自动变速器“突然换挡”、油门反应慢、油耗高等缺点。

汽车自动变速器常见的有四种形式：分别是液力自动变速器（AT）、机械无级自动变速器（CVT）、电控机械自动变速器（AMT）、双离合器变速器（DSG）。目前应用最广泛的是AT，几乎成为自动变速器的代名词。

AT是由液力变扭器、行星齿轮和液压操纵系统组成，通过液力传递和齿轮组合的方式来实现变速变矩。其中液力变扭器是最重要的部件，它由泵轮、涡轮和导轮等构件组成，兼有传递扭矩和离合的作用。

与AT相比，CVT省去了复杂而又笨重的齿轮组合变速传动，而是两组带轮进行变速传动。通过改变驱动轮与从动轮传动带的接触半径进行变速。由于取消了齿轮传动，因此其传动比可以随意变化，变速更加平顺，没有换挡的突跳感。

AMT和液力自动变速器（AT）一样，属于有级自动变速器。它在普通手动变速器的基础上，通过加装微电脑控制的电动装置，取代原来由人工操作完成的离合器的分离、接合及变速器的选挡、换挡动作，实现自动换挡。

DSG变速器与传统自动变速器有着明显的区别，DSG从一开始就没有采用液压式扭矩变换器。这款变速器不是在传统概念的自动变速器基础上生产出来的，设计DSG的工程师走了一条具有革新性的全新技术之路，巧妙地把手动变速器的灵活性和传统自动变速器的方便性结合在一起。

汽车变速器产品竞争力主要源于其生产工艺、生产设备的先进性，产品生产过程的质量控制体系以及对新产品的研发能力。

奇瑞汽车早在2004年就开始自己投资研发设计具有自主知识产权的CVT变速器，如今已出成果。奇瑞自主研发的CVT无级变速器，提供手动模式、雪地模式和低速模式（爬坡用），手动模式下可以模拟7个挡位。这台具有自主知识产权的CVT变速器的部分关键部件来自国际知名厂商的产品。奇瑞将为旗下排量1.6、1.8和2.0升的各种车型配备其自主研发的CVT变速器。

31 得电子者得车天下

近年来，世界汽车电子在汽车工业中发展迅速，引导了汽车技术发展进程中的又一次革命。电子化对近30年的汽车发展有着巨大的贡献，70%的技术创新是汽车电子或与汽车电子相结合后的产物。有研究预计，2020 年时电子系统的成本将占到整车成本的 50%（现阶段约 45%），未来世界汽车必将朝着更加智能化方向发展，而汽车电子设备成本将占到整车成本的绝大部分。

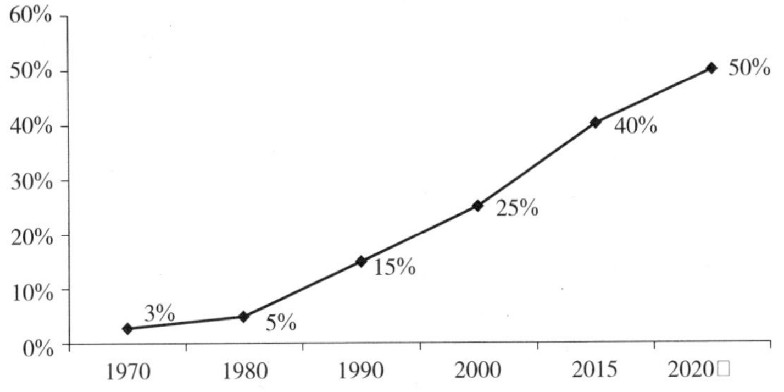

来源：中投顾问产业研究中心、中泰证券研究所

汽车电子本质上是电子信息技术与传统机械技术在汽车上的运用结合，目的是增加汽车安全性、驾驶舒适性以及环保性，今后将在智能化方向发挥主导作用。汽车电子包括两部分：车体汽车电子控制系统和车载汽车电子控制系统，前者基本属于汽车产业链的前装市场，后者部分属于汽车后装市场。

车体汽车电子控制系统包括发动机、底盘、车身电子控制。例如电子燃油喷射系统、制动防抱死控制、防滑控制、牵引力控制、电子控制悬架、电子控制自动变速器、电子动力转向等。

车载汽车电子控制系统是在汽车环境下能够独立使用的电子装备，它和汽车本身的性能并无直接关系。它们包括汽车信息系统（行车电脑）、导航系统、汽车音响及电视娱乐系统、车载通信系统、上网设备等。

汽车电子是汽车智能化的基础。汽车工业已经历了 130 多年的发展，基本上之前的技术改进都围绕着汽车的机械性能（发动机、变速器、底盘、材料等）在变革，目前看来这一领域技术变革的速度在放缓。公认的未来汽车的发展方向将是基于电子科技的智能化技术和新能源动力技术。近 5 年来，汽车产业领域超过 90% 的创新都与汽车智能化系统相关，毫无疑问，智能化、电子化是未来汽车发展的趋势。目前看来汽车智能化的未来主流就是最终实现无人驾驶，而实现的主要途径是通过联网提升汽车智能化水平。

车联网提升汽车智能化水平。车联网是整个汽车生态系统的物联网，借助于装在车辆上的车载终端、传感器、无线射频等设备，通过GPS、无线传输、汽车电子和互联网等技术实现车与人、车与车、车与环境的信息共享。

全球汽车电子发展迎来黄金时期。过去的20年到现在，个人电脑、智能手机、智能穿戴等设备的出现极大地带动了电子产业的发展，但随着这些产品市场的渗透率的提升，行业增速已经放缓。行业需要一个增长足够快、体量足够大的新应用、新市场。在汽车轻量化、小型化、智能化和电动化趋势的推动下，汽车电子的市场规模增长迅速。在这大的行业趋势下，汽车电子产品有望成为新一轮电子产业发展的引导力量。

得益于汽车电子的快速发展，全球主要汽车半导体厂商纷纷加大投入。市场竞争异常激烈，2014年全球前十大汽车电子供应商的市占率已经达到70%。

国内汽车电子迎来高速发展阶段。中国汽车产业的繁荣直接带动了汽车电子行业的迅速崛起。虽然我国汽车市场已经进入成熟期，但由于汽车电子运用仍然处于成长期，因此下游市场的快速增长，尤其是新能源智能网联汽车进入市场，对汽车电子行业的发展起到巨大的推动作用。

目前国内汽车电子渗透率不足20%，未来国内渗透率仍将保持快速提升。预计今后几年国内汽车电子市场规模将保持10%—15%的增长，2020年市场规模将有望超过1058亿美元。

随着近几年来消费者对汽车安全性、舒适性和娱乐性的需求不断增加，引发了整车装备电子设备的热潮。传统高端车上配备的电子设备逐步向中低端车辆普及。目前中国汽车电子市场出现两个新方向：新能源汽车电池管理系统、相对较低成本的影音娱乐系统。

与此同时，国际汽车电子巨头也进入中国市场，它们都极重视中国汽车电子的巨大市场空间。博世、英飞凌等全球一线汽车电子厂商都已经在中国大陆进行本土化开发生产。

32 汽车之“芯”

芯片制造行业是战略行业，芯片是战略物资。芯片产品和制造需要 10 至 15 年的周期，因此芯片在汽车工业和“中国制造 2025”中具有举足轻重的核心地位。

芯片，又称微电路、微芯片、集成电路（IC），是指内含集成电路的硅片，是电子设备中最重要的部分，承担着运算和存储的功能。芯片的应用范围覆盖了军工、民用的几乎所有的电子设备，当然，也广泛应用于现代汽车。

目前汽车芯片的学名叫微处理器 MCU，也叫单片机，以此构成汽车现代化、智能化、网络化的高端和特殊功能的电控单元结构系统 ECU。近年，MCU 上已应用嵌入式处理，把 MCU 提升到更具个性化，更高级，高度集成和固化应用的水平，具有人脑的功能，几乎一个 MCU 就具有一部高级计算机的全工况性能。

车载芯片的发展趋势（CPU-GPU-FPGA-ASIC）。过去汽车电子芯片以与传感器一一对应的电子控制单元（ECU）为主，主要分布与发动机等核心部件上。随着汽车智能化的发展，汽车传感器越来越多，传统的分布式架构逐渐落后，由中心化架构 DCU、MDC 逐步替代。随着人工智能发展，汽车智能化形成趋势，目前辅助驾驶功能渗透率越来越高，这些功能的实现需借助于摄像头、雷达等新增的传感器数据，需要大量并行计算，传统 CPU 算力不足，这方面性能强大的 GPU 替代了 CPU。再加上辅助驾驶算法需要的训练过程，GPU+FPGA 成为目前主流的解决方案。着眼未来，自动驾驶也将逐步完善，届时又会加入激光雷达的点云（三维位置数据）数据以及更多的摄像头和雷达传感器，GPU 也难以胜任，ASIC 性能、能耗和大规模量产成本均显著优于 GPU 和 FPGA，定制化的 ASIC 芯片可在相对低水平的能耗下，将车载信息的数据处理速度提升更快，随着自动驾驶的定制化需求提升，ASIC 专用芯片将成为主流。

（1）汽车产品大量应用集成电路芯片，它由多核 CPU 和 GPU 组成，用于数字化的组合仪表、车载多媒体和导航系统、自动驾驶路径计算，或者特定用途的集成电路芯片 ASIC，用于电子控制模块的信号处理、算法运行和控制执行部件，比如自动泊车、启动安全气囊、自动驾驶的雷达信号分析等。新型芯片，甚至集成了神经元网络（neuronal network）、深度学习（deep learning）等人工智能（artificial intelligence）功能的智能化芯片，也即将在汽车中得到应用。当 2021 年汽车的 EE 架构从 CAN 网络变成 Ethernet 网络，数十个电子控制模块由多个大型车载服务器替代时，汽车就是一个可移动的服务器或超级计算机机房了。

（2）汽车生产线也大量应用集成电路芯片，无论是冲压、焊装、涂装，还是总装线，都有相应的冲压机床、焊接机器人、喷涂自动机或机器人、无人物料配送车、检测站的传感器、生产控制的服务器、RFID 扫码机，这一切，都离不开芯片。“中国制造 2025”的实现不能没有芯片。

随着汽车智能化程度日益提高，决定汽车智能程度的汽车芯片将构建汽车的核心竞争力，汽车芯片成为汽车产业发展的一个基石。中国华为等企业已在汽车行业围绕车联网、车内娱乐信息系统、自动驾驶、5G 场景等领域投入汽车芯片的研发。

推动汽车电子发展方面，中国工信部已经开展大量工作，陆续印发了《智能网联汽车技术发展路线图》《车联网发展创新行动计划》《国家车联网产业标准体系指南》等一系列文件。工信部还联合地方打造了七个应用示范区，推进电子、通信、互联网、整车、智能交通等关键技术攻关和协同创新，提供技术跨界融合和协同创新的应用和测试验证环境。将继续推动针对汽车电子新技术，新产品的试点示范应用，组织汽车电子相关标准规范的研制，共同打造技术创新、测试验证、公共服务、产品孵化等一系列平台。进一步加大对汽车电子核心芯片、智能传感器的核心产品产业化的支持力度。以汽车智能计算平台为核心抓手，加快形成产业上下游互动机制，推动我国汽车电子产业快速健康的发展。汽车电子通信软件互联网等信息产业发达，为汽车电子产业发展奠定了坚实的基础。

33 传感器：汽车的“电五官”

传感器如同我们的眼睛、鼻子、舌头、耳朵或皮肤，能够感知周围物体的形状、颜色、气味、声音、质地等信息，也好比是人类五官的延长，称是“电五官”。传感器有压力 / 温度 / 流体传感器（触觉）、气体传感器（嗅觉）、光传感器（视觉）、声传感器（听觉）、化学 / 生物传感器（味觉）等。尽管传感器技术千姿百态，原理千变万化，但万变不离其宗，即大致由感知元件、转换元件及测量电路等部分组成。随着传感器技术与互联网、智能技术融合，智能传感器模块好比有了“大脑和神经系统”，在汽车、机器人、现代农业、气象、军事、物车联网、智能交通、联网等各领域应用更广泛，正成为改变全球经济格局、颠覆社会生活的新兴技术。

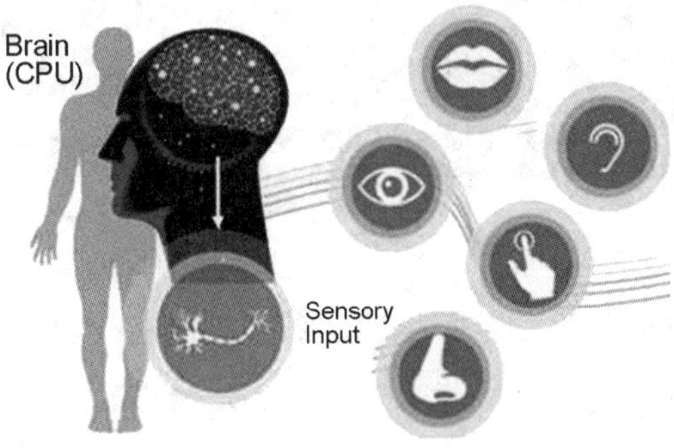

随着电子技术的发展，汽车电子化程度不断提高，通常的汽车系统已经难以解决某些与汽车功能要求有关的问题，而被电子控制系统代替。传感器

的作用就是根据规定的被测量的大小，定量提供有用的电输出信号的部件，即通过传感器把光、时间、湿度、温度、压力及气体等的物理、化学量转换成电信号的变换器。传感器作为汽车电控系统的关键部件，它直接影响汽车的技术性能的发挥。目前，普通汽车上大约装有20—40只传感器，高级豪华轿车则有上百只，这些传感器主要分布在发动机控制系统、底盘控制系统和车身控制系统中。

装载了众多传感器的汽车，可以实现人、车、路、环境的沟通，进而形成汽车的互联网，即车联网。随着传感器技术不断创新应用，现代汽车将更加节能、环保、便捷和安全，智能网联新能源汽车将更加“聪明”和人性化。

作为全球领先的汽车零部件供应商，博世的MEMS传感器之路始于汽车电子。如今，应用于汽车上的MEMS传感器超过50种，例如在ABS、ESP、安全气囊等为人熟知的汽车安全功能上，在导航和车载语音娱乐系统等舒适性功能上，博世汽车电子传感器均发挥着不可或缺的作用。

汽车传感器市场增长主要来自于工业电子设备、汽车电子和通信电子等，其中前两者是电子信息产业中增长最快，也是传感器应用最多的行业。随着国家汽车安全法规的实施，ABS、安全气囊的传感器将成为增长率最快的电子产品。但由于中国汽车电子产品技术水平偏低，产品质量无法达到汽车市场的要求，因此汽车传感器中的高端产品依然无法自给，每年高性能汽车传感器的进口量就在 50 万套以上。

目前国内汽车行业引进国外的先进技术及与之相配套的传感器生产技术，基本满足了国内小批量、一般水平车型的配套需求。国内汽车传感器品种较少，生产厂家分散，各厂产品品种单一，不配套；性能较落后，抗干扰性差；缺少核心传感器等。（图为汽车发动机使用传感器的种类与部位）

34　刚柔相济铸车身

汽车车身的作用主要是保护驾驶员以及构成良好的空气力学环境。大多数轿车和部分客车通常采用承载式车身结构，以充分利用车身壳体构件的承载作用，减少整车质量。作为安装汽车各个总成和承受各种载荷的基体，其对整车的动力性、经济性及安全性起着至关重要的作用。通过结构优化，使用轻量化技术、新的布置方案及“刚柔相济”的车身安全技术，配合采用新材料和新制造技术，从而提高车身总成的整体性能，进而提高整车的动力性、经济性和安全性。

汽车车身结构从形式上说，主要分为非承载式、承载式、半承载式。汽车车身构成部件包括发动机盖、车顶盖、行李箱盖、翼子板、前围板等。

（1）车身轻量化技术。汽车轻量化既能很好的发挥整车性能，又可节省能源，改善尾气排放，所以轻量的汽车一直是设计师所追求的目标。车身是整车最大最重的部件，因此车身的轻量化是整车轻量化的重要环节。

（2）车身结构优化技术。为满足节省能源，减少尾气污染以及汽车行驶稳定性等要求，降低汽车空气阻力一直是汽车设计的重要因素，因此汽车空气动力学的研究从没间断过。在新车开发初期就对空气动力进行模拟分析以求得各方面兼得。关心最多的是空气阻力，现在大多数轿车的空气阻力系数在 0.30 左右，最近有不少新车型的风阻系统已达 0.25，有的甚至更低。

（3）车身安全技术。一般情况下把汽车安全技术分为主动安全和被动安

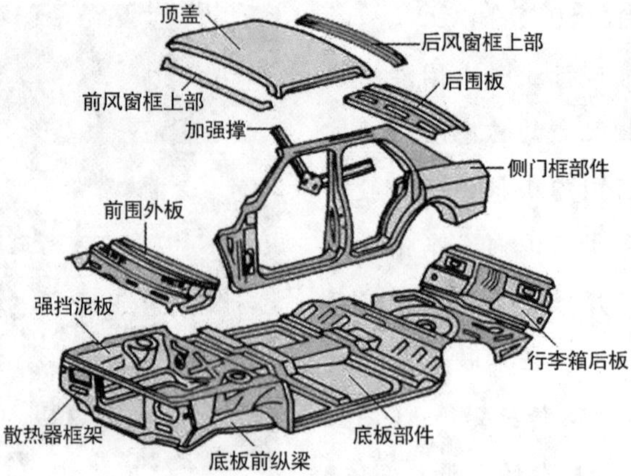

承载式轿车车身壳体零件分解图

全 2 大类，也有把保护行人列为第 3 大类的。车身的被动安全技术是汽车在发生碰撞事故中，尽可能减轻乘员伤害的技术。车身的被动安全技术可分为车身安全结构和车身安全装备两个方面。车身防碰撞结构设计的基本思想是高刚性的乘员舱、外围的吸能变形区和动力总成悬置最佳化设计三部分。现在研发热点有：1）协调防正面碰撞和防侧面碰撞等各种碰撞类型的结构设计；2）对兼容性车型车身的防碰撞结合研发；3）加强对两车相撞时，如何保护乘员安全的研究；4）提高主要确保刚性的车身结构件吸能性的研究；5）全面推动碰撞安全法规，除了正面碰撞和侧面碰撞之外，还有正面偏置碰撞、正面斜 30° 角碰撞、柱撞、侧滚翻、螺旋滚翻和后碰撞等多方面的试验和评价规定；6）广泛应用计算机模拟解析技术，提前参与，提高分析精度，缩短研发时间；7）提高对行人保护的结构设计研究；8）加强对儿童乘车安全性的研究，并积极推动儿童安全座椅的采用；9）保护车身侧面碰撞的结构设计。

车身材料的轻量化技术动向有采用高强度钢板、轻金属材料（如铝合金）、塑料及其他材料等。

车架的制造。激光焊接技术为高强度钢板的使用打开了广阔的前景。由于激光焊接可以不用特别给出搭边，却能进行不同板厚材料的焊接以及中空部件的焊接且具有焊区变形很小等优点，激光焊接在车身结构中的应用增长很快，对车身轻量化做出了贡献。

模具是汽车车身制造最关键的技术之一。现在我国汽车模具，特别是汽车车身覆盖件冲压模具的设计与制造能力已达到一流水平。

由于汽车模具，特别是汽车覆盖件模具和大中型汽车级进模具市场需求旺盛，国内许多企业加大了技术改造力度，一些新建企业也快速发展，使汽车覆盖件模具的生产能力大为提高。经过技术改造，行业内公认的四大模具厂（一汽模具、车风汽车模具、天津汽车模具、四川成飞）都已有了生产大中型汽车覆盖件模具约 200 万工时的能力，模具年产值都超过1亿元。此外，近年来新涌现了一批年产模具可以超过或接近亿元的仓业近 10 家。此外有年产值 5000 万元左右的企业约 10 多家。这 20 多家的汽车覆盖件模具生产企业是目前的主力，总能力已有 30 万元左右。全国目前已有 30 亿元左右的汽车覆盖件模具生产能力。

一些企业除自行发展生产能力之外，在企业之间联合、协调与协作方面近年来也有较大提高，少数模具“龙头”企业已形成承接整车模具的能力，他们将高难度的大型、复杂、精密模具和白车身匹配留给自己干或委托国外有实力的企业设计；部分大型复杂精密模具和中型模具委给国内骨干企业完成；其余的中小型模具交给几十个中小型企业制造。在行业中已初步形成了企业专业化分工和集团化经营，从而增强了模具企的整体实力。

在 CAD 设计方面，国内模具行业发展很快，特别是一些大企业应用 CATIA 三维实体设计软件，全面开始三维实体设计，已实现直接利用三维实体模型进行数控编程加工，泡沫实型生产效率比 2D 设计时提高了 2 倍。结构面编程直接以实体模型为加工依据、型面编程以加工数模为依据，实体结构为参考，保证了加工精度，节约了数控工时。实体设计中应用标准件库、设备库、结构库等，使设计资源得以共用和重用。利用先进的数字化分析手段，对模具进行各种模拟和分析，使模具加工、制造、装配问题提前暴露，在设计阶段就有效地避免了错误的发生。

35　汽车之主动安全

汽车的主动安全技术是通过预先防范来避免事故发生的技术。汽车主动安全技术主要包括制动防抱死技术（ABS）、驱动防滑 / 牵引力控制技术（ASR/TCS）、车身电子稳定系统（ESP）、自适应巡航系统（ACC）、驾驶员疲劳监测技术、主动前轮转向系统、线控转向系统（SBW）、底盘一体化控制等。

主动安全技术中，ABS、ASR/TCS、ESP 等技术已经相当成熟，能够根据用户要求实现不同功能；ACC 和 AFS 技术在部分高端汽车上也有所装配；而驾驶员疲劳监测、SBW、底盘一体化等技术尚处于研究阶段。

（1）制动防抱死技术（ABS）。在遇到紧急刹车时，需要汽车立刻停下来，但大力刹车容易发生车轮锁死的状况——如前轮锁死会引起汽车失去转弯能力，后轮锁死容易发生甩尾事故等等。安装 ABS 就是为解决刹车时车轮锁死的问题，从而提高刹车时汽车的稳定性及较差路面条件下的汽车制动性能。ABS 技术在 20 世纪 90 年代初期就已成熟，在汽车上的应用已成为标准装备。全球有德国博世公司、德国 WABCO 公司、德国大陆集团等多家汽车零部件公司生产制动防抱死系统。

（2）驱动防滑技术 / 牵引力控制技术（ASR/TCS）。ASR/TCS 防止车辆尤其是大功率汽车在起步、再加速时驱动轮的打滑现象，以维持车辆行驶方向的稳定性与通过性。如今，ASR 的技术已经相对成熟，随着 ASR 技术产品化的发展，越来越多的汽车生产商将其作为车辆的标准配置。虽然各汽车公司和零配件商开发了各自的 ASR 控制系统，但主要控制模式大同小异。

（3）车身电子稳定系统（ESP）。ESP 是一种牵引力控制系统，不但控制驱动轮，而且可以控制从动轮。如后轮驱动汽车常出现的转向过度的情况，此时后轮会因失控而甩尾，ESP 便会通过对外侧的前轮的适度制动来稳定车辆。转向不足时，ESP 则会对内后轮制动，通过校正循迹方向从而校正行驶方向。

随着电子科技的发展，各种汽车智能安全系统也开始发展起来，主要是通过由雷达和摄像机组成的“预知传感器”，对行车可能面临的危险进行判断并帮助驾车者进行处理。这一系统能够在汽车与其他物体发生撞前的瞬间，自动进行干预以保证安全。

（4）自适应巡航控制系统（ACC）。汽车自适应巡航控制系统由于直接对车辆的纵向行驶进行控制，能显著提高车辆的主动安全性和乘坐舒适性，收到愈来愈多国内外汽车生产厂商及研究机构的重视，目前已经成为一些高档轿车的标准配件。

ACC 系统的开发主要集中在以下几个方面：硬件方面，加大对车用雷达系统的开发。软件方面：ACC 的算法的核心为目标车辆的识别和跟踪，目前不同厂商开发的 ACC 系统对主目标的选取模式是不同的。

（5）驾驶员疲劳监测技术。驾驶员疲劳监测技术受到了世界各国的重视。随着计算机视觉技术和硬件水平的迅猛发展，各种驾驶员疲劳监测方法和装置陆续涌现出来。大致可分为三类：第一类方法以监测驾驶员生理指标为主，如监测驾驶员的脑电图（EEG）、眼电图（EoG）、肌电图（EMG）、心电图（EKG）、呼吸气流等等。第二类方法以监测驾驶员的操作行为为主。当驾驶员疲劳时，其驾驶行为与正常状态通常存在较大的差异，如反应迟钝，动作迟缓，应急能力下降；失去方向感，驾车左右摇摆；行驶速率不稳定等。第三类方法基于驾驶员疲劳情况下表现出的一些可以被人眼观察到的典型特征。例如，眼睑下垂甚至长时间闭眼、不断地打哈欠、头越来越低、不自觉的频频点头等。其他监测驾驶员疲劳状态技术也逐渐发展起来，其基本原理是利用摄像头和计算机视觉技术，从驾驶员的视频图像中提取视觉特征以判断驾驶员是否处于疲劳状态。

（6）主动前轮转向系统（AFS）。由于主动前轮转向系统要实现独立于驾驶员的转向干预，因此可以通过增加转向系统自由度，在驾驶员转向角输入的基础上叠加一个附加转向角，用于优化车辆对驾驶员输入的响应以及提高车辆的稳定性。同时系统应还能够对转向盘转向力矩进行调节，提高转向轻便性。作为一项新技术，主动前轮转向的控制研究主要集中在主动转向对车辆稳定性的影响，防止车辆遭遇不期望的外界干扰并在紧急工况中协助驾驶员进行车辆稳定性控制理论方面的研究。

（7）线控转向系统（SBW）。很多公司和研究机构对线控转向技术进行了积极地研发，很多成果也已经问世。虽然受到安全法规的限制，线控转向技术还没有配备在已经上市的车辆上，但是各大汽车厂家已经推出了安装线控转向的概念车，并在积极研发各种控制策略，如路感模拟控制策略、转向控制策略和容错控制策略等。

（8）自适应汽车前照大灯系统（AFS）。国外对于自适应前照大灯系统的研究起步较早，已经取得了很大的进展，技术发展日趋成熟。

中国保千里（PROTRULY）公司总部位于深圳，集团旗下共有15家子公司，其中保千里电子主营汽车视像业务，涉及近红外夜视技术领域的汽车主动安全系统研发生产。2012年该公司推出了全球首款汽车夜视主动安全系统，实现了路况预警、远程夜视、手机互联、眩光屏蔽、雾天透视、雨天透视、行人提示预警、车道偏离预警、激光夜视、防撞预警、行车记录的十一大功能，可以实现提前预警，能够有效预防交通事故发生，并逐步衍生打造出从12V到24V，军用、警用、民用市场的小轿车、SUV、MPV、大小客车、特种车、危险品车、防爆车、装甲车等夜视系统、主动安全系统、智能驾驶系统等全套解决方案。保千里汽车夜视主动安全系统强大的夜视功能已超越奥迪、宝马、奔驰等高端夜视系统装备，是目前国际上夜视系统技术最全面的企业之一。2015年，保千里的汽车主动安全系统已经通过近10家汽车整车厂的审核，取得一级供应商代码。显然，以夜视技术为核心的保千里汽车夜视主动安全系统，未来无疑将会成为汽车标配进入市场。

36　汽车之被动安全

如今，汽车的被动安全技术越来越被重视，其技术也相对较成熟。被动安全技术是指汽车在发生事故后能对车内乘客提供避免或降低伤害的保护措施，使乘员在车厢内移动发生第二次碰撞的机会尽可能降低。被动安全技术主要包括安全带技术、安全气囊技术、安全车身技术等。安全带技术和安全气囊技术已经相当成熟，安全带和安全气囊通过先进传感器采集车辆状态，逐步向智能化方向发展。各大整车厂推出的产品的车身安全性也在逐渐提高。

（1）安全带技术。国外各大整车厂和相关零部件厂一直在进行提高安全带约束性能的研究，采用卷收器、自动锁止卷收器和紧急自动锁止卷收器来提高安全带的约束性能，并开发了安全带预紧器、充气式安全带、儿童安全带系统等。

（2）安全气囊技术。常见的安全气囊主要由三部分组成：气囊部分，包括气囊、气体发生器和气体过滤器等；控制部分，用来确定何时对气囊进行充气，包括传感器、电子控制单元、触发器等；汽车与气囊连接部分。除了常见的驾驶员与副驾驶位置安装安全气囊外，还有侧向气囊和后座气囊等。气囊中涂聚氯丁二烯，当控制部分发出指令时，产生氮气充满气囊。当乘员向前冲时，又立即冷却放气，起到缓冲和吸能的作用。随着汽车的普及，安全气囊安装率越来越高。目前，关于安全气囊的研究很多，国外各大整车厂和零部件厂商对安全气囊研究的核心问题是它在冲泄气过程中如何使乘员获得最佳保护。

对于现在多气囊的车型，中控台、座椅侧面和A柱、B柱等位置都有可能安装安全气囊

（3）安全车身技术。车身采用高性能吸能变形技术和安全框架的结构设计可提供最大的逃生空间，以便保证在发生碰撞时，轿车车身的变形能够按照预先设计的方向逐渐变形直至停车，从而尽量减小传递到乘客舱和乘客身体的冲击，减小乘客舱的变形，保证出门能开启，保障车内乘客安全。各大整车厂都对安全车身开展了深入细致的研究。

国外安全车身技术已经相当成熟，不同车型的安全车身技术也不尽相同。如：采用热成型钢板材料的 B 柱加强板，与车门共同完成碰撞过程中能量的吸收。

（4）主、被动安全技术结合。目前，大部分的主、被动安全技术都是以单独的形式在车辆系统中存在的，传感器功能重复，增加了系统的成本和多信息带来的不准确。汽车主、被动安全集成系统具有明显优点：全方位保护车内乘员和路上行人的人身安全；将事故影响最小化并减少对人员的伤害；能有效避免交通事故；通过系统集成带来了更多的功能；通过共用部件降低成本。

国外集成安全技术的共同点是将主动和被动安全系统联网并集成各种环境传感器、接口设计方便外部系统集成，以避免碰撞和减轻碰撞为目的。

国外厂商将 ACC 和 ESP 进行功能整合，在此基础上开发出预测性碰撞警告系统，目前已经在部分车型上实现了批量生产。未来的研究方向是预测性紧急制动系统，将能够使车辆在紧急状况下自行紧急制动。

中国汽车技术研究中心（NCAP）是中国汽车碰撞的综合性汽车科研机构。C-NCAP 要求对一种车型进行车辆速度 50 千米 / 小时与刚性固定壁障 100% 重叠率的正面碰撞、车辆速度 64 千米 / 小时对可变形壁障 40% 重叠率的正面偏置碰撞、可变形移动壁障速度 50 千米 / 小时与车辆的侧面碰撞、驾驶员座椅在移动台车上进行的 15.65 千米 / 小时特定加速度波形模拟后碰撞四种碰撞试验，根据试验数据计算各项试验得分和总分，由总分多少确定星级。评分规则非常细致严格，最高得分为 62 分。碰撞星级共划分 6 个等级：5+级、5 级、4 级、3 级、2 级、1 级。

中国汽车技术研究中心在深入研究和分析国外同类机构的基础上，结合中国的汽车标准法规、道路交通实际情况和车型特征，并进行广泛的国内外技术交流和实际试验确定了 C-NCAP 的试验和评分规则。与中国现有汽车正面和侧面碰撞的强制性国家标准相比，不仅增加了偏置正面碰撞试验，还在两种正面碰撞试验中在第二排座椅增加假人放置，以及更为细致严格的测试项目，技术要求也非常全面。C-NCAP 对试验假人及传感器的标定、测试设备、试验环境条件、试验车辆状态调整和试验过程控制的规定都要比国家标准更为严谨和高规格，与国际水平一致。

37　无微不至的“行人保护”

现代汽车安全技术，包括主动安全和被动安全，已可最大限度实现车内“乘员保护”，但这种“一元安全”却忽略了行人的安全利益。实现车内乘员与车外乘员和行人的共存安全，将“乘员保护”升华到包括“行人保护”的境界，是当今汽车安全科技的一次华丽转身。

传统汽车安全的不足。大量的交通事故分析显示，行人受到的伤害远远大于车内乘员。根据世界卫生组织报告，死于道路交通事故人群中，46% 为行人或骑车人。

如果人车碰撞难以避免，那么首先就要考虑汽车如何设计能使行人受到的伤害更小。

轿车造型设计趋向丰满柔润。没有考虑行人保护因素的车大多前缘过于突显，导致行人在碰撞瞬间受到严重伤害。前保险杠改用柔性的高密度泡沫材料和新设计结构，可缓解冲击，有效地保障行人的膝、腿免受严重伤害；传统的车头立标看似高贵，但是一旦发生人车碰撞事故，尖锐的车标瞬间会变成一把锋利的凶器，给行人造成致命伤害。

现在还有多种汽车配置行人保护被动安全系统和主动安全系统，可谓体贴入微。

（1）行人保护被动安全系统

发动机盖弹起系统。人车相撞后，行人上身和下身承受着两个巨大的反向加速度，造成胸部和头部撞向发动机盖而致伤害。坚实的发动机盖是致伤源。发动机盖弹起系统能够在人车碰撞时迅速被触发弹起，在发动机盖和发动机室之间形成吸能区域，使得撞击而来的人体是碰撞在柔性与圆滑的表面上，减少了头或肩部的受伤程度以及二次碰撞的伤害。

行人安全气囊系统。此系统包括发动机盖气囊和前围气囊，两者配合使用可减少最常见的行人伤亡事故。发动机盖气囊在保险杠上方。碰撞前气囊由碰撞预警传感器激发，在 50 至 75 微秒内完成充气，并保持充气状态时间数秒钟。气囊的折叠模式和断面设计保证了气囊展开时能与汽车前端的轮廓相合，以保证儿童头部和成人腿部的安全。前围气囊的作用在于防止行人被甩到发动机盖后部被前窗底部碰伤。

（2）行人保护主动安全系统

车辆智能安全保障系统，可实现对行人的主动保护，在事故发生前及时通知驾驶员，避免车祸发生或将事故损伤降到最低程度。车辆智能安全保障系统是先进的车辆控制系统的一部分，包括安全、危险预警和防撞等系统，涉及传感器、通信、决策控制、信息显示、驾驶状态监控等技术。通过安装在车身各部位的传感器、激光雷达、红外线、超声波传感器、盲点探测器等，由计算机控制，在超车、倒车、变道、雨天、大雾等易发事故情况下，随时通过声音、图像等方式向驾驶员提供回避操作和保持安全车距指令，并可自动或半自动地进行车辆控制，防止车与车、车与物或车与人之间的正面、追尾和侧向碰撞。

在全球大多数的发达国家的NCAP评分标准中，行人保护早已被列入汽车安全评分项目，2018版C-NCAP在主动安全领域也开始了追赶E-NCAP的脚步。开始对于行人保护的评分和试验细则有了详细的说明，说明中国的碰撞测试标准“在与国际接轨”。

2018版C-NCAP对于行人的头部（包括成人和儿童）和腿部（上下腿型）保护性都提出了详细的试验方案和评分标准，评分权重为15%。

行人保护的加入，对汽车造型设计在前脸、发动机罩、翼子板的约束较大，同时灯具的位置以及那些棱角分明的线条会受到很大的约束。

38　汽车之履：轮胎

最早的轮胎是由木头或铁制造的，这从中国古代的战车上和国外绅士马车上都能看出。后来，探险家哥伦布到达西印度群岛中的海地岛时，发现了当地小孩玩耍用的橡胶球。他把这个奇妙的东西带回了欧洲，若干年以后，橡胶得到了广泛的应用，车轮也逐渐由木制变成了硬橡胶制造的实心轮。1845年，出生于苏格兰的土木技师R·W·汤姆生发明了充气轮胎，获得了英国的专利。同年12月10日第一个充气轮胎诞生。1847年《科学·美国》杂志介绍了充气轮胎，称其为划时代的改良。

40多年以后的1888年，在爱尔兰当兽医的英格兰人J.B.邓禄普先生取得了充气轮胎的专利。当时，邓禄普先生看到10岁的儿子骑一辆三轮自行车，用硬橡胶做的实心轮胎在石头路上行驶时很不舒服，儿子的抱怨激发了邓禄普先生的灵感。因此，被遗忘了40多年的充气轮胎再次问世。邓禄普先生发明的充气轮胎很快在自行车上得到了应用，并迅速迈向了汽车领域，为世界汽车工业的发展做出了巨大贡献。

汽车轮胎按胎体结构不同可分为充气轮胎和实心轮胎。现代汽车绝大多数采用充气轮胎。按胎内空气压力的高低，充气轮胎可分为高压胎、低压胎和超低压胎三种。各类汽车普遍采用低压胎。充气轮胎按组成结构不同，又分为有内胎轮胎和无内胎轮胎两种。轿车普遍采用无内胎轮胎。按轮胎内部帘布层和缓冲层的排列方式不同，轮胎又可分为子午线轮胎和斜交轮胎两种。汽车上普遍采用的是子午线轮胎。轮胎侧面均有标注。

通常都是以用途对轮胎进行分类的：如轿车轮胎、工程机械轮胎、越野汽车轮胎、农业和林业机械轮胎、工业车辆轮胎、摩托车轮胎、航空轮胎、特种车辆轮胎、力车轮胎、电动自行车轮胎等。新型轮胎主要有：安全轮胎、绿色环保轮胎、智能轮胎、防滑轮胎、仿生轮胎、宽基轮胎、全天候轮胎、非充气轮胎等。

初期的充气轮胎，使用的是用涂有橡胶的帆布当胎体。因为帆布的纵线和横线互相交叉，行走时由于轮胎的变形，导致线的互相摩擦；这样，线就很容易被磨断，这时的轮胎只能跑 200—300 千米。1903 年，J.F. 帕玛先生发明了斜纹纺织品，使轮胎的寿命向前跨了一大步。

1930 年米其林制造了第一个无内胎轮胎；1946 年，法国米其林轮胎公司试制生产了全世界第一条子午线轮胎。子午线轮胎的发明是轮胎工业中的又一场革命，并成为汽车轮胎发展的新方向。轮胎的发展经历了漫长的历程，在这漫漫长夜里，不知有多少代人为之凝聚了高超的智慧，付出了艰辛的劳动。

中国赛轮金宇集团率先研发出带“电子身份证”的轮胎——无线射频识别（RFID）智能轮胎。RFID 轮胎是在制造过程中写入轮胎全生命周期的重要信息，可实现传输轮胎压力、温度、速度等环境信息，并对信息进行准确判断和应急处理，让轮胎更“智慧”、会“说话”。此外，企业不断紧跟市场需求拓宽产品线：如最大限度保障冬季行驶安全的镶钉冬季安全轮胎、舒适感与安全性能兼具的缺气保用轮胎、豪华运动型超高性能宽基轮胎、突破传统轮胎颜色赋予更多美观的彩色金边轮胎等多样化产品一直以来都备受市场青睐。

39 动力电池的两大派别

动力电池的性能对新能源汽车的发展起着至关重要的作用。新能源汽车动力电池可以分为蓄电池和燃料电池两大类。蓄电池用于纯电动汽车（EV）、混合动力电动汽车（HEV）及插电式混合动力电动汽车（PHEV）等；而燃料电池专用于燃料电池汽车（FCV）。

（1）蓄电池在纯电动汽车中是驱动系统唯一动力源。目前，主要有镍镉、镍氢、锂–空气电池、钠硫、锂离子电池和锂聚合物电池等。

（2）燃料电池是燃料与氧化剂通过电极反应将其化学能直接转化为电能的装置。燃料电池不需要充电，只要外部不断地供给燃料和氧化剂，就能连续稳定地发电。燃料电池电动汽车可达到与燃油汽车相同的续驶里程。

（3）蓄电池与燃料电池特点对比：

1）蓄电池使用过程中有充放电循环，而燃料电池无充放电循环。

2）蓄电池无持续供给燃料，并在电池内有可逆反应发生，而燃料电池中的反应物为持续供给。

3）蓄电池的电解质一般为酸、碱、盐的水溶液或其他介质溶液，燃料电池的电解质为固体或熔盐等，如固体氧化物燃料电池的电解质可以为固体氧化物。

4）蓄电池使用温度一般为室温，而不同种类的燃料电池可在许多特定的温度下运行。

宁德时代新能源科技有限公司（CATL）成立于2011年。公司致力于通过先进的电池技术，为全球绿色能源应用，提供高效的能源存储解决方案。公司建立了动力和储能电池领域完整的研发、制造能力，拥有材料、电芯、电池系统、电池回收的全产业链核心技术。CATL被称为中国动力电池的“独角兽”企业。

公司研发生产电动汽车及储能系统的锂离子电池、电动汽车电池模组、电动汽车电池系统、动力总成、大型电网储能系统、智能电网储能系统、分布式家庭储能系统及电池管理系统（BMS）。在电动汽车领域，公司已与德国、美国等国际顶级汽车厂商及国内众多知名汽车厂商建立了深度合作关系，为全球客户研发生产纯电动汽车、混合动力汽车的动力电池系统。图为宁德时代新能源科技有限公司的新能源生产线。

40 多元的动力蓄电池

动力蓄电池（也简称电池）的直接作用好比是“发电机”，是为电动汽车提供动力来源的电源。电动机使用存储在动力蓄电池中的电来发动，通过电力调节器，让电流进入电动机，用电动机驱动电动汽车车轮行驶。动力蓄电池是电动汽车的动力驱动系统重要的的核心部件之一，类型多元，性能各异，迭代变化很快：

（1）铅酸电池。铅酸电池是由正负极板、隔板、壳体、电解液和接线桩头等组成，其放电的化学反应是依靠正极板活性物质和负极板活性物质在电解液的作用下进行，其中极板的栅架是用铅锑合金制造。电压2伏；使用寿命为200—300次；放电温度为0—45摄氏度；充电温度为：0—45摄氏度。由于铅酸蓄电池比能量较低，充电速度较慢，体积和重量大，寿命较短，所以逐渐被其它蓄电池所取代。

（2）镍镉（Ni-Cd）电池。镍镉电池属碱性电池，其与酸性电池相比，容器和极板的机械强度高。其优点是比功率大，比能量高，可快速充电，使用寿命长，抗电流冲击能力强，工作温度范围宽（–40℃—85℃），在较大的放电电流范围内电压变化较小等，成为电动汽车很具吸引力的电源。但缺点是生产成本高及其重金属镉具有致癌性等。目前已很少使用。

（3）镍氢（Ni-MH）电池。镍氢电池使用寿命为1000次；放电温度为–10—45摄氏度；充电温度为10—45摄氏度。目前最高容量是2100毫安小时左右。镍金属氢化电池在物理结构上与镍镉电池相似，其化学过程是：

氢离子在负极的储氢合金和镍材料正极之间传输。电池密封并使用一种液态电解质。因为其成本相对锂电池低的原因，还应用在一些混合动力汽车中。

（4）锂-空气电池。锂-空气电池是一种用锂作阳极，以空气中的氧气作为阴极反应物的电池。按电解质体系主要分为有机电解液体、水性电解液体系、混合电解液体系和全固态电解质体系等。锂-空气电池能达到同汽油相同的有效能量密度，未来可能颠覆电池领域。但锂-空气电池存在充电困难等缺点，实用化路程还很长。

（5）钠氯化镍（Na—NiCl）电池。钠氯化镍电池利用的是带 NiCl 正电极的电池，β- 氧化铝固体电解质及融化的氯化铝酸钠次电解质。这样，大幅提高了电池的蓄电容量和负载能力。还提高了电动汽车的可靠性，使电池的工作更为安全。钠氯化镍（Na—NiCl）电池的应用前景是非常广阔的。

（6）锂离子（Li-lon）电池。锂离子电池重量比镍氢电池轻 30%—40%，容量高出镍氢电池 60% 以上。但是不耐过充，如果过充会造成温度过高而破坏结构，导致爆炸。锂离子电池具有单体额定电压高、比能量和能量密度高以及使用寿命长等优点，其单位重量储能为铅酸电池的 3 倍。锂离子电池由正极材料、负极材料、隔膜和电解液四个部分组成，其中正极材料是提升电池性能的关键。根据使用材料不同，锂离子电池可分为钛酸锂、钴酸锂、锰酸锂、磷酸铁锂、三元聚合物锂电池等五种。其中，磷酸铁锂电池和三元聚合物锂电池广泛应用于客车和乘用车市场。

（7）磷酸铁锂电池是指用磷酸铁锂作为正极材料的锂离子电池。其特色是不含钴等贵重元素，原料价格低且磷、铁存在于地球的资源含量丰富，不会有供料问题。其工作电压适中（3.2 伏）、单位重量下电容量大（170 mAh/g）、高放电功率、可快速充电且循环寿命长，在高温环境下的稳定性高。磷酸铁锂电池具有高安全性、更长的使用寿命、不含任何重金属和稀有金属（原材料成本低）、支持快速充电、工作温度范围广等优点。

（8）三元聚合物锂电池，即其正极材料使用镍钴锰酸锂［$Li(NiCoMn)O_2$］三元正极材料的锂电池。三元聚合物锂电池的能量密度高，循环性能好于正常钴酸锂。目前，随着技术的不断改进和结构完善，电池的工作电压已达到 3.7 V，在容量上已经达到或超过钴酸锂电池水平。

（9）固态电池。固态电池采用全新固态电解质取代当前有机电解液和隔膜，具有高安全性、高体积能量密度，同时与各新型高比能电极体系的适配性较广泛，有望成为下一代动力电池的终极解决方案。

在众多动力蓄电池中，目前应用最为广泛的是锂电池，包括磷酸铁锂电池和三元聚合物锂电池等。锂资源较为丰富，价格也不很贵，可以说锂电池是最被市场看好的动力蓄电池。目前在用的动力蓄电池有五个因素制约着电动汽车的发展：一是蓄电量较小，充电后续驶里程短；二是充电时间长，一般充电时间需 4—8 小时，使用不方便；三是单位装备质量的电荷量太小，使纯电动汽车自身装备质量大；四是使用寿命短；五是价格高，由于动力蓄电池价格几乎占了汽车价格的一半左右，因此，电动汽车的商业化成败取决于其动力蓄电池的性能提高和价格下降。

比亚迪目前是中国一家同时掌握新能源汽车电池、电机、电控及充电配套、整车制造等核心技术以及拥有成熟市场推广经验的企业。在蓄电池领域，比亚迪具备 100% 自主研发、设计和生产能力，凭借 20 多年的不断创新，产品已经覆盖消费类 3C 电池、动力蓄电池（磷酸铁锂电池和三元电池）、太阳能电池，以及储能电池等领域，并形成了完整的电池产业链。从 2008 年开始，比亚迪成功推出 F3DM、e6、K9、秦、唐、宋、元以及豪华电动车腾势（与戴姆勒合资）等新能源汽车，并且率先提出“公交电动化”战略。

41 独辟蹊径的燃料电池

燃料电池是一种将存在于燃料与氧化剂中的化学能直接转化为电能的发电装置。燃料电池的设想首先出现在英国作家威廉姆斯的科幻小说《神秘的小岛》中。到了今天幻想已成真，燃料电池正逐渐走进人们生活。

1839 年英国科学家格罗夫发明的“气体电池”装置，就是世界上最早的燃料电池。后来，培根重新设计格罗夫的燃料电池方案，并着眼于实用性。培根知道用铂金作电极是无法推广的，因为铂金是一种贵金属，价格昂贵。他改用镍替代铂金，又用氢氧化钾替代硫酸。这样，既降低了成本，又可以避免金属电极被硫酸腐蚀，延长金属电极寿命。

在 1932 年时，培根的燃料电池已可工作，能够产生电能，但依然没有引起人们兴趣。尽管这样，培根也没有停止燃料电池的研究，1959 年，实用型的培根燃料电池问世，通过电化过程将空气和燃料直接转变成电能，能产生 5 千瓦电量。此后，燃料电池被运用在美国的卫星上，即为卫星的无线电发射机提供电力。

燃料电池与普通电池相同点是将电池中化学物质蕴藏的化学能转变为电能，不同点是普通电池将化学能储存在电池内部的化学物质中，当电池工作时，这些物质发生化学反应，将储存的化学能转变成电能，直至这些化学物质全部发生反应，电池便用完。所以，普通电池是一个有限的电能输出和储存装置。而燃料电池既是一个储存电能装置，能将储存其中的电能输出；它又是一个产生电能装置，能将所输入燃料的化学能转化为电能，只要连续不断地供给燃料，它就能源源不断地输出电能（下图）。

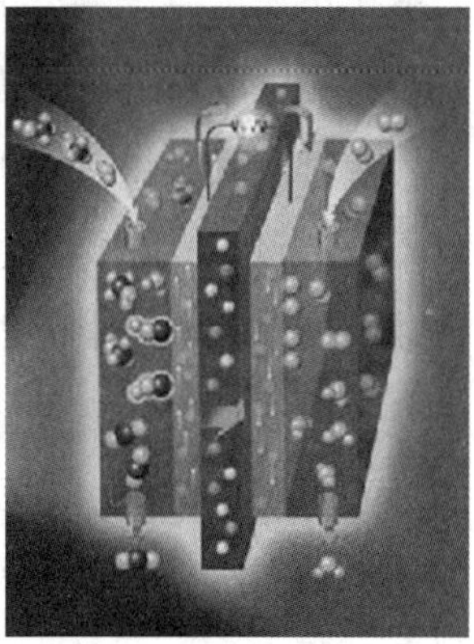

燃料电池中最理想的燃料是氢，其特点是反应过程不经过燃烧，将氢的化学能直接转换为电能，能量转换率高达 60—80%，实际使用效率是普通内燃机的 2—3 倍。燃料电池中参与化学反应的物质是氢和氧，它们是通过管道由燃料电池外部的储存系统提供。只要能保证氢和氧的连续供应，燃料电池可以连续不断地产生电能。所以，燃料电池是一个氢、氧发电装置。

燃料电池具有排放洁净，噪声低，对环境污染小等优点，它不需要充电，燃料多样化，可靠性高，维修方便。而且，燃料电池装置可大可小，非常灵活。现在，燃料电池已大幅度降价，逐步转向地面应用。

燃料电池有多种类型，根据工作温度的不同，可分为低温型、中温型、高温型三种；按照电解质种类可分为碱性燃料电池（AFC）、磷酸燃料电池（PAFC）、融熔碳酸盐型燃料电池（MCFC）、固体氧化物燃料电池（SOFC）和质子交换膜燃料电池（PEMFC）以及直接甲醇燃料电池（DMFC）、再生型燃料电池（RFC）等新型燃料电池等。现以质子交换膜燃料电池为例，介绍燃料电池工作原理。

质子交换膜燃料电池（PEMFC）也叫聚合物电解质膜，或固态聚合物电解质膜，或聚合物电解质膜燃料电池。它的基本设计是两块电极和一片薄的聚合物膜电解质组成，电极基本由碳组成。

目前广泛用于汽车的氢燃料电池属于质子交换膜燃料电池。质子交换膜型燃料电池在原理上相当于水电解的逆装置，它是由阳极、阴极和质子交换膜组成。

氢流入燃料电池到达阳极，裂解成氢离子（质子）和电子。由于质子交换膜是一种轻薄的电解质，对于质子具有渗透性。氢离子通过电解质渗透到阴极，而电子只能通过外电路才能到达阴极。当电子通过外电路流向阴极时就产生了直流电。以空气形式存在的氧供应到阴极，与电子和氢离子结合形成水。每一质子交换膜型燃料电池的发电电压理论上限为1.23伏。接有负载时输出电压取决于输出电流密度，通常在0.5—1伏之间。将多个单电池层叠组合就能构成输出电压满足实际负载需要的燃料电池堆，简称电堆。

质子交换膜燃料电池的优点是：首先，质子交换膜型燃料电池的发电过程不是通过氢气燃烧产生的热能，转变为机械能，再转换成电能，而是直接由化学能转换成电能，能量转换率高。一种可逆式质子交换膜燃料电池，发电效率最高达80%；同时，质子交换膜燃料电池以固体聚合物为电解质，无腐蚀和电解质流失，它发电时不产生污染，不产生有害气体，工作时也没有噪音，不会污染环境。所以，质子交换膜燃料电池电源是一种清洁、高效的绿色环保电源。此外，质子交换膜燃料电池的发电单元模块化，可靠性高，组装和维修都很方便。

由于质子交换膜燃料电池具有上述优点，燃料电池又轻又小，可以在低温下工作，适合汽车和公共汽车使用，还可为电脑一类电器设备供电。

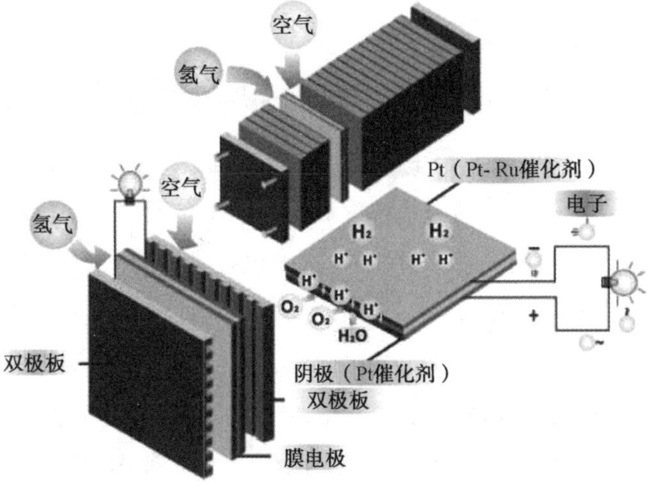

质子交换膜燃料电池（PEMFC）

燃料电池兼有发电设备和动力设备双重功能，它既是继蒸汽机、内燃机后的第三代动力系统，又是继水力、火力、核能后的第四代发电设备。质子交换膜燃料电池作为一种新型燃料电池，经过20多年的发展，在实用化方面取得了突破性进展，成为当前世界上燃料电池的开发重点，是燃料电池汽车极是前景的动力源。

中国科学院大连化学物理研究所所持股企业新源动力股份有限公司开发的HYMOD-300型车用燃料电池电堆模块，经寿命测试和整车应用验证，突破了车用燃料电池5000小时的耐久性难关，成为我国首例自主研发的超越5000小时耐久性的燃料电池产品。同时，该产品还实现了电堆在–10 ℃环境下的低温启动，以及在–40 ℃下的储存。

新源动力研发的HYMOD-300型燃料电池电堆目前已经成功应用于我国的燃料电池汽车：包括我国首款登录工信部公告目录的燃料电池轿车——荣威750燃料电池轿车，以及我国首款、全球第四款商业化的燃料电池汽车——上汽大通FCV80。

42　车轮上的发动机：轮毂电机

关于新能源汽车的“三电”，最形象地比喻为：电机是“心脏”，电控是“大脑”，它们把动力电池产生的电能像输送“血液”一样，输送到整车和每一个零部件。新能源汽车动力系统发展分为三个阶段，第一代是中央电机集中驱动技术（广泛使用），第二代是轮边电机技术（刚进入市场），第三代是未来的轮毂电机技术。据介绍，与前两代技术相比，轮毂电机技术具有更加高效、节能、轻量化、小型化等诸多优点，能有效解决新能源汽车成本、降低整体能耗等问题，是最直接、最高效的驱动方式，是未来的应用趋势。轮毂电机技术又称车轮内装电机技术，它的最大特点就是将动力、传动和制动装置都整合到轮毂内，因此将电动车辆的机械部分大大简化。

轮毂电机技术并非新生事物，早在1900年，保时捷就首先制造出了前轮装备轮毂电机的电动汽车，在20世纪70年代，这一技术在矿山运输车等领域得到应用。而对于乘用车所用的轮毂电机，日系厂商对于此项技术研发开展较早，目前处于领先地位，包括通用、丰田在内的国际汽车巨头也都对该技术有所涉足。目前国内自主品牌汽车厂商开始研发此项技术。

轮毂电机驱动系统根据电机的转子形式主要分成两种结构形式：内转子式和外转子式。其中外转子式采用低速外转子电机，电机的最高转速在1000—1500转/分，无减速装置，车轮的转速与电机相同；而内转子式则采用高速内转子电机，配备固定传动比的减速器，为获得较高的功率密度，电机的转速可高达10000转/分。随着更为紧凑的行星齿轮减速器的出现，内转子式轮毂电机在功率密度方面比低速外转子式更具竞争力。

（1）轮毂电机的优点。省略大量传动部件，让车辆结构更简单。应用轮毂电机可大大简化车辆的结构，传统的离合器、变速器、传动轴不复存在。这也意味着节省出更多的空间。

对于传统车辆来说，离合器、变速器、传动轴、差速器乃至分动器都是必不可少的，而这些部件不但重量不轻、让车辆的结构更为复杂，同时也存在需要定期维护和故障率的问题。但是轮毂电机就很好地解决了这个问题。除了结构更为简单之外，采用轮毂电机驱动的车辆可以获得更好的空间利用率，同时传动效率也要高出不少。可实现多种复杂的驱动方式，由于每个轮胎都是单独驱动的，非常容易实现四驱形式。应用轮毂电机技术甚至可以实现两侧车轮反转来达到原地转向的目的。此外，对于一些特种车辆，如车轮数量超多的“蜈蚣车”来说，轮毂电机也是非常好的解决方式。

由于轮毂电机具备单个车轮独立驱动的特性，因此无论是前驱、后驱还是四驱形式，它都可以比较轻松地实现，全时四驱在轮毂电机驱动的车辆上实现起来非常容易。同时轮毂电机可以通过左右车轮的不同转速甚至反转实现类似履带式车辆的差动转向，大大减小车辆的转弯半径，在特殊情况下几乎可以实现原地转向，对于特种车辆很有价值。

便于采用多种新能源车技术，新能源车型不少都采用电驱动，因此轮毂电机驱动也就派上了大用场。无论是纯电动还是燃料电池电动车，抑或是增程电动车，都可以用轮毂电机作为主要驱动力；即便是对于混合动力车型，也可以采用轮毂电机作为起步或者急加速时的助力，可谓是一机多用。同时，新能源车的很多技术，比如制动能量回收（即再生制动）也可以很轻松地在轮毂电机驱动车型上得以实现。

（2）轮毂电机的缺点。1）增大簧下质量和轮毂的转动惯量，对车辆的操控有所影响轮毂电机要安装在轮圈内，这使得车辆的簧下质量增加不利于操控。2）电制动性能有限，维持制动系统运行需要消耗不少电能，电涡流制动能力不高，在重型车上需要配合机械制动系统共同工作。对于电动车而言，要达到更高的制动效果则需要耗费更高的能量，在一定程度上会影响续航里程。3）轮毂电机工作的环境恶劣，面临水、灰尘等多方面影响，在密封方面也有较高要求，同时在设计上也需要为轮毂电机单独考虑散热问题。

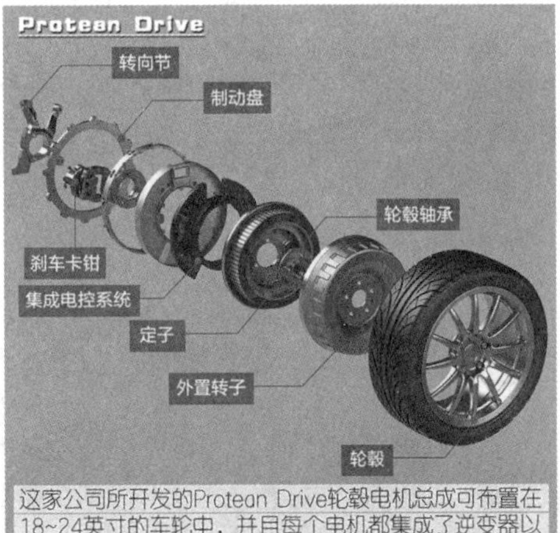

这家公司所开发的Protean Drive轮毂电机总成可布置在18~24英寸的车轮中，并且每个电机都集成了逆变器以及电子控制单元。

轮毂电机这项技术优势显著，不仅能节省大量空间，还能提升传动效率，是新能源汽车发展的一个很好的方向。但是从目前来看这项技术的推广还存在一定问题。

轮毂电机必将成为电驱动汽车的终极解决方案。随着风靡全球的新能源浪潮汹涌而至，依靠电机驱动的新能源汽车动力系统必然步入第三代，即轮毂电机技术。较之第一代中央电机集中驱动技术和第二代轮边电机技术，轮毂电机技术创造性地将动力、传动和制动装置整合到轮毂内，变中央式驱动为分布式驱动，省掉了变速器、传动轴、差速器等传动部件，实现了新能源汽车发动机、变速机的一体化，即可减少 80% 的传动部件、减轻 30% 的自身重量，又可极大地提高电池能效，延长续航里程，具有高效、节能、轻量化、小型化等诸多优点。作为一种最直接、最高效的驱动方式，轮毂电机技术催生的电驱动系统，必将以解决新能源汽车成本、能耗、污染等问题的终极方案而一枝独秀。

43 前风窗抬头显示

《星球大战》这类的科幻电影中，会看到驾驶员或飞行员面前的挡风玻璃如同计算机屏幕，投放出各种信息，充满了未来主义色彩。这就是 HUD 技术。HUD 即抬头显示设备，是一种运用在航空器上的飞行辅助仪器，飞行员不需要低头就能够看到一些需要的重要资讯。

前风窗抬头显示（HUD）是近年来兴起的汽车“黑科技”。前风窗抬头显示，又叫平视显示系统，它可以把重要的信息，例如车速、油耗、简单的导航方向等映射在前挡风玻璃上，使驾驶员不必低头，就能看清重要的行车信息。

汽车上引入前风窗抬头显示（HUD）主要目的当然不只是为了显摆炫酷，更重要的是保证司机安全稳定的驾驶。驾驶员不用低头就可以看到相关车况信息，将更

多的精力放到观察路面情况上，与此同时其也可以减少驾驶员观察远处道路情况与近距离查看导航、车辆信息视线频繁转换引发的视觉疲劳。而对于那些经常使用手机导航软件的车主来说，一款功能齐全品质可靠的抬头显示器，可以更为直观地显示导航信息，从而提高的行车安全性。但是，前风窗抬头显示（HUD）成本昂贵，目前只在少数高档车中采用。

随着科技的发展，以增强现实（AR）、虚拟现实（VR）的新兴科技载体已经越发成熟了。目前，国外就有科技公司开发出了AR技术的显示屏，其科技含量和承载信息，比HUD丰富、直观、高效。而AR-HUD（增强现实抬头显示器）可以在驾驶员视线区域内合理叠加显示一些驾驶信息，并结合于实际交通路况当中。通过AR-HUD技术，驾驶员可以扩展并增强自己对于驾驶环境的感知。

有着“产品设计界奥斯卡”之称的德国iF设计大奖，最近公布2018年最终获奖名单，国民智能电动SUV威马EX5凭借其车窗图形交互功能的创新智能交互设计，荣获2018年iF设计奖“iF DESIGN AWARD2018”。威马汽车公司希望在设计中融入更多的“智能”元素，让用户感受到汽车并非只是机械，它也可以有表情，甚至能与用户互动，就像人们想象中的智能机器人。

44 神奇多效的汽车玻璃

汽车玻璃承担着挡风、遮雨和采光的基本功能，不但是重要保安件，而且对汽车的外观和内在性能起着很重要的作用。随着国民经济发展和科技进步，人们对汽车在美观、舒适和环保等方面的要求越来越高，汽车玻璃也映射出瑰丽的科技异彩。

汽车玻璃是车身结构中必不可少的，主要起到防护作用重要的安全装备。汽车玻璃按照位置分为：前后挡风玻璃、边窗、天窗；汽车玻璃按照工艺属性分为：夹层、钢化玻璃。

（1）夹层玻璃。夹层玻璃是由两层或两层以上的玻璃用一层或数层透明的 PVB 膜黏合而成的玻璃制品，当夹层玻璃破碎后，玻璃碎片仍然粘在 PVB 上不剥落，不伤人，具有安全性。前挡风玻璃国家强制规定必须是夹层玻璃。

（2）钢化玻璃。钢化玻璃指的是经过高温处理后，再快速冷却形成的高强度玻璃。其机械强度高，热稳定性好和安全性能好，钢化玻璃破碎时碎片成蜂窝状钝角小颗粒，不易伤人。汽车边窗及后挡一般是钢化玻璃。

汽车玻璃按照功能属性分为：镀膜、抬头显示（HUD）、隔音、憎水、调光、加热等。

（1）镀膜玻璃。采用磁控真空溅射技术，在汽车玻璃内表面镀 9—20 层厚 50—300 纳米的金属化合物膜，起到反射太阳能的作用。可反射红外线，车内更凉爽，减少夏季空调使用，更节能；减少眩光、提高夜间行车的安全性；减少紫外线对汽车内饰的损害、延长使用寿命。

（2）隔音玻璃。在 PVB 夹层中加入高阻尼隔音材料，吸收令人最不舒服音频范围（1000—4000 赫兹）噪音，可实现降噪 5—10 分贝。

（3）HUD 抬头显示玻璃。利用光学系统，将汽车运行信息通过前挡玻璃投射到驾驶员正前方 2—3 米位置处，结合车辆光学系统，带来如导航、图像显示等丰富的驾驶体验。在行驶过程中，驾驶者无须低头就能知晓车辆信息，能专注于观察道路状况，遇外界突发状况反应更及时。

（4）憎水玻璃。采用溶胶凝胶法，在玻璃表面形成一层含氟化合物薄膜，增大玻璃对水的接触角，水珠迅速滑去。提升雨天行车能见度、视野更清晰；更易除去玻璃上的灰尘、泥土、车蜡、油污等污染物。

（5）调光玻璃。在两片玻璃间中加入 PDLC 膜，对引出端施加电压，通过调节电压使 PDLC 膜中的粒子按一定方向排列来改变玻璃的透光度。通过个性化调节玻璃透光度，提升用户体验；有效提升私密性，保证用户隐私。

（6）加热玻璃。产品原理：将直径 0.018—0.033 毫米的钨丝布在 PVB 膜片上，通过钨丝通电发热来加热玻璃。通过加热，化去玻璃表面的霜、雾、雪、冰，提高视线清晰度；对雨刮、雨感器、相机区域选择性加热。

此外还有增强安全性能的汽车玻璃，如热增强夹层玻璃、防盗报警玻璃、防弹汽车玻璃等。这些产品出现使汽车整体更具人性化，增加乘坐的舒适性和实用性。玻璃新技术均向能源、材料、环保、信息、生物等五大领域发展。在研发新技术方面，通过对玻璃产品进行表面和内在改性处理，使其更具备强度、节能、隔热、耐火、安全、阳光控制、隔声、自洁、环保等优异功能。

福耀集团是中国最具规模、技术水平最高、出口量最大的汽车玻璃生产供应商。福耀集团还设立了中国香港、美国子公司，并在日本、韩国、澳大利亚、俄罗斯及西欧、东欧等国家设立商务机构，是名副其实的跨国公司。

福耀集团所有产品均获得美国DOT标准、欧共体ECE标准、澳大利亚SAA标准、中国GB9656及中国3C标准的认证，并获得美国福特汽车公司颁发的全球优秀供应商金奖。目前，印着“福耀（FY）”商标的汽车玻璃主导国内汽车玻璃配套、配件市场的半壁江山；还成功挺进国际汽车玻璃配套、配件市场，已取得了世界八大汽车厂商的认证，已经成为它们的合格供应商，并批量供货。

中国福耀集团投资的位于美国俄亥俄州代顿地区南部莫瑞恩市的福耀玻璃美国有限公司汽车玻璃工厂已经正式竣工投产，成为全球最大的汽车玻璃单体工厂（如图）。

45 汽车替代能源的“广袤原野”

汽车替代能源（包括清洁煤燃料、合成燃料、天然能源、生物质能、核能、氢能等），即绿色能源，如自然界广袤的“原野”，“繁花”似锦，循环融合，用之不竭。从整体上讲，当代新能源的发展还处于初级阶段，共生在这个“原野”里互相促进，融和成长，有利于汽车新能源向有机化、有序化、规模化和低碳化方向发展。新能源汽车只有采用这些绿色能源产生的水电、风电、光伏发电、核电、氢能电池等清洁燃料或新动力，来代替传统汽油燃料，才称得上是真正的绿色节能汽车。

近年来，传统能源供应趋紧、温室气体减排压力不断增大，发展替代能源已成为世界共识。发展车用替代燃料是推进能源替代工程的重要组成部分。

国际能源机构预测，在没有重大替代燃料技术突破的情景下，2030 年世界交通部门的能源消费和温室气体排放将分别比 2006 年增加 9.44 亿吨油当量和 24 亿吨二氧化碳，分别占同期世界能源总消费增量的 18% 和温室气体总排放量的 19%，届时交通部门在世界石油总需求中的比重也将增加到 57%。车用替代燃料得到了许多国家的政府推动和政策扶持。欧盟委员会提出 2020 年使可再生燃料（主要是生物燃料）满足 10% 道路交通燃料需求的目标。美国要求可再生燃料使用量在 2022 年达到 360 亿加仑（约 1.1 亿吨），预计届时将占美国车用燃料的 22%。各种替代燃料正得到快速的发展。

随着现代汽车技术的进步，采用新型动力系统的各种新能源汽车也在传统燃料替代之外开辟了重要途径。按照相应的燃料和技术特点，各种替代燃料具有不同的节能减排效益，现处于不同的发展阶段。

车用替代燃料发展状况

	替代燃料	节能减排效益
直接燃料替代	燃气（天然气、液化石油气）	温室气体排放减少约 20%
	煤基燃料（甲醇、二甲醚、合成燃料）	化石能源消耗和温室气体排放均增加 80%—200%
	传统生物燃料	节能减排率约 20%—60%
	第二代生物燃料	节能减排率约 50%—90%
间接技术替代	混合动力	油耗和温室气体排放减少约 10%—40%
	纯电动	温室气体排放减少约 50%
	燃料电池	如采用太阳能电解制氢，温室气体排放明显减少

现阶段中国燃料乙醇行业实行严格的准入制度，实行定点生产、定向销售、封闭流通、政府定价等规定，生产企业需经国家批准、获得定点采购资格后才能向中国石油天然气集团和中国石油化工集团两大石油公司供货，由其按比例调配后供货销售。

我国目前共有7家定点生产企业，其中安徽中粮生化（原安徽丰原生化）、吉林燃料乙醇和肇东中粮生化主要以玉米、小麦为原料（1代粮食乙醇）；河南天冠同时生产1代和2代乙醇；广西中粮生物质和内蒙古中兴能源有限公司主要以木薯和甜高粱茎秆为原料（1.5代非粮乙醇）；龙力生物以玉米芯废渣为原料（2代纤维素乙醇）。

燃料乙醇定点企业及产能

生产厂家	产能（万吨）	供应区域
河南天冠企业集团有限公司	70	河南、湖北、河北
吉林燃料乙醇有限公司	60	吉林、辽宁
中粮生化（安徽）股份有限公司	51	安徽、山东、江苏、河北
中粮生化能源（肇东）有限公司	25	黑龙江
广西中粮生物质能源有限公司	20	广西
山东龙力生物科技股份有限公司	5	山东
内蒙古中兴能源有限公司	3	内蒙古
合　计	234	

46　汽车燃料“暗料理”

鉴于石油是不可再生能源，在交通运输领域，各国政府都在积极推动汽车业朝着电动化转型。与此同时，汽车企业、化工巨头、能源公司等也在孜孜不倦地探索、开发新燃料。这些开发研究有些已经进入生产应用阶段，有些商业前景巨大，有些可能难以走出实验室，但无论怎么样，各种脑洞大开的研究对于我们开发利用资源提供了很多借鉴和思考。

（1）非食物残渣。关注各种非食物残渣原料（如麦秸和木屑）转化为可再生汽油研发以及推动商业化应用。作为可再生烃类生物燃料的其中一类，可再生汽油也被称为“生物汽油”或“绿色汽油”，是生物合成的运输燃料，适用于火花点火式发动机。这种可再生汽油能以高比例（超过 30%）混合到化石汽油中，混合燃料适用于任何汽油发动机，无须改装。

（2）锯末。锯末本来是木材厂不太受欢迎的副产品，常常用作工业锅炉的燃料、塑合板、木浆、家庭用火、护根土，或用于吸收油污，但科学家已经为锯末找到了一条新出路。通过一种新的化学反应，将锯末中的纤维素转变为烃链，并称之为“绿色碳氢化合物”，这种材料再进一步就可以转化为汽油。这种碳氢化合物还能够用作绿色添加剂，取代传统汽油提炼过程中的添加剂。

（3）污水。污水厌氧处理技术因其高效能、低能耗等特点在污水处理工程上受到广泛关注。在厌氧处理过程中，污水中的有机物被厌氧细菌分解、代谢、消化，使得污水中的有机物含量大幅减少，同时产生甲烷、二氧化碳、硫化氢、氨、氢、氧等气态物质。一直致力于氢燃料电池汽车研发的丰田也把目光转向了污水。丰田让微生物分解污水中的废料，产生甲烷、二氧化碳等，除去二氧化碳，让甲烷与水蒸气发生化学反应，产生氢气和二氧化碳，之后再除去二氧化碳就得到氢。

（4）水藻。由于采用玉米、大豆等提炼生物柴油可能会带来粮食危机，新的生物柴油来源成为热门课题，方法之一就是利用藻类制造生物柴油。国内外正在推进藻类燃料的研究。但在实验室的人工繁殖环境中，生物学家一直无法维持藻类快速生长的同时保持藻类体内的脂肪水平，以提炼足够的生物燃料。后来埃克森美孚石油公司与美国生物科技基因组公司共同宣布，在不改变生长时间情况下，通过修改海洋富油微拟球藻的基因，可将这类藻类的脂肪含量比野生同类提升 1 倍。藻类虽然是理想的生物燃料，但成本很高，而且在同一段时间有大量的藻类生长，可能引发赤潮。

（5）二氧化碳＋水 =e 柴油。除了汽油外，合成柴油领域也有研究成果。“e 柴油”这种液体燃料以空气和水为原料，其制作分为三个步骤。首先，研究人员在 800 ℃以上高温的条件下加热水，形成水蒸气，而后通过高温电解使之分解为氢气和氧气。这一过程使用的能源是太阳能或风能等绿色能源。其次，在高温高压的条件下，使氢气和二氧化碳混合，生成一种名为“blue crude”的燃料。最后提炼这种燃料，方法类似于从化石燃料中提炼汽油。“e

柴油”不含硫或芳香烃碳氢化合物，被称为“未来燃料”，可以让汽车以接近碳中和的方式行驶。

（6）地沟油。说起“地沟油”，可能都会感觉极不卫生，但在生物燃料领域，地沟油可以提炼为生物柴油。业内人士指出，类似燃料的推广虽仍存在困难，即相对高昂的生产成本，回收、销售端的“小作坊”式运作，致“地沟油”燃料全面使用尚需时日。

（7）大肠杆菌。英国帝国理工学院的科学家有一个很有趣的想法，即用经过基因改造的大肠杆菌来制造丙烷。研究人员使用大肠杆菌作为宿主生物体，通过生物酶阻断大肠杆菌中脂肪酸进入生物膜的生物过程，转而引导脂肪酸进入不同的生物途径，最终使大肠杆菌产生可再生丙烷。这项研究打开了未来可再生燃料可持续生产的可能性，该研究还处于早期阶段，大肠杆菌产生丙烷的效率较低，研究人员需要改进合成过程。

（8）咖啡渣。统计数据显示，英国人每天会喝掉 5000 多万杯咖啡，仅仅在伦敦每天就会产生 20 万吨咖啡废料。对此，有人动起脑筋。在汽车后备厢内安装原料桶和加热装置，咖啡渣经过加热产生可燃气体，气体由架在车顶的管道引至发动机，为汽车提供动力。2014 年，英国工程师马丁·贝根制造出一辆以咖啡渣为动力的汽车，时速能达到 107 千米。咖啡渣的高热量、内含化合物等特点，令其成为生产清洁燃料的理想原料，也可避免咖啡渣掩埋或直接焚烧造成的环境污染。用咖啡渣生产生物柴油还有一个好处，即使用这种燃料的汽车尾气中会含有咖啡的香味。

（9）威士忌。在苏格兰，代表城市的气息之一无疑就是威士忌的芬芳了。不过，威士忌生产过程中，威士忌酒大约只占到原料总量 7%，剩余的都是废渣。英国每年在生产威士忌的过程中，能产出几十万吨粮食废渣和数十亿升的废液。苏格兰爱丁堡的凯尔特可再生能源公司通过两年的研究，终于从威士忌的废渣废液中提取出了生物燃料——丁醇。2017 年 7 月，该公司将生物丁醇以 15% 的比例混入汽油，成功进行了首次车辆公开试驾，发动机无须任何改装。但丁醇的提取过程还是较为复杂，目前尚未达到工业化和规模化水平。

（10）粪便。科学家从没有放弃对其他垃圾回收再利用，包括粪便排泄物。2017 年底，丰田对外公布了一个名为 Tri-Gen 的项目，宣布要在美国加州长滩港建立一座制氢及燃料电池发电厂。至于工厂的原料，则是对动物粪便的搜集、处理和再利用，加州中央山谷农牧场的奶牛功不可没。通过此项目，不仅可以利用奶牛粪便释放的甲烷来大规模地制氢，还可以帮助加州政府解决成堆的动物粪便难题。

与不可再生的汽油、柴油，以及可再生但消耗玉米、甘蔗等能源作物的生物乙醇相比，上述研究显得有些“不走寻常路”，但随着全球人口膨胀和能源日益减少，如何实现现有资源的有效利用以及废弃资源的再利用，是人类都要思考的问题。

2017 年 5 月，上海出台了《上海市支持餐厨废弃油脂制生物柴油推广应用暂行管理办法》，支持餐厨废弃油脂制 B5 生物柴油。据了解，这种生物柴油的制作工艺已相当完备。它使用餐饮行业及下水管道废弃的油料，经过预处理、酯化、酯交换反应、蒸馏精制等工艺流程后，与普通柴油按照 5:95 的比例参配而成。目前 B5 生物柴油主要供公交车、环卫车、货运车等使用。与传统柴油相比，B5 生物柴油具有环保性能好、原料来源广泛、可再生等特点。至 2018 年 8 月底，上海市已有 11 个区 40 座加油站对外供应 B5 生物柴油，每天加注 B5 生物柴油的社会车辆达 3000 辆左右，累计已加注 100 万辆（次）共 5369 万升（约 4 万吨），社会化应用取得良好效果。

四、造车的科技力量

随着汽车市场需求个性化与多样化的演变，未来汽车产业发展的重要特征是向全球化、网络化、虚拟化方向发展，未来汽车先进制造技术发展的趋势是向精密化、柔性化、虚拟化、网络化、智能化、敏捷化、清洁化、集成化及管理创新方向发展。汽车产业发展对先进制造技术（AMT）、智能制造等的需求越来越强烈。

47 企业是创新的主体

汽车企业是汽车行业技术创新的主体。世界汽车产业史就是一部汽车企业家们卓越革新、艰苦创业的历史。唯有发扬企业家精神，才能真正推进汽车技术创新，推动产业转型升级，实现汽车强国的历史使命。

回顾百年汽车产业的发展史，德国企业家发明了汽车，美国企业家发展壮大了汽车产业。美国汽车工业和底特律汽车城举世瞩目的背后，正是因为在 20 世纪中前期美国汽车工业充满着卓越创新的企业家精神。底特律城的繁荣发展要归功于福特、通用和克莱斯勒三大汽车公司。福特首创了使用流水线作业批量生产轿车和货车的技术，从而刷新了汽车生产制造史。通用汽车公司的传奇式总裁艾尔弗雷德·斯隆实行一套工业企业管理组织制度。汽车产业的蓬勃发展促进了底特律城的一度繁荣发展。

中国汽车的产品和品牌亟须企业家精神突围创新。中国约有 2 千多个汽车生产企业，涵盖轿车、越野车、客车、牵引车、货车、专用车、半挂车、自卸车、农用车、电动车、摩托车等11大类车型以及大量的汽车零部件。经过几十年的发展，中国汽车产业在品牌、产品、技术、工程、销售、管理等各个方面取得的巨大成绩，其中就会发现企业家精神正是催动汽车产业发展强盛的核心引擎。

对于处于深度变革期的中国汽车产业和中国品牌而言，企业家精神表现为直面困难勇于担当、推动改革敢于突破的氛围，形成支持改革、鼓励创新、允许试错、宽容失败的环境，以企业家的积极性、主动性、创造性，在以互联网、大数据、人工智能、新能源为代表的新一轮汽车产业变革中，不断改写游戏规则，重组中国乃至全球汽车产业竞争格局。这是一个极具挑战的时刻，关键点在于，整个汽车产业乃至整个社会要全力孕育企业家精神的环境氛围，支持一大批勇于变革、激情创新的企业家站出来，带领中国汽车产业和中国品牌战略升级。

对于处在汽车产业深度变革期的中国汽车产业和中国品牌而言，企业家精神是转型升级和抢夺新一轮汽车产业变革主导权的核心所在。据2018《财富》公布的数据，在世界500强中，汽车企业共有23家，其中中国汽车企业则有6家上榜：

（1）上汽集团2017年以1288.19亿美元的营业收入成为世界第36位的全球500强企业，同时它也是中国营业收入排名第一的汽车企业，其利润达到了50.91亿美元。

（2）东风集团2017年营业收入为932.93亿美元，净利润为14亿美元。

（3）北汽集团2017年营业收入为695.91亿美元。

（4）一汽集团2017年营业收入695.24亿美元。

（5）广汽集团2017年营业收入503.22亿美元。

（6）吉利控股2017年营业收入411.72亿美元。

48　汽车行业里的工匠

工匠精神（Craftsman’s spirit）大约有两种含义。一种是狭义的手工工艺加微观的工程师文化；另一种是工业化大背景下的企业行为，是宏观带外延的工匠精神。所谓工匠精神，一般是指把产品当艺术品、把初心当信仰、把创造当修行的一种态度。而历史文化沉淀，恰是工匠精神中最难赶超的一项。国外的工匠精神可能源于家庭作坊式手工业与制作业，动辄就绵延数百年，有的已在工业分工中做到了精益求精的极致。

有些国家的工匠精神流行“学徒制”，强调手工的传承与人的不可替代。例如丰田公司的创始人丰田佐吉是“工匠型”企业家，他研究发明的纺织机对现今的纺织行业影响犹在；其儿子丰田喜一郎是一个汽车“发动机迷”；其孙子丰田英二是汽车生产方式的“研究狂”，创造了影响世界各行业的“精益管理”。

中国制造急需自己的工匠精神，中国汽车更需要自己工匠精神。“工匠精神”提供了一条顽强斗志的“解惑之路”，是塑造由“中国制造”向“中国智造”转变的必然之路。

什么是工匠精神？工，古语即指规矩，“以字形考之，工像曲尺之形”，说明工代表的是度量标准，是一种精准的象征。工既可以当形容词，如穷而后工；又能当名词，如巧夺天工。总之，是精致巧妙、杰出之作的意思。匠，本意为筐中置斧，专指木匠，如鲁班这种。后泛指所有手艺过人的专业人员，如“能雕琢文书谓之史匠”，估计是说司马迁这种。

古今中外，工匠精神其实一直都有。中国的兵马俑、长城、故宫、金镂玉衣、干将莫邪剑。世界工业革命之前的中国，在几千年间一直是这个星球上工匠精神的典范。图为秦陵兵马俑博物馆中著名的铜车马。

49　流水线的神奇

1908 年，福特第一代 T 型车成为最早批量生产的大众化轿车。在后来美国独立二百年二十件大事的民意测验中，T 型车及其流水线生产问世名列第十，与宇航员登月和原子弹爆炸成功等大事相媲美。伴随着流水线生产的诞生与发展，汽车工业经历了单件手工生产方式、福特流水线生产方式、丰田精益生产方式、大批量定制生产方式以及即将进入的智能化制造时代。

流水线之前，汽车工业完全是手工作坊式的。工厂每装配一辆汽车要 728 个人工小时，当时汽车年产量大约 12 辆。这一速度远不能满足巨大的消费市场需求。

福特发明 T 型车生产流水线，是受到了屠宰场流水作业的启发。1913 年，福特应用创新理念和反向思维逻辑提出在汽车组装中，把汽车的零件装在敞口箱里，放在输送带上，送到技工面前，工人只需站在输送带两边，节省了来往取零件的时间。汽车底盘在传送带上以一定速度从一端向另一端前行。前行中，逐步装上发动机、操控系统、车厢、方向盘、仪表、车灯、车窗玻璃、车轮，一辆完整的车组装成了。

流水线这个生产新系统既高效又经济。福特一年可生产几十万辆汽车，后来他把汽车的价格削减了一半，降至每辆 260 美元。1914 年，一个工人工作不到四个月就可以买一辆 T 型车。第一条流水线使每辆 T 型汽车的组装时间由原来的 12 小时 28 分钟缩短至 90 分钟，生产效率提高了 8 倍！

随着市场需求进入多样化发展的新阶段，要求工业生产也向着多品种、小批量的方向发展，单品种、大批量的刚性流水生产方式的弱点日渐显著。日本丰田汽车公司精益生产方式的出现适应了这一社会发展的需求。精益生产方式是战后日本汽车工业遭到“资源稀缺”和“多品种、少批量”的市场制约的产物。精是指不投入多余的生产要素，只在适当时间生产必要数量的市场或下道工序急需的产品；益是指所有经济活动都要有效。丰田生产方式适用于多品种，小批量的产品，这就要求员工的高技能水平以适应多品种的不同需求。

产业竞争的全球化和用户需求的多样化对汽车产品的要求是：更多的产

品变化、更短的产品生命周期、更低的产品成本和更高的产品质量。在这种背景下，大批量定制已成为21世纪汽车制造的主流生产模式。

大批量定制是以近似大批量生产的效率生产商品和提供服务以满足客户的个性化需求，具有柔性和快速响应能力，其特点可概括为：产品设计模块化、产品制造专业化、生产组织和管理网络化、企业间的合作关系伙伴化。精益生产方式与大批量定制生产方式属于柔性生产，也是传统的刚性流水线的改造与提升。

随着中国国家制造业转型升级战略的推进，以及互联网、虚拟制造、大数据、云计算、5G等新技术的兴起，汽车工业传统的大规模流水线式造车将逐渐被个性化、定制化和智能化的现代造车模式所代替。

上汽通用汽车凯迪拉克工厂是国内最先进、最智能的豪华车生产流水线。在这里，旗舰凯迪拉克CT6和都市SUVXT5进行全过程生产。车身车间里391台焊接机器人，动作严谨有序，加上多项宇航级车身工艺的应用，令凯迪拉克车身安全与车体轻盈达到完美平衡。在“最具智慧”的总装车间，通过业界领先的智能物联网系统可追溯每一个关键紧固点的扭矩信息，构建起世界级数字化装配体系。在采用GM全球统一标准的雨淋和小坏路环节，模拟世界上最大降雨量4倍、并通过360多个喷头对整车进行全方位无死角的强力冲击测试，体验在颠簸路、绳索路、条形路、比利时路、扭曲路等精度达到毫米级别的特征路面，并与上汽通用汽车有“金耳朵”之称的异响工程师一起捕捉车辆的细微异响。

50　现代汽车的材料构成

为了让汽车更坚固、更耐用、更轻巧，从内而外的对于车用材料的研发一直没有停止过探索的步伐。随着汽车的功能日益完善，汽车的结构越来越复杂，通常由几千个零件组成（现代高级轿车或赛车往往由 2 万个左右的零件组成），车体也越来越重。因此，为满足节能、环保、安全、舒适的要求，实现汽车轻量化、高强度、高性能的目标，汽车的材料也发生了巨大的变化。

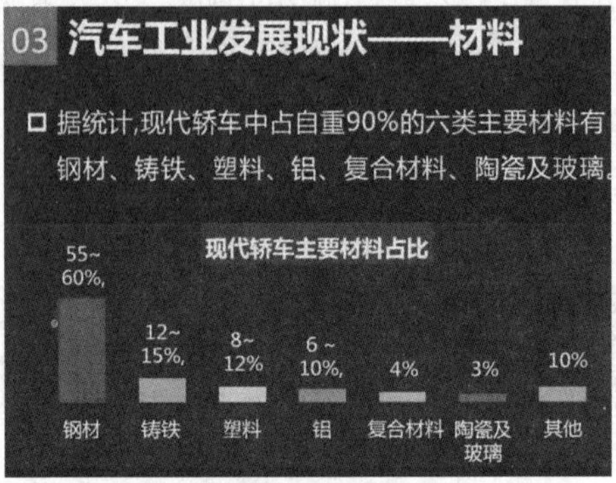

汽车的构造材料可反映人类所应用材料的技术水平。目前，钢、铁、塑料、铝、橡胶、玻璃六类主要材料共占轿车质量的 90%，其余 10% 为其他多种材料，包括有色金属（铜、铅、锌、锡等），车中装备的液体（燃油、润滑剂、其他油品和水基液等），油漆、纤维制品。

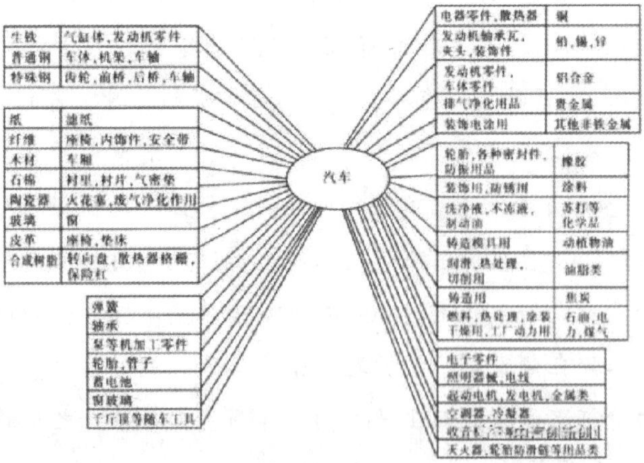

图　汽车的材料构成

汽车智能化、电动化的速度越来越快，全球节能减排意识越来越强，给汽车行业带来了一股改革创新的风潮。尽可能多地减少材料使用、最大限度节省燃料燃烧成为汽车设计时不可不考虑的问题，新型可循环材料的发展，为这两个问题提供了解决方案。随着新材料的不断应用，未来的汽车可能将不再是钢铁猛兽，而是经由纤维、塑料连接起来的金属“生物”，会更加回归自然，更具有生态美。

51 汽车先进制造技术

随着以信息技术为代表的高新技术的日新月异，随着汽车市场需求个性化与多样化的演变，未来汽车产业发展的重要特征是向全球化、网络化、虚拟化方向发展，未来汽车先进制造技术发展的趋势是向精密化、柔性化、虚拟化、网络化、智能化、敏捷化、清洁化、集成化及管理创新方向发展。先进制造技术（AMT）对汽车产业发展的贡献越来越大：

（1）信息技术对汽车先进制造技术的发展起着越来越重要的作用。信息化是当今社会发展的趋势，信息技术与传统制造技术相结合，将使汽车制造业的生产方式发生革命性变革。信息技术促进着设计技术的现代化；加工制造的精密化、快速化、数字化；自动化技术的柔性化、集成化、智能化；全制造过程的虚拟化、网络化、全球化。汽车先进生产模式的发展，如网络化制造、并行工程、精益生产、敏捷制造、虚拟企业与虚拟制造，无不以信息技术的发展为支撑。

（2）汽车设计技术的不断现代化。现代汽车设计技术的主要发展趋势：一是设计方法和手段的现代化。二是新的设计思想和方法不断出现，如并行设计，面向“X”的设计 DFX（Design For X）、健壮设计（Robust Design）、反求工程技术（Revese Engineering）等。三是向全寿命周期设计发展。四是，设计过程、快速造型和设计验证，由单纯考虑技术因素转向综合考虑技术、经济和社会因素。

（3）汽车成形技术向精密成形或称净成形的方向发展。展望 21 世纪，制造工件的毛坯正在从接近零件形状（Near Net Shape Process）向直接制成工件即精密成形或称净成形（Net Shape Process）的方向发展。精密铸造技术、精密塑性成形技术、精密连接技术等精密成形技术将获飞速发展。

（4）汽车加工技术向着超精密、超高速以及发展新一代制造装备的方向发展。目前，超精加工已实现亚微米级加工，并正在向纳米加工时代迈进，加工材料由金属扩大到非金属；超高速切削用于铝合金的切削速度已超过1600米/分，铸铁为1500米/分，可以近10倍地提高加工效率并提高加工件的性能。

（5）汽车制造工艺、设备和工厂的柔性和可重构性将成为汽车企业装备的显著特点。汽车个性化需求和不确定的市场环境，使得制造资源的柔性和可重构性将成为21世纪汽车企业装备的显著特点。先进的制造工艺、智能化的软件和柔性的自动化设备、企业的柔性发展战略，构成未来汽车企业竞争的软、硬件资源。

（6）虚拟制造技术和网络制造技术将广泛应用。虚拟制造技术以计算机支持的仿真技术为前提，形成虚拟的环境、虚拟的制造过程、虚拟的产品、虚拟的企业，从而大大缩短汽车产品开发周期，提高一次成功率。网络技术的高速发展推动了网络制造技术的发展和广泛应用，汽车企业通过国际互联网、局域网和内部网，可以实现对世界上任何一地的用户订单而组建动态联盟企业，进行异地设计、异地制造，然后在最接近用户的生产基地制造成汽车产品。

（7）智能化、数字化是汽车先进制造技术和汽车产品的发展方向。将智能技术注入汽车先进制造技术和汽车产品，可使之具有“智慧”，能部分代替人的脑力劳动。将数字技术用于汽车制造过程，可大大提高汽车制造过程的柔性和加工过程的集成性，从而提高汽车制造过程的质量和效率，增强汽车产品的市场竞争力；将智能技术、数字技术“融入”汽车产品，可提高汽车性能，以满足环保、安全、节能、便捷和舒适的要求。

（8）以提高市场快速反应能力为目标的汽车制造技术将得到迅速发展和应用。瞬息万变的市场促使交货期成为竞争力诸因素中的极重要因素。为此，许多与此有关的新观念、新技术在21世纪将得到迅速的发展和应用。其中有代表性的是：并行工程技术、模块化设计技术、快速原型成形技术、快速资源重组技术、客户化生产方式。

（9）绿色制造已成为21世纪制造业的重要特征。日趋严格的环境与资源约束，使绿色制造越来越受到重视，它将成为21世纪汽车先进制造技术的一个重要特征。中国的资源并不丰富，而环境污染问题已经非常突出。因此中国汽车制造业不仅要解决自身生产过程中的污染和资源浪费问题，更重要的是要为社会提供在汽车全寿命周期内没有污染、节约资源的各类汽车产品。

（10）新世纪的汽车企业面临管理创新。高速发展的信息化和经济全球化及激烈的汽车市场竞争环境，彻底动摇了20世纪的管理理论和管理方法，也改变了汽车制造业的传统观念和生产组织方式，加速了汽车工业现代管理理论的发展和创新。

华晨公司生产中华汽车工厂的全新智能制造平台是首个荣膺“中国最佳工厂”的自主品牌。这奖项是由科尔尼管理咨询公司与德国《Producktion》杂志，基于对多个绩效维度全面的评估，包括100多个管理指标以及“工业4.0”数字化与新技术使用等多个方面，进行筛选以及评估的，华晨汽车智能制造工厂能在众多参选单位中脱颖而出，获得全球汽车业界的高度认可。华晨汽车参照宝马4.0工厂标准构造的这个全新智能制造工厂，将会以领先于行业的速度率先打造出智能化的生产制造体系和智能汽车产品。

52　汽车智能制造

智能制造并不等同于先进制造。先进制造包括两方面的概念：先进产品的制造和先进的、基于信息通信技术的生产过程，而智能制造主要侧重于后者。智能制造源于人工智能的研究，认为智能是知识和智力的总和，前者是智能的基础，后者是指获取和运用知识求解。

与美国流行的第三次工业革命说法不同，德国将制造业领域技术的渐进性进步描述为工业革命的第四个阶段，即“工业 4.0”的进化历程。同智慧地球、工业互联网等一样，“工业 4.0”把生产制造业的未来作为关注点，其最大亮点是强调“机器思考”。

全球经济正处于深度调整期，以“工业 4.0”为核心的智能制造革命成为传统产业转型升级的必然方向。打造中国制造业升级的图景首先从新一代信息技术、高档数控机床和机器人、航空航天装备、海洋工程装备及高技术船舶、先进轨道交通装备、节能与新能源汽车、电力装备、新材料、生物医药及高性能医疗器械、农业机械装备十大领域铺陈开来。同时，就像“德国工业 4.0”率先从汽车领域取得突破一样，汽车行业必将成为这一宏伟计划中极为关键的一个发力点。中国正在走上由汽车制造大国向汽车制造强国的转型之路。而借力“互联网 +”战略，围绕创新驱动、智能制造、绿色发展、高端突破等关键词，打造中国汽车工业的升级版，已成为中国汽车业发展的重大议题。

在新一轮的全球产业链重组过程中，中国制造业也面临发达国家的竞争。除了“德国工业 4.0”外，美国的“再工业化”“制造业复兴”“先进制造业伙伴计划”、日本的“再兴战略”、法国的“新工业法国”等都在加紧向装备制造和能源新材料工业领域渗透，并积极推动传统工业生产方式的全方面转变。而“中国智造”是在工业 2.0、3.0 和 4.0 同时推动的情况下，不但要实现传统产业的转型升级，还要实现在高端领域的跨越式发展，任务更加复杂、更加艰巨。在这个大背景下，汽车产业自主创新的意义更加凸显。

53 零部件供应商的贡献

汽车零部件供应商众多。其中著名的博世、麦格纳、电装等零部件企业是汽车综合性的零部件企业，所涉及的产品囊括了整车的动力、底盘、车身、电器四大部分的所有零部件，其他著名企业还有大陆、爱信、现代摩比斯、佛吉亚、李尔等。汽车零部件种类繁杂，零件数量极多。一般情况，载货汽车的零件总数达到数千个以上，而轿车的零件总数更多，一般达 2 万个。在一辆汽车总成本中，零部件成本要占到70%—80%。如果我们从提供的材质，用途、结构功能等方面来看，汽车零部件企业大致可以分为以下几类：

零部件按材质分类，可分为金属零部件企业和非金属零部件企业。目前，金属零部件所占比重约60%—70%，非金属零部件约占30%—40%，其中塑料零部件占到5%—10%。从发展趋势来看，金属零部件比重逐渐下降，塑料零部件逐步增加。

按零部件使用用途分类，可分为汽车制造用零部件企业和汽车维修用零件企业，各自零部件产销量所占比重决定于汽车产量和保有量，以及汽车维修量的多少。从世界总的状况来看，两大类零部件产销量的大体比例为80∶20。

按汽车零部件的关键性质分类，可分为发动机系统企业、动力系统企业、传动系统企业、悬挂系统企业、制动系统企业、电子电器系统企业及其他（一般用品、装载工具等）。

从零部件模块化供应的角度来看，汽车零部件供应商可分为“模块→总成→组件→零部件→零件→坯件→原材料”几个层次，在理论上一般依次称为一级零部件供应商、二级零部件供应商、三级零部件供应商等等。所谓模块，就像“乐高”玩具块的理念一样，在汽车设计中，一个模块就是一个能够用于多款不同车型的产品，只需要一次开发，但能应用到很多不同的项目中去；所谓的模块化设计（Modular design），简单地说就是将产品的某些要素组合在一起，构成一个具有特定功能的子系统，将这个子系统作为通用性的模块与其他产品要素进行多种组合，构成新的系统，产生多种不同功能或相同功能、不同性能的系列产品。模块化设计是汽车零部件供应商绿色设计方法之一，它已经从理念转变为较成熟的设计方法。

下图以某款乘用车为例，说明其零部件供应商主要构成：

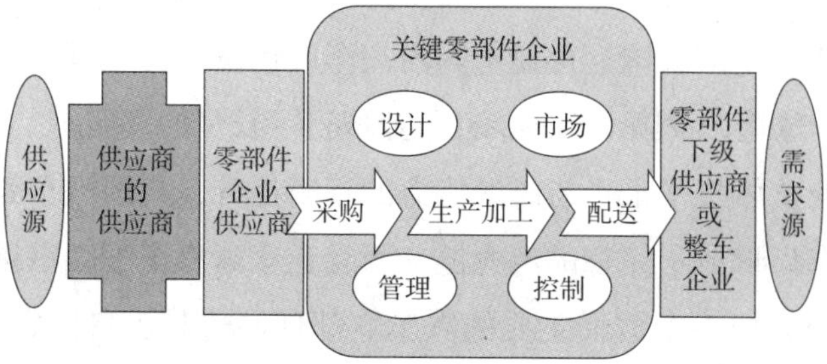

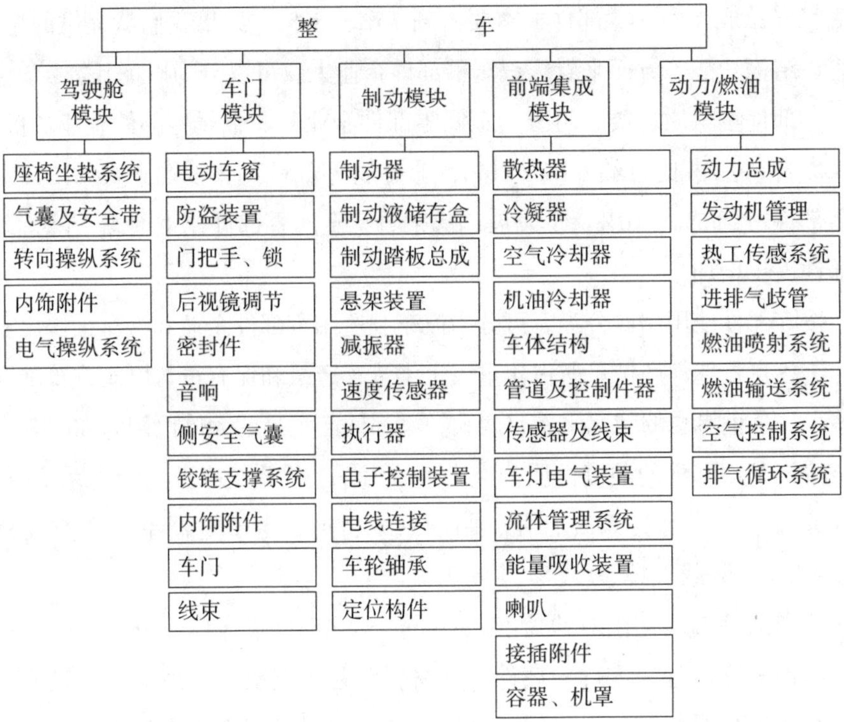

整车与零部件在产业链中是上下游关系，但这种上下游关系存在着明显的双向共生的特征：没有强大的整车制造企业的拉动，不可能有发达的零部件产业；反之，没有强大的零部件产业作基础，也不可能拥有独立完整、竞争力强大的整车制造业。零部件供应商承担着整车 70% 左右的供货量。零部件供应商作为科技成果应用的载体、汽车知识传播的载体和售后服务实现的载体，这三大载体功能决定了其在汽车产业链中的坚强支撑地位。同时，优秀整车企业也拥有自身零部件配套体系的有效控制权。

21 世纪，我国汽车产业高速发展，形成了多品种、全系列的各类整车和零部件生产及配套体系，产业集中度不断提高、产品技术水平明显提升，已经成为世界汽车生产大国。得益于国内汽车产销量、保有量的持续增加和零部件采购的全球化，我国汽车零部件行业取得了长足的发展。

随着行业整体技术水平与研发能力的不断提升，我国汽车零部件产业不仅与国内整车厂形成了完整的产业链，而且在全球汽车配套市场扮演了越来越重要的角色，成为全球最主要的汽车零部件制造与出口国之一，全球化、国际化的步伐不断加快。

汽车零部件产业得到了巨大发展，全国拥有10万家零部件专业化企业，国产化比例在低、中端领域占据良好优势，在关键零部件和高端零部件领域，正按新时代创新驱动精神，进行突破性发展之中，正涌现出一大批汽车优秀企业，如上汽延锋、潍柴动力、宁波均胜、盛瑞传动、许昌远东、陕西法士特、浙江万安、浙江亚太、航盛电子、北京海纳川等，新能源汽车零部件企业也正在兴起，如宁德时代的动力电池产业，已达到世界第一水平。

延锋汽车饰件系统有限公司是上汽集团所属零部件企业华域汽车的全资子公司。作为中国汽车工业最早的参与者，它历经了中国汽车工业发展的全过程，现已成为国内最大的汽车零部件企业之一，并在“2017 Automotive News全球汽车零部件百强榜”排名第14位。

公司业务主要是机动车辆的驾驶舱模块、仪表板、门板、控制台模块等，覆盖汽车内饰、外饰、座椅、电子和安全系统。通过系统化设计、模块化供货、前期技术开发、同步开发，按照国际汽车工业标准为客户提供从设计到验证、从工艺开发到模具开发、产品制造的全方位服务。

2018北京车展期间，上汽7座豪华SUV荣威RX8上市。延锋与上汽乘用车紧密合作，携手打造极致的至尊驾乘体验。荣威RX810.1英寸IPS高清大屏是一款集成了多项黑科技的全新一代智联网汽车系统，CPU处理器采用J6处理器，提供给用户更好、更快、更方便的操作体验。通过它可以全面实现人车智慧对话，增添娱乐趣味。

54　揭秘汽车试验

早期，汽车仅在完成总装后作短途试验性行驶，以检查其质量。以后对新研制的汽车，在定型前先对若干辆样车进行长距离（各几万至十几万公里）的道路试验。有些汽车制造厂在厂区附近修建专用的试验路段（包括不同路面和坡道）。1924 年，美国通用汽车公司在米尔福德市建立了一个专用的汽车试验场。随后，美国和欧洲的汽车公司都先后自建试验场。世界上已有面积 100—3500 公顷的大小试验场 60 余处。除了对整车进行试验外，各大汽车厂和专业生产厂还利用室内试验台对主要部件如发动机、离合器、变速器、驱动轴、转向机、制动器等进行性能、效率、可靠性、耐久性和其他项目的试验。20 世纪 70 年代以来，由于模拟理论和电子计算机技术的发展，又研制出由电子系统控制的、模拟实际行驶情况的零部件试验台和整车试验台，原来需要在试验场上试验的许多项目便可在试验室内进行，不但缩短了试验时间而且还能获得可靠性高和可比性强的试验结果。但由于汽车使用条件复杂，最终仍以实际使用的结果和使用者的反映为依据。因此，试验台与试验场的试验必须与实际使用的结果相互验证，找出二者之间的关系。

（1）定型试验。大量生产的汽车的定型试验在汽车或其主要部件正式生产前进行，借以考核汽车或部件的性能、效率、可靠性、耐久性和适应性，以保证产品符合使用要求。这种试验一般先用 3—8 辆样车，一部分进行 5—16 万公里的性能、可靠性和耐久性试验，一部分进行适应性试验。新车型在进行这种试验前往往还需要进行发展性试验。各样车及其部件的累积试验里程可达百万公里以上。在样车试验后，修改图纸，消除缺陷，再制造 20—50 辆进行更大规模的实际使用试验，以考核工艺的稳定性，然后才能投入生产。

（2）检查性试验。在汽车生产过程中借以抽查产品，以考核生产质量。从每批一定数量的产品中，每年或每半年抽几辆整车按照规定的程序进行检查性试验，以便发现工艺上或材料上的问题并及时改正。

（3）开发和研究性试验。借以对新型汽车包括新结构、新材料和新理论的开发研究、设计和试验。由于汽车设计和科学研究所用的方法与设施大体相同，汽车厂常设立设计研究中心，一方面从事产品的设计、改进；一方面进行一些基础性的研究，提供技术储备，这些工作常需要进行大量的试验。这种类似开发性和基础性的试验和研究，也常有创新，有助于促进汽车技术的发展。

（4）道路试验和适应性试验。在汽车上装设测试仪表和施加模拟载荷，按实际使用条件行驶至规定的里程。对各种路面的里程规定有一定的比例，对炎热、寒冷和高原等地区的试验时间也有一定的规定。这种方法是早期的汽车试验方法，因能反映用其他试验方法所不能发现的真实情况，仍在继续应用。

（5）汽车试验场试验。汽车试验场是试验汽车的专用场地，在场中有测定车速、加速性、制动距离和燃料消耗量等的平直试验路；进行平顺性、可靠性和耐久性试验的高速环形路、石块路、搓板路和其他典型路段；坡道、弯道、尘灰室、盐水池、淋水室和试验涉水性能的水池以及试验转向特性用的圆形场地或专用广场等。

（6）专用试验台试验。很多汽车零部件的工况，可以用专门设计的试验台模拟。在模拟的试验台上用飞轮代表汽车行驶时的惯性力，用以试验制动器的性能。用水力或电力测功机代表汽车行驶时的各种阻力，以试验发动机的功率和扭矩等。

汽车试验中专用试验台试验的费用最省，试验所需的时间较短，试验条件较易控制，应用范围日益扩大。但这种试验一般多用于单项性能或耐久性试验，或少数相关项目的综合性试验，不能较全面地考核综合性能。

上汽通用汽车泛亚汽车技术中心的振动噪声试验室二期项目，于2016年4月落成并投入使用。项目汇集了7大声学测试功能，共11个试验室及1个环境仓，可以满足了车辆开发过程中对整车级、子系统级和零部件级在各个阶段级别的测试开发需求。

泛亚振动噪声试验室二期楼内的振动噪声试验室均根据通用全球试验室标准设计、建造，是目前世界上最先进、规格最高的振动噪声试验室之一。

55 试验场：再现真实场景

汽车试验场可重现汽车使用过程中遇到的各种道路条件和使用条件，进行汽车整车道路试验。试验场将实际存在的各种道路经过集中、浓缩、不失真地强化形成典型化的道路，从而满足企业对汽车新产品定型试验及强制性检验试验等方面的要求。世界各国汽车大集团对建设自己的试车场十分重视，甚至称汽车试验场是汽车工业发展的先驱。据不完全统计，全球拥有汽车试验场超过 300 个。1924 年美国通用汽车公司建立的全球第一个汽车试验场——密尔福德汽车试验场。密尔福德汽车试验场占地面积 16 平方公里，地处丘陵地带，属季节性气候，年平均降雨量 889 毫米。试验场驻场部门或机构 25 个，建筑物 107 座，员工 4086 人，试验道路 172.8 千米，年平均行车里程 2400 万公里，年实车碰撞 450 次，模拟碰撞 1250 次。

汽车试验场是进行汽车整车道路试验的场所。为满足汽车的实际行驶要求，汽车试验场的主要设施是集中修建的各种各样的试验道路，包括汽车高速行驶的环形跑道、可造成汽车强烈颠簸的凸凹不平的坏路以及动力学广场、坡道、ABS 试验路、噪声试验路等，给汽车提供稳定的路面试验条件。汽车试验场有大有小，试验道路的品种和长短也不尽相同，随着汽车技术的发展，会不断提出修筑新的试验设施的要求。

汽车在试验场试验比在实验室或一般行驶条件下的试验更严格、更科学、更迅速、更实际。其主要任务是汽车产品的质量鉴定试验；汽车新产品的研发、认证试验；为实验室试验提供路谱采集条件；汽车法规、标准的研究和验证试验。

国外很注重汽车研发试验的研究和车辆产品开发试验设施的建设，各国大型汽车企业集团的研究与开发蓬勃发展，表现出大科学化、高投入化、全球化、超前化和现代化五大趋势。由于计算机和控制技术的飞速发展，汽车

的部分行驶工况可以在实验室进行模拟试验和用计算机进行仿真计算，如在整车振动试验台上模拟汽车在道路上的行驶振动情况，在驾驶模拟器上模拟汽车的加速、制动、侧滑、甩尾、高速失控等极限工况。但这并不意味着汽车试验场作用的减弱，恰恰相反，这些试验手段应用的前提是汽车在实际道路上行驶的各种工况数据，而这些数据大部分是在试验场采集的。汽车试验场按地域分为热带、寒带、温带和高原试验场；从功能上分为综合试验场和专业试验场；按所有权分为政府、军队、企业和科研机构拥有的试验场；按行业可分为汽车试验场、轮胎试验场、拖拉机试验场和工程机械试验场；按规模分为大、中、小 3 种类型，随着计算机技术的发展，又出现了虚拟试验场和数字化试验场。

上汽通用汽车有限公司广德试车场项目总投资 16.43 亿元人民币，是中国国内最大、国际上处于领先水平的试车场。广德研发试验中心区域面积 5.67 平方公里，是目前国内先进的试车场之一。它拥有很多国内第一的数字，例如试验道路长达 60 多千米，再加上各种配套辅助设施，使得广德研发试验中心具备有效考验车辆各方面极限性能的先进硬件。

高速环道是衡量一个试车场水准的最重要标志。广德研发试验中心长达 9.036 千米的高速环道是国内之最，共有 4 条车道，最外侧的第四车道最高安全时速可达 280 千米 / 小时，又是一个国内之最。

56　增材制造：“自下而上”的生成之道

增材制造（AM）被认为是继人类历史上蒸汽机、电脑、互联网后又一次伟大的发明。作为一项基础制造技术，其价值必须要体现在产业的应用上。增材是相对于传统的车、铣、刨、磨这种去材制造而言的。现有的成形方法采用的是减材成形等技术，如加工所需的汽车零部件，通过不断切削去除材料来获得所需要的零件形状。而增材制造技术是采用材料逐渐累加的方法生成实体零件的技术，相对于传统的材料去除切削加工，它是一种“自下而上”的制造方法。

近20年来，增材制造技术取得了快速的发展，“快速原型制造”“三维（3D）打印”“实体自由制造”之类各异的名称分别从不同侧面表达了这一技术的特点。增材制造采用逐渐增加材料的方法快速生成零件。因为这种成形方法不需要模具，因而又被称为实体自由成形技术或快速成形技术。这里，“自由”和“快速”都是指不需要模具来成形，省去了十分冗长的制造模具过程和昂贵的模具制造成本。

增材制造技术是一种以数字模型文件为基础，运用粉末状金属或塑料等可黏合材料，通过逐层打印的方式来构造物体的技术。增材制造技术出现在20世纪90年代中期，实际上是利用光固化和纸层叠等技术的最新快速成型装置。它与普通打印工作原理基本相同，打印机内装有液体或粉末等“打印材料”，与电脑连接后，通过电脑控制把“打印材料”一层层叠加起来，最终把计算机上的蓝图变成实物。这打印技术称为3D立体打印技术。

增材制造存在着许多不同的技术。它们的不同之处在于以可用的材料的方式，并以不同层构建创建部件。常用材料有尼龙玻纤、耐用性尼龙材料、石膏材料、铝材料、钛合金、不锈钢、镀银、镀金、橡胶类材料。

世界第一台增材制造技术汽车已经问世，这辆由美国Local Motors公司设计制造、名叫“Strati”的小巧两座家用汽车开启了汽车行业新篇章。用增材制造技术打印一辆“Strati”轿车并完成组装需时45小时。整个车身上靠3D打印出的部件总数为40个，相较传统汽车20000多个零件来说可谓十分简洁。充满曲线的车身由先由黑色塑料制造，再层层包裹碳纤维以增加强度，这一制造设计尚属首创。汽车由电池提供动力，最高时速约 64 千米，车内电池可供行驶 190 至 240 千米。尽管汽车的座椅、轮胎等可更换部件仍以传统方式制造，但用 3D 制造这些零件的计划已经提上日程。用增材制造技术打印“Strati”的车间里有一架超大的 3D 打印机，能打印长 3 米、宽 1.5 米、高 1 米的大型零件，而普通的 3D 打印机只能打印 25 立方厘米大小的东西。

增材制造这么神奇，那它怎么还没广泛运用于汽车生产之中？现阶段的材料技术是其中一个问题。不过值得欣慰的是，我国政府已经提出要将增材制造技术与汽车、航空航天、生物医疗等重要细分领域分门别类地进行跨行业联合，突破一批增材制造专用材料，来满足行业发展需要。

增材制造技术被誉为未来工业领域颠覆性技术之一，凭借“自由制造、复杂制造、快速制造”的优势，掀起了以“数字化、智能化”为核心的第三次工业革命浪潮，并在当前工业结构调整、工业化和信息化融合中充当着核心力量。

2018 中国增材制造创新创业大赛，并最终进入决赛。项目路演中，这款名为 LSEV 的 3D 打印车是按照欧洲标准进行设计和开发的一款低速电动汽车，车身重量（不含电池）低于 450 公斤，除了真皮方向盘、真皮座椅、橡胶轮胎以及车窗等玻璃材料之外，几乎全车都应用到了增材制造技术。

借助 3D 打印技术，LSEV 车的生产研发周期仅为 12 个月，与传统的电动车企动辄 30 到 36 个月的新品研发时间相比，整整缩短了 2 年。在车型的改造升级方面，增材制造可以通过平台进行个性化定制，4 个月即可实现产品的改换代，而传统车企则需要 18 到 24 个月。

57 汽车业的机器人

早在 1495 年，基于对人体解剖的深入研究，达·芬奇已设计出仿人型机器人雏形图样。1920年，捷克斯洛伐克作家卡雷尔·恰佩克在他的科幻小说中，根据Robota（捷克文，原意为“劳役、苦工”），创造出“机器人（Robot）”这个词。机器人的历史并不算长，1959年美国的英格伯格和德沃尔制造出世界上第一台工业机器人，机器人的历史才真正开始。近60年来发展起来的机器人，大致经历了三个时代。第一代为简单个体机器人，第二代为群体劳动机器人，第三代为类似人类的智能机器人，它的未来发展方向是有知觉、有思维、能与人对话。

一般而言，机器人是由计算机控制的复杂机器，它具有类似人的肢体及感官功能，动作程序灵活，有一定程度的智能，在工作时可以不依赖人的操纵。汽车工厂大量雇佣的机器人显然并非好莱坞电影中展示的那样，完全拥有类似人类智能。事实上，这些机器人最常做的活儿是两样：拿起和放下。和公众想象的相反，这些机械“苦力”并没有全面的感知能力。它们只会固定一套动作。即使是这一套动作，也是工程师反复调试出来的。

机器人在工业生产中大量使用，这与计算机在工业上大规模应用的历史几乎一样长久。机器人包括工业机器人和服务机器人的两大类。机器人最核心的模块是控制系统、驱动系统、减速系统，那么机器人的三大部件就是控制器、减速器，伺服系统（伺服电机和驱动器）。目前机器人最成功的应用领域是汽车行业。全球有40%的机器人效力于汽车行业，在中国这个数字则为70%。2016年全球汽车行业的价值是8650亿美元。其中，机器人和自动化技术产生了6560亿美元的价值。可以说，没有机器人，就没有当代汽车工业。

汽车制造机器人给汽车公司带来竞争优势。机器人提高汽车质量并降低保修成本；增加生产容量，缓解工作瓶颈；保护工人免受肮脏、困难和危险的工作。机器人技术的不断进步，如视觉系统和力感测提高，意味着机器人自动化最适合应用于汽车制造中的焊接、装配、机器维修、材料去除、零件传送、油漆和密封等工作。此外，在整个零部件供应链中还有更多机会使用机器人。

（1）提高汽车制造质量。汽车制造机器人减少了零件之间的差异。机器人具有高度可重复性，它们永远不会疲倦抑或是分心，所以每个循环都以相同的方式执行。它们也不会掉落零件或以造成损坏的方式处理。汽车机器人配备了视觉系统，甚至可以检测传入材料的变化，并根据其编程路径进行调整。

（2）解决制造能力。使用汽车机器人，汽车零部件制造商可以最少的库存运行，以满足整车生产，可在生产线的每一步都保持一致的时间和一致的过程控制，即使是最小的问题也可以停止生产线。机器人不会受到轮班疲劳的影响，所以整个生产周期都是一整天，每天都是恒定的，而且生产高峰期的速度是一致的。更重要的是，与手动操作的生产线相比，机器人效率更加高。

（3）保护工人。汽车制造业的许多工作都是危险的。有时危险是显而易见的，例如在汽车装配中，机器人可以防止工人接触焊接和喷漆产生的烟雾，以及焊接闪光和冲压机的噪音，从而减少了事故和伤害索赔。

（4）增加灵活性。汽车机器人比硬性或专用自动化有三个优势：从一份工作到下一份工作的最短转换时间。加载新零件程序通常需要灵活的夹具设计。能够处理产品系列。机器人几乎可以瞬间灵活切换。通过使用视觉系统或 RFID 标签等其他技术，可以处理各种各样的零件。淘汰的风险较小。当一条生产线消失时，机器人可以重新部署，而不需要额外的成本。

上汽集团位于郑州的“MG 名爵全球样板工厂”的焊装车间总共有 548 台机器人。机器人可以实现包括电阻焊、激光钎焊、CMT 冷却焊、混合气体保护焊、螺柱焊等多种焊接方式，焊接部位的不同，采用的焊接技术也会有区别，比如车身顶部采用激光钎焊就可以获得更美观的焊缝，并且强度更高、受力均匀。

58　虚拟现实技术的应用

所谓虚拟现实（Virtual Reality，简称 VR）是一种基于可计算信息的沉浸式交互环境，有时也称灵镜和幻境，即采用以计算机技术为核心的现代高科技手段，在特定范围内生成逼真的视、听、触觉等一体化的虚拟环境，也是一种可以创造和体验虚拟世界的计算机系统。早在 20 世纪 60 年代，虚拟现实的概念和技术就被提出来了，从 20 世纪 80 年代起，发达国家就已经开始研究和发展这项技术。虚拟现实技术具有多感知性、交互性、沉浸感、自主性 4 个重要特征。其中，沉浸感是指用户有“身临其境”的感觉，而交互感是指用户可以用日常使用的方法对环境内物体进行操作。

全球虚拟现实技术发展方兴未艾。对汽车工业而言，虚拟现实既是一个最新的技术开发方法，更是一个复杂的仿真工具。虚拟现实技术在汽车工业中的应用主要有：

（1）在产品设计中的应用。借助虚拟现实技术建立的三维汽车模型，可显示汽车的悬挂、底盘、内饰直至每一个焊接点，设计者可确定每个部件的质量，了解各个部件的运行性能。这种三维模型准确性很高，汽车制造商可按得到的计算机数据直接进行大规模生产。

（2）在汽车制造中的应用。虚拟现实技术是虚拟制造系统的基础和灵魂，虚拟制造系统是由多学科知识形成的综合系统，是利用计算机支持技术对必须生产和制造的汽车进行全面建模和仿真，它能够仿真非实际生产的材料和产品，同时产生有关它们的信息。也可以制定零件生产的机加工方案、拟定产品检验和试验步骤等。

虚拟制造技术的应用范围涉及汽车的整个生命周期，它可以在汽车生产设备、工装和模具，甚至样车的设计之前，很容易地生产系统和工艺过程进行建模、修改、分析及优化。在汽车柔性生产系统（FMS）、计算机集成制造系统（CMIS）的设计和应用中，就广泛运用了虚拟现实技术。

（3）在汽车试验中的应用。虚拟试验技术作为虚拟制造技术的一个环节，在汽车空气动力学及汽车被动安全性研究中正得到越来越广泛的应用，汽车被动安全性研究包括车身抗撞性研究、碰撞生物力学研究以及乘员约束系统和内饰件的研究。

设计师设计出的新型汽车是否合理，往往需要经过碰撞、风洞等测试加以检验。而采用虚拟试验方法，则只需先用黏土或陶土做一辆汽车模型，在风洞中测定其空气动力学数据，再把模型扫描进虚拟环境系统，把它放大成与真车一样的大小。通过虚拟环境系统模拟撞车，可以精确地把假人的手或脚的受力情况反映出来，采用这个系统，可以减少约一半的设计费用及时间。

随着虚拟现实技术自身的不断发展完善，人们有理由相信，它必将引起汽车各个领域的革命性变化。虚拟现实技术在汽车工业中的前景展望：

（1）敏捷制造 / 虚拟工厂。1991 年，美国里海大学牵头组织编写了《21 世纪制造企业的战略》的报告。报告首次提出了敏捷制造和虚拟企业的概念，认为敏捷是一种能使企业在无法预测、持续变化的市场环境中保持并不断提高竞争力的能力。

（2）对并行工程的促进。不断发展的 CAD（计算机辅助设计）、CAM（计算机辅助制造）、CAS（计算机辅助造型）、CAT（计算机辅助试验）、CAE（计算机辅助工程分析）等各个领域渗入虚拟现实技术，并形成一个具有集成性、并行工程的网络。各个虚拟现实工作室工作人员，可以在不同的地点、不同时间、不同场合进行虚拟现实对话，在进行产品设计的同时，虚拟现实技术有能力提供大量的数字化三维模型，对分析、研究、建立生产装配线、工艺流程、原材料品种和消耗、工厂费用和成本等，通过检测，最终选定一套最佳的工厂设计方案。

同时，企业领导、工程技术人员、经销商、供应商等，还可在该虚拟现实环境中，共同探讨各种产品的性能与市场前景，以便生产出用户满意的汽车产品，并且有关产品的供货合同、设计、生产、试验、储运等问题，都可以一并解决。

（3）在产品试验中的应用。按传统的工作方式，汽车从产品设计到最后投产，期间不仅要经过几轮实车试装，以检验设计和工艺的合理性，而且要进行大量艰苦又费时耗力的野外试验，若利用虚拟现实技术，则可在计算机上虚拟各种试验条件，进行车辆的动力性、经济性等试验。如虚拟风洞可以让汽车工程师看到模拟的空气流场，使人感到好像真的站在风洞里一样。试验人员把虚拟发动机放入这种“风洞”中，可考察发动机进气、燃烧、排气时气体流动的状况，观察热量在其零部件上的散发过程，以改善制动、排气系统的冷却性能。

（4）人员培训。利用虚拟现实技术建立虚拟培训基地，如设计模拟驾驶室，训练驾驶员等。

我国虚拟现实新技术国家重点实验室（如图）依托北京航空航天大学计算机科学与技术、控制科学与工程、机械工程和生物医学工程四个一级学科，于2007年批准建设，通过不同学科方向的合作、交叉，开展虚拟现实领域的基础研究、应用基础研究和战略高技术研究，进行原始创新和集成创新。

虚拟现实技术的推广和应用将使我国汽车工业的思想观念、开发方式、部件供应、组织形式、市场竞争及人才培训方面产生全方位的创新和变革。在虚拟现实技术的未来发展中，虚拟汽车和真实汽车之间的界线会变得越来越模糊。

59 人工智能为汽车“赋能”

人工智能（AI）是研究使计算机来模拟人的某些思维过程和智能行为（如学习、推理、思考、规划等）的学科，主要包括计算机实现智能的原理、制造类似于人脑智能的计算机，使计算机能实现更高层次的应用。在21世纪，人工智能也被认为是三大尖端技术（基因工程、纳米科学、人工智能）之一。人工智能在很多学科领域都获得广泛应用，并取得了丰硕的成果，人工智能汽车运用已成为一个独立的科技分支，能为汽车产业创新发展“全面赋能”。

未来的电动汽车，将在两个方面实现它的智能，一是电动汽车与它所在的环境，在适应环境的能力上会越来越智能，它自己能够找到路开，就是无人驾驶。二是电动汽车跟它的乘客进行交互方面会越来越智能，就是汽车和人的交互智能化。汽车中的语音交互，核心是两项关键技术，（1）让机器能够听得懂，语音识别准确度要高。（2）让机器能够理解人类的意图，理解可以达到比较好的程度。包括多轮持续对话中随时打断，机器能判断说话的含义。

人工智能将重塑汽车价值。当前及未来，中国应以人工智能科技来促进汽车工业进化，重塑汽车产业价值链。所谓汽车四化，即电动化、网联化、共享化、智能化，这里面非常重要的是智能网联汽车。

电动汽车产业的数字化，大数据驱动每一个链条的产业性革命。共享汽车会成为将来大家出行的一种重要方式，汽车消费模式会发生巨大的变化，电动化趋势、智能化趋势对整个消费模式产生巨大的变化。

人工智能是引领性的战略性技术和新一代产业变革的核心驱动力。人工智能正处于技术变革跨入创新应用的重要窗口期。我国大型汽车集团密切跟踪人工智能前沿技术，研发自主的人工智能核心技术；支持企业建立自己的人工智能应用团队，促进协同发展和广泛应用；针对各企业发展中的难点、痛点，提供人工智能解决方案。

作为汽车集团核心竞争能力的重要组成部分，上汽集团正式建立人工智能实验室。上汽人工智能实验室将积极利用上汽所拥有的丰富多样应用场景，重点聚焦智慧出行、智能制造、智能驾驶，打造、沉淀领先的人工智能技术能力，为上汽“电动化、智能网联化、共享化、国际化”新四化创新战略提供核心技术支撑。

上汽集团人工智能实验室，以上汽云计算平台、大数据平台以及丰富的业务场景为基础，创建人工智能应用和解决方案，加快推进互联网技术与汽车产业的深度融合，增强创新策源能力，切实提升发展能级与核心竞争力。

在智能制造方面，上汽集团正在积极试点推进生产过程的智能化，推动生产方式向数字化、网联化、智能化、定制化方向转变。上汽集团推出全球首款大规模定制开发的 SUV 车型大通 D90，运用互联网平台，与 250 多万名“粉丝”实现直联与交互，让用户深度参与产品的定义、开发、定价、选配等 6 大环节，让用户掌握消费主导权，满足多样化的个性需求。

在智能驾驶方面，上汽集团已完成两代智能驾驶整车平台开发，以及集成 5G 通信技术的车联网平台，开展了封闭试验场、高速公路、特定园区及城区、地面及地下停车场等应用场景下的智能驾驶技术研究，整车测试累计里程超过 6 万公里。同时，搭载“斑马智能行车系统”的上汽互联网汽车，销量已经突破 60 万辆，每日产生海量用户行车和行为数据，为上汽智能驾驶技术研究提供了稳固的大数据支撑。能够搭载“最后一公里”自主泊车功能的荣威 MARVEL X 正式上市，成为中国首款真正实现“特定场景无人驾驶”功能的智能网联量产车型。

在智慧出行方面，上汽结合自身拥有的丰富场景资源，深度运用大数据、人工智能技术，打造一个功能全面、技术先进的智慧出行服务平台。“环球车享”的业务已进入全国 64 座城市，上牌运营车辆达到 4.2 万辆，注册会员超过 400 万人，是目前全球最大的新能源汽车分时租赁企业。

60 智能电力公路

“智能电力公路”是概念，还是现实可行？它一经问世就成为汽车业界关注的焦点。所谓“智能电力公路”，即是交通网，信息网和能源网融为一体构成的“三网融合”共享平台，以此来解决长距离交通运输过程中能源补给和智能驾驶的问题。汽车界关注的也许不仅是这个项目的可行与否，而是为创新思考提供了想象空间。

“智能电力公路”技术由瑞典著名电力科学家阿斯普隆德（Gunnar Asplund）教授提出，并已经研究了 20 年，其中还包括近 10 年的道路测试等。“智能电力公路”可以通过改造路面、铺设电缆，并在汽车底部增加充电器，实现车辆在行驶中充电（如图）。智能电力公路项目通过自动化设备进行道路改造，可供经过特殊设计的电动车在行驶中移动充电，并实现有线与无线网络协调控制，是一套推进“三网融合”的生态。

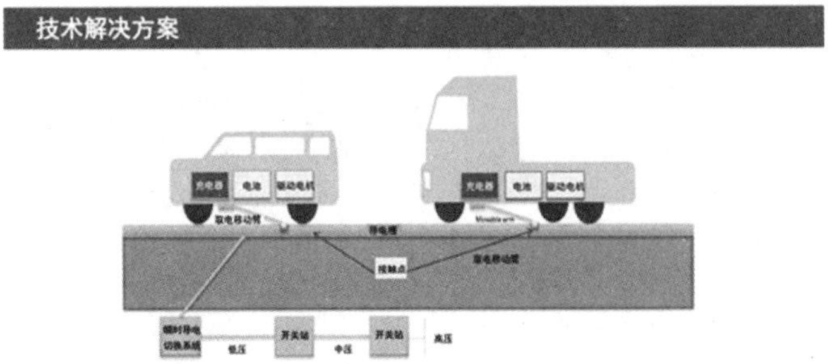

据介绍，若在现有道路上进行智能电动道路改造，电动车装载电池的续航能力只要达到 50 千米即可，预计未来的建设成本约为 200 万元 / 千米。这项技术对商用车的电动化改造尤其有利。重型货车、大货车如果要做到电动化，需要装载几吨电池才能满足长续航需求，而智能电力公路能够让电池重量减少80%。例如，现在一般电动公交车搭载的电池在五吨左右，通过该系统技术就可以降到600公斤。而且，智能电力公路的线路设施也能为无人驾驶的未来通信提供基础。

据了解，智能电力公路技术在应用方面，已经于2012年5月在瑞典阿兰达铺设200米测试道路，2018年3月该路段增设至2千米，并启动运营。在国能汽车展示的一段视频中，智能电力公路即便进入砂砾环境或者处于极寒天气下，都能正常工作。这套智能电力系统还能够向车辆提供交通信息大数据、管理及实时数据共享，进而推进自动驾驶功能落地。这是具有颠覆性的创新，既解决了电动车续航里程的焦虑，同时也减少了电池能源消耗，并提供了未来智能交通的基础保障等。

五、汽车科技的人文魅力

现代汽车科技和现代汽车生活处处体现我们工业时代审美文化的消费特征。作为具有审美特征的日常用品，现代汽车让人不再觉得它是一堆坚硬冰冷的钢铁。著名的艺术史家贝维斯·希利尔说，用一件日常生活用品来向人们讲述一段文明，其效果往往会比艺术作品或者建筑杰作更好。汽车"慧于心而秀于形"，汽车包裹着一个时代的经典和底蕴。

汽车科技及其文化演绎人类社会一系列的行为、习俗、法规、准则、观念和价值观，形成影响汽车社会和文明发展进程的人文形态。汽车是特定环境、特定历史时期下的一种交通工具，因此，它也是这一时期的人文缩影和载体。

汽车人文具有鲜明的地域性和民族性。不同地域的人对于汽车造型和颜色有不同的理解和选择。不同民族也有不同的汽车使用偏好：美国人的奢侈、豪放、创新，英国人的古典、保守、华贵，日本人的纤巧、精明、儒雅，德国人的沉稳、含蓄、严谨，法国人的浪漫，意大利人的富于想象以及中国人的内敛、含蓄等，都可在汽车人文中一览无余。

在全球化与互联网时代，汽车科技彰显时代特征和人文精神，不同学术领域对于现代汽车人文的精神内涵有不同的诠释。

61 车身造型的演变

汽车造型，主要是指汽车车身的造型。车身良好的造型，可以大大减少

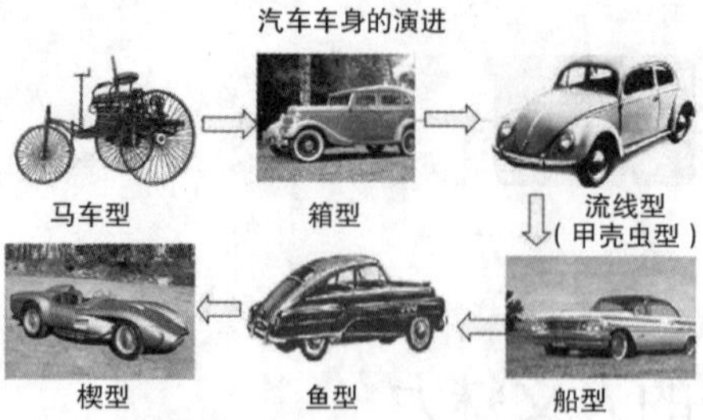

汽车行驶时受到的空气阻力，直接影响到汽车的动力性能和燃料的消耗，还可以增加汽车的美观。汽车的造型已成为汽车产品竞争最有效的手段之一。

汽车造型在发展过程中主要经历了马车形、厢形、流线型（甲壳虫型）、船形、鱼形和楔形六个阶段。

（1）马车型汽车（Cart Body）。最早出现的汽车，其车身造型基本沿用了马车的形式，因此，当时人们把汽车称为无马的“马车”。世界第一辆汽车就是马车型汽车。1908 年福特生产的 T 型车由于车身紧凑，坚固耐用，容易驾驶，价格低廉，成为马车型汽车的佼佼者。

（2）厢形汽车（Box Body）。最早的厢形汽车是美国福特汽车公司 1915 年生产的新型 T 型车。厢形汽车的车室部分很像一只大箱子，并装有门和窗，能够挡风遮雨，克服了马车形汽车的缺点。厢形汽车以 T 型车最为著名，最辉煌的时期年产量达到 30 万辆，占美国汽车总产量的 70%—80%。

（3）流线型汽车（Beetle Body）。为克服空气阻力问题，人们研制出一种新的汽车造型：流线型。1934 年，美国的克莱斯勒公司生产的气流牌小轿车首先采用了流线型的车身外形设计。1936 年，福特公司推出林肯 · 和风牌流线型小客车。此车散热器罩精炼，并具有动感，俯视整个车身呈纺锤形，很有特色。

流线型汽车的大量生产是从德国开始的。波尔舍博士设计了一种类似甲壳虫外形的汽车。波尔舍将甲壳虫的自然美如实运用到汽车造型上，最大限度地发挥了甲壳虫外形的长处，该车的外形设计可谓无懈可击，成为同类车中之王，甲壳虫也成为该车的代名词，这款车更以累计产量超过 2000 万辆的纪录而著称于世。

（4）船形汽车（Ship Body）。1949 年美国福特公司推出的新型 V8 是最早的船形汽车。船形汽车改变了以往汽车造型的模式。将前翼子板和发动机罩，后翼子板和行李舱罩融于一体，大灯和散热器罩形成一个平滑的面，车室位于车的中部，使汽车整体造型像一只小船。船型汽车不论从外形上还是从性能上来看都优于甲壳虫形汽车。而且还解决了甲壳虫形汽车对横风不稳定的问题。

从 20 世纪 50 年代开始一直到现在，不论是美国还是欧亚大陆，不管是大型车或者是中、小型车都有采用船形车身。从而使船形造型成为世界上数量最多的一种车型。现在，福特公司的那种具有行李箱的四门四窗的轿车，已被全世界确认为轿车的标准型式。

（5）鱼形汽车（Fish Body）。1952 年，美国通用汽车公司的别克牌轿车开创了鱼形汽车的时代。鱼形汽车克服了船形汽车在高速行驶时会产生较强的空气涡流的缺陷。如果仅从汽车背部形状来看，鱼形汽车和甲壳虫形汽车是很相似的，但仔细观察，会发现鱼形汽车的背部和地面所成的角度比较小，尾部较长，围绕车身的气流也就较为平顺些，所以涡流阻力也相对较小。另一方面，鱼形汽车是由船型汽车演变而来的，所以基本上保留了船形汽车的长处。

但由于鱼形车的造型，在高速时会产生一种升力，使车轮附着力减小，从而抵挡不住横风的吹袭，行驶时容易发生偏离。为弥补这些缺点，人们在鱼形车的尾部安上一只翘翘的“鸭尾”，以克服一部分扬力，这便是“鱼形鸭尾”式车型。

（6）楔形汽车（Wedge Body）。1963 年，司蒂倍克·阿本提设计出第一辆楔形汽车。楔形汽车从根本上解决鱼形汽车的升力问题。楔形汽车的车身整体向前下方倾斜，车身后部像刀切一样平直，这种造型能有效地克服升力。楔形对于目前所考虑到的高速汽车，无论是从其造型的简练、动感方面，还是从其对空气动力学的体现方面，都比较符合现代人们的主观要求，已接近于理想的造型。但是绝对楔形汽车造型会影响车身的实用性（乘坐空间小），所以楔形汽车在赛车场上应用广泛，如 20 世纪 80 年代的意大利法拉利跑车。绝大多数实用型轿车都是采用船型和楔形相结合的方案。

对汽车车身造型进行空气动力学试验的主要设施就是汽车风洞，它主要用来测量汽车的风阻，风阻的大小用风阻系数 Cd 表示，风阻系数越小，说明它受空气阻力影响越小。风洞其实不是个洞，而是一条大型隧道或管道，里面有一个巨型扇叶，能产生一股强劲气流。气流经过一些风格栅，减少涡流产生后才进入试验室。汽车工程需要通过风洞试验解决的主要问题可以归纳为：空气动力稳定性、升力、空气阻力、通风、气流噪声、污染发动机和传动装置的散势、风窗雨刮器的功能、汽车的气候环境适应性等。

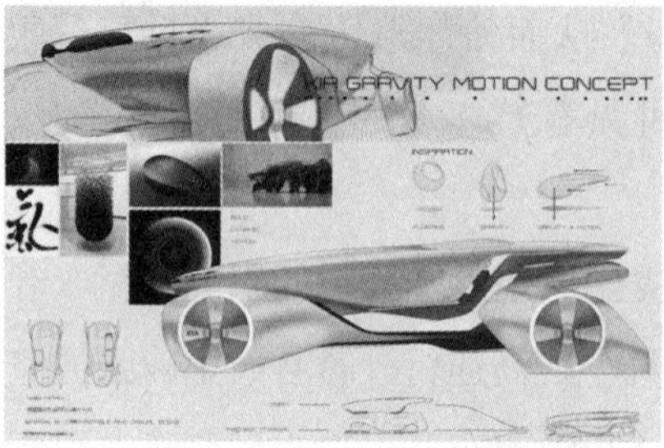

清华大学美术学院工业设计系建立于 1984 年。初创时设工业设计专业。2001 年增设交通工具造型设计专业，形成设有四年制本科学位课程、两年到三年制普通硕士学位课程、工业设计工程硕士学位课程和艺术设计学下的工业设计研究方向的博士学位课程的多层次的工业设计教学建制。工业设计学科为教育部重点学科。工业设计系本科生约有教师 20 名，生师比约为 6:1，居全国同类院校之首；生均教学面积 4 平方米；新美术学院大楼的实习工房面积全国第一，学生平均拥有的综合教学资源居全国之首。

交通工具造型设计专业学生成为国内设计教育、产品开发、展示设计、广告设计、环境设计的中坚力量，在联想、海信、明基、华为、诺基亚、三星、LG、笔克、司马、故宫、国家博物馆、上汽通用、上汽大众等发挥着关键作用，部分优秀硕士毕业生毕业后直接受雇于德国奔驰汽车、法国标致汽车、日本三菱汽车、日本大发汽车、新加坡笔克展示公司、飞利浦电器公司等国际一流企业。

62　汽车风洞试验：栉沐风霜雪雨

“汽车风洞”最开始的时候其实不是用来测试汽车，而是用来测试飞机、研究飞机的气动性能的。早在 1871 年，英国人就已经发明了世界公认的第一座风洞。20 世纪风洞被广泛应用于飞行器的设计中，并且在飞行器中的设计界已经形成了一套成熟的测量和计算理论。风洞是能人工产生和控制气流，以模拟飞行器或物体周围气体的流动，并可量度气流对物体的作用以及观察物理现象的一种管道状实验设备，它是进行空气动力实验最常用、最有效的工具。随着工业空气动力学的发展，风洞在交通运输、房屋建筑、风能利用和环境保护等部门中也得到越来越广泛的应用。用风洞做实验的依据是运动的相对性原理。

汽车风洞特点是“汽车风洞”中巨大的人造风，可模拟各种行车环境中遇到的空气阻力、噪声、热力学状态，以及天气环境甚至太阳辐射等，用以测试样车的安全性和操纵稳定性，最大限度地减少汽车在行驶中损失的动力，为设计更加节能、美观的汽车提供依据。

汽车风洞分为全尺寸风洞和模型风洞。为试验 1:1 模型（全尺寸模型）或真车的风洞叫作“全尺寸风洞”，为试验缩比模型或零部件的较小尺寸的风洞叫作“模型风洞”。目前全世界有近 30 座可用于全尺寸汽车试验的风洞。

汽车风洞又分全天候风洞、声学风洞、气动力风洞。全天候风洞（或气候风洞）可改变气流温度、湿度、阳光强弱和其他气候条件（雨、雪等）；声学风洞在建造过程中采用了多种降噪措施，背景噪声极低，可以分离并测量出汽车行驶时产生的气动噪声。这两种风洞统称为特种风洞。其余一般风洞都是气动力风洞。近年来新建的风洞，都是气动 / 声学风洞，或气动 / 气候风洞，甚至气动 / 声学 / 气候风洞，这类风洞又称为多用途风洞。

汽车风洞的试验段尺寸有所区别，一种是截面积小于 10 平方米的风洞（包括缩比模型风洞和全天候风洞），有些小喷口的全天候风洞，主要是用来把空气直接导向热源集中的发动机舱周围区域进行试验。一种是截面积 10—

30 平方米的风洞。这种风洞主要用于试验各种轿车及其他比较小的车辆（实车试验）。如丰田汽车的全尺寸风洞、中国同济大学的气动 / 声学风洞。一种是截面积大于 30 平方米的风洞。这类风洞主要用于试验轿车、中级载货汽车以及大客车。如通用汽车的全尺寸风洞，中国气动中心的 8 米 ×6 米风洞。

风洞主要由洞体、驱动系统和测量控制系统组成，各部分的形式因风洞类型而异。气动 / 声学风洞好比让汽车站上“跑步机”。研究人员通过风洞试验，获得包括风阻系数、风噪性能、行驶稳定性、侧风响应、车内外噪声等数据。而汽车环境风洞就是一个浓缩的四季，可模拟各种实际气候环境，如降雨、降雪、高温、低温、日照、结冰等，可配合汽车整车发动机热管理、空调系统、汽车水管理等汽车热力学开发任务。整车及零部件都可以在这里得到检验，过去这类试验只能选择在吐鲁番、漠河等满足特殊气候环境要求的地域进行，相当耗费时间成本和经济成本，而通过风洞，此类试验不仅将大大节约研发时间和经济成本，数据也更加准确。

实验时，常将模型或实物固定在风洞内，使气体流过模型。这种方法，流动条件容易控制，可重复地、经济地取得实验数据。为使实验结果准确，实验时的流动必须与实际流动状态相似，即必须满足相似律的要求。但由于风洞尺寸和动力的限制，在一个风洞中同时模拟所有的相似参数是很困难的，通常是按所要研究的课题，选择一些影响最大的参数进行模拟。

此外，风洞实验段的流场品质，如气流速度分布均匀度、平均气流方向偏离风洞轴线的大小、沿风洞轴线方向的压力梯度、截面温度分布的均匀度、气流的湍流度和噪声级等必须符合一定的标准，并定期进行检查测定。汽车时速达到 110 千米的时候，风的阻力就占总阻力的 70%，大部分燃油用在了克服风阻上，因此通过风洞试验，模拟汽车在行驶中的情况，优化汽车外形设计，减少风阻、节约燃油、降低噪音，这是汽车风洞试验的主要目的。

继同济大学空气动力学 / 声学风洞和环境风洞落成后，2019 年 6 月，由中国通用技术集团中国汽车工程研究院股份有限公司投资 5.5 亿元建设的汽车风洞（汽车环境风洞、汽车空气动力学 / 声学风洞）在重庆启动试运行。它作为汽车行业独立第三方风洞测试和技术研发服务平台，将为众多“中国制造”以及我国新能源汽车的自主研发提供重要的基础服务。

在中国汽研汽车环境风洞内，可以真实模拟各种温湿度、阳光、雨雪等气候条件，配合底盘测功机（转鼓）模拟的各种道路工况，可进行环境风洞中特有的降雨试验、降雪试验、高低温冲击等气候试验。

此外，中国汽研汽车风洞中心还构建了虚拟风洞和汽车空气动力学数据库两个服务平台，可为国内外企业提供虚拟风洞仿真分析、CFD 分析与风洞试验对标、汽车关键气动以及声学特性的查询、分析和对标等技术服务。

中国汽研的这座试验室在硬件设施和技术含量上，达到了世界一流的水准，它的建成之后，对于夯实我国汽车正向研发的技术基础，具有里程碑式的意义。

63 汽车塑身造型

汽车造型是科技与艺术的结合。现代车身设计流程是一种介于传统车身设计和计算机辅助车身设计之间的方法，即所谓的“仿形法”。在仿形法中，油泥模型以其真实性仍被采用，过程中保留了效果图绘制和油泥模型制作的环节，用计算机辅助设计手段取代了传统车身方法中的主图板制作等步骤，改用计算机完成数学模型，作为生产准备文件。

油泥模型，是传统车身设计中用油泥雕塑的汽车车身模型。1955 年日本首次使用工业油泥进行汽车模型的设计开发。1972 年美国通用汽车公司将油泥应用到汽车设计开发模型上，使汽车设计摆脱了受限于呆板的石膏、木板的历史。我国是在 20 世纪 70 年代初开始应用这一技术。制作油泥模型是世界知名汽车公司设计过程中非常重要的一个环节。制作油泥模型的过程是：

（1）设计师根据汽车市场调研结果和未来趋势研究，画二维设计效果图；

（2）数字模型师玩转三维建模软件，将二维效果图建成三维数字模型；

（3）制作油泥模型。油泥模型师通常有丰富的塑形经验，结合二维效果图和三维数字模型，利用油泥材料将设计方案转换为三维实体的模型车。这样，整个设计方案就有了实体。

在传统车身设计流程中，实物油泥模型制作是必须经历的一个环节。在整个设计阶段，要做 1∶5 和 1∶1 两种不同比例的油泥模型。按照实际尺寸制作的油泥模型，可以配上真实的轮胎，以观察汽车整体造型的效果。

汽车设计师必须懂得市场消费者的心理，平衡产品与市场的差距，设计出既能时代审美情趣，又能体现品牌的独特风格，具有前瞻创新的精神的汽车。汽车设计师穿梭于时代与未来之间，游离于理性与非理性之中，集艺术家和工程师为一体。全球顶尖的汽车设计师大多出自欧美或日本等汽车工业相对发达的地区。不过随着中国汽车产业的崛起，不少的中国汽车师也开始在国际上崭露头角。

目前中国汽车造型设计中的油泥模型制作已走向规范化阶段。由于数字模型能力与机床加工的水平逐渐提高，以及制作成本的降低，目前的油泥模型，是从一个完整机加工出来的模型基础上开始工作的，省去了大量的前期手工环节。中国各大汽车公司都有自己汽车造型和加工中心（如图），配备了机加工设备以及壮大数字模型部门。因此，中国汽车设计的模型制作已基本走出了纯手工制作时期，进入数字化、机械化的先进行列。

64 概念车：未来即现

概念车（Concept Car）可以理解为未来汽车，或一种介于未来设想和现实之间的汽车。汽车设计师利用概念车向人们展示新颖、独特、超前的构思，是人类对先进汽车的梦想与追求。这类车往往只是处在创意、试验阶段，也许不会投产，主要用于车辆的开发研究和开发试验，可以为探索汽车的造型、采用新的结构、验证新的原理等提供样车。

别克 YJob 是汽车工业界公认的世界第一辆概念车，它于 1938 年由美国通用汽车艺术和色彩部首任主任、美国汽车造型之父——哈利杰·厄尔（Harley Earl）发明的。

20 世纪 50、60 年代，概念车只是木制框架上的纤维玻璃车体，它们是为了展出而制作的，甚至连动力装置都没有。现在世界各大汽车公司都不惜巨资研制概念车，并在国际汽车展上亮相，一方面了解消费者对概念车的反应，从而继续改进；另一方面也是为了向公众显示本公司的科技实力、设计新观念和产品开发水平，从而提高自身形象。所以真正在车展上大放异彩的不是各个品牌即将推出的量产新车，而是概念车。因而概念车也是科技设想最超前、汽车的艺术性最强、代表汽车未来发展方向的最具吸引力的汽车。概念车型在汽车展览里的重要性，就某一定程度上，也是衡量展览水平高低的相关标准之一。

多年以前的人们讨论起 21 世纪的汽车时，无一例外地为它们配置了如火箭或者宇宙飞船那样的外壳，以及原子能、太阳能之类强大且便利的动力。21 世纪的公路依然是半个世纪之前的路，汽车也当然还是 4 个轮子、1 个车壳，只不过其内涵有了不小的变化，概念车的最大功能就是发现与引导这些

变化的方向。（图为上海世博会上演绎的“叶子”新能源汽车）

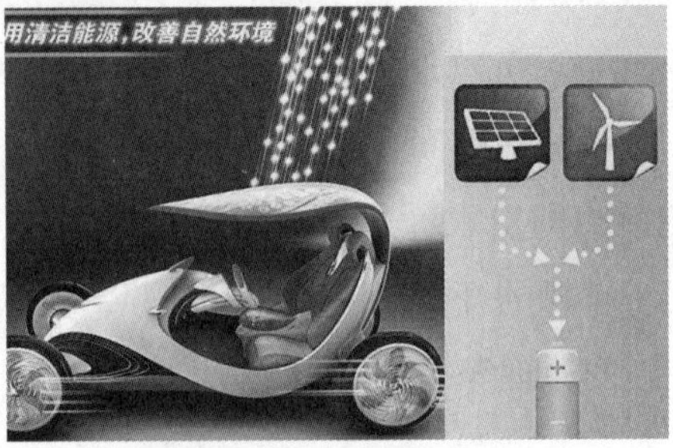

概念车两大类别。第一类别是能跑的真正汽车，第二类别是设计概念模型。

第一类概念车比较接近于批量生产，其先进技术已步入试验并逐步走向实用化，一般在 5 年左右可成为公司投产的新产品。

第二类概念车虽是更为超前的设计，但因环境、科研水平、成本等原因，也许不会成为商品，只是未来发展的研究设想（如图）。

概念车主要分为三种概念设计语言：

（1）阐述企业发展的未来方向。汽车企业往往会设计一些概念化的通行车辆，包括两轮、三轮以及纯粹的科幻交通工具。这类概念车会设定一个方向，比如纯电动、超低油耗或者燃料电池等等，都是阐述了企业以后会主攻哪些方向。

一个具体的例子是标致 Onyx 概念车，它的科幻感会让人觉得很不真实，但是它主要描述了标致和 PSA 未来的设计方向，包括混合动力、超轻化设计、内饰的环保理念（中控台采用大量的环保材料，从报纸得到的灵感，将报纸整合成纸浆，塑造中控台的造型，这样体现了树到报纸到纸浆再回收的这样一个环保概念。)

(2)确定车型的设计理念和趋势走向。主要是为换代车型设计一些可量产化的思路和造型，或者说是统一展现下一代车型的整体理念和家族元素，这也是比较常见的概念车。这类概念车不会量产成具体的哪款车，但是其很多设计会在量产车型中体现。

(3)确立量产车的卖点和特性。即是和量产车很接近的概念车，有一个很明确的设计方向和思路，工程师会在这基础上将车型变为现实，最后差别可能只是细节差异。

因此结论是，概念车并非不量产，概念车也分阶段，随着设计的定型，概念车也就逐渐变成量产车了。

在2018北京国际汽车展览会上，上汽名爵(MG)概念车引人瞩目。虽然它在技术上与荣威同源，但是在设计上却又有自己的路线。这款名爵X-motion是一款SUV，它的设计让我们更深刻理解了肌肉感和科幻感。只要在这个概念车基础上作小改，其量产车的颜值是会在同价位中名列前茅的。

65 汽车颜色与涂料

心理学家认为，颜色能按不同方式影响人的心理。市场心理学研究表明，轿车颜色是仅次于造型的一种影响购买心理的要素。如红色轿车给人的感觉是喜悦和充满活力，能激发欢乐的情绪。黄色以往很少用于轿车，如今不但为人们所接受，还成为日本本田轿车的代表色。蓝色是豪华型轿车常用颜色，如奔驰、劳斯莱斯都以蓝色车身显示其豪华气派。白色轿车能给人以纯洁、清新、平和的感觉。黑色可以说是一种矛盾的颜色，即有代表保守和自尊的一面，又有代表新潮的一面。绿色轿车给人带来沉静、和谐的气氛。近来又流行鲜紫和桃红色车身，表现为活跃赋有个性。

（1）颜色就是效益。颜色早已成为影响轿车市场销售的重要因素之一。轿车造型师发现，颜色具有先声夺人的艺术魅力。在观赏轿车的最初 20 秒内，人对颜色感觉占到 80%，而对造型感觉仅占 20%。两分钟后，对颜色感觉占 60%；五分钟后占 50%，这种随着时间变化的趋势一直持续下去。颜色的这种先入为主的艺术效果对用户选购轿车影响极大。

（2）全球化市场策略与自然环境和民族性问题。随着汽车工业全球化发展，全球化市场已成为各国轿车厂商面向未来的重要研究课题。由于种族和信仰不同，形成各地生活方式的差异。不同习俗和经历的人对轿车颜色的要求不尽相同。在低纬地区，日照时间长，光强相对较强，因此车身的日照面与背面颜色反差很大，如采用柔和的中间色调就可消除这种反差。而在高纬度地区（欧洲），日照时间短，光强相对较弱，反差小。针对这些地域特点，一些欧洲轿车厂商常在同一产品上推出两三种纯度不同的颜色。研究地域色彩，考虑各地民俗、景色的不同因素和条件，可以减少设计的盲目性，取得更好的商业效果。

（3）颜色的造型效果。颜色的造型效果取决于面积、明度、纯度及匹配等因素，对于三维物体如轿车，由其形体、质量及色差所造成的这种影响就更为明显，因此，必须根据车身的大小和形状来控制颜色。

明度和纯度高的颜色能使车体显得大一些，较适用于微型轿车。对于中型和大型轿车来说，采用明度和纯度适中的颜色较宜。大型轿车最好采用低明度和低纯度的颜色，因为这类颜色所产生的压缩效应使车体看起来较为紧凑和坚实。在概念车上采用比较朦胧的颜色，会在视觉上增加动感气氛。车体丰满的轿车只要喷上一两种颜色不同饰条，就会使车体变得“俏丽苗条”起来。

（4）颜色与安全问题。轿车安全性不仅受其操作安全视线的影响，而且还受到车身颜色的能见度影响，心理学家认为，视认性好的颜色能见度佳，因此把它们用于轿车外部以提高行车安全性。从统计学上显示，黑色车事故率最高，白色事故率最低。其他颜色的事故率由高到低依次是：绿色、棕色、红色、蓝色、银灰色。视认性主要与下列因素有关：

颜色的进退性，即所谓前进色和后退色。比如使红、蓝、绿的轿车与观察者保持等距离，在观察者看来，似乎红、黄色轿车要近一些，蓝、绿色轿车要远一些，因此，红、黄也称前进色，蓝、绿色称后退色，前进色的视认性较好。

颜色的胀缩性。将相同车身涂上不同的颜色，会生产体积大小不同的感觉。如黄色感觉大一些，称膨胀色；蓝、绿色感觉小一些，有收缩性，称收缩色，膨胀色与收缩色视认效果不一样，据日本和美国车辆事故调查，发生事故的轿车中，蓝和绿色的最多，黄色的最少，可见膨胀色的视认性较好。

颜色的明暗性。颜色在人们视觉中的亮度是不同的，可分为明色和暗色。红、黄色为明色，明色的车型看起来觉得小一些，远一些和模糊一些。明色的视认性较好。

从安全角度考虑，轿车以视认性好的颜色为佳。有些视认性不太好的颜色，如果进行合理的搭配，也可提高其视认性，如蓝色和白色相配，效果就大为改善。荧光和夜光漆能增强能见度和娱乐气氛，因而被广泛应用于各种塞车、摩托车塞车及雪橇等。但对于轿车来说，目前选用这类颜色的仅限于概念车。

（5）颜色的流行发展趋势。轿车颜色可分基本色和流行色两种，基本色是市场需求基本不变的重要颜色，它们仅受到新材料和新技术应用的影响而稳步发展。流行色属于新潮色，根据时势而变。在轿车领域内、流行色的变化特别明显，因此人们也将轿车工业称为“时尚产业”。

研究认为，轿车颜色随人文观念变化将变得越来越复杂。具体说来，在普遍注重环境和同步考虑需求与生态化的观念影响下，人们开始从各个方面思考“生活质量”的含义。他们对健康和安全表现出更大的兴趣，即从注重轿车的多功能、附加值和高价位移到注重轿车节能环保效率和再循环性。这就要动态地引导适应社会和传统文化的颜色趋向。

轿车颜色专家忠告，在轿车外形日趋雷同化的今天，颜色已为区别轿车造型最关键的要素之一。颜色最能影响轿车用户的购买行力，颜色是轿车厂商最重要的市场战略之一。造车人和买车人都应懂得这个道理：颜色就是效益。

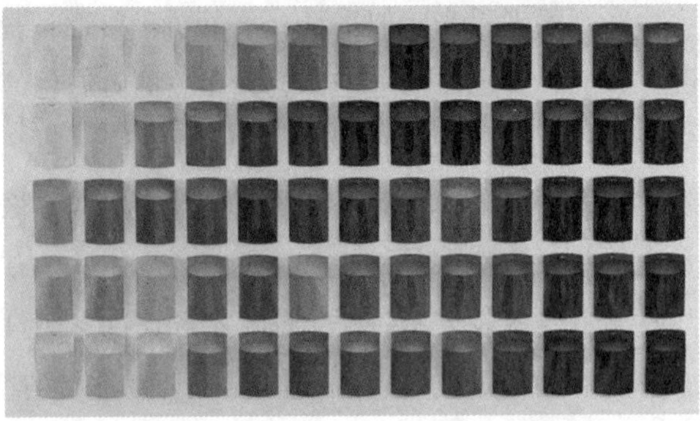

中国流行色协会开展对轿车市场的颜色战略研究。研究证明，颜色将成为主宰未来设计的主体，现代设计将进入颜色造型的新时代。而轿车是“流行的建筑”，其颜色设计的研究领域就更为广泛。

根据过去和现在的颜色发展趋势，预测世界轿车市场未来的流行，并提出未来车型的颜色提案。

颜色与环境保护。对环境更为友好以及资源进一步的再利用，这是当今汽车发展所面临的主要挑战。轿车颜色首先要避免造成不顾及环境的视觉污染，其次要重视涂料本来的环境污染问题。水性涂料含有的有机溶剂（污染物）比传统的溶剂涂料少得多，人们将它用作车身的表面处理及底漆和金属基底。但在喷涂时还有60%—70%的涂料被弃，造成污染。因此，人们开始研究采用收集系统将喷涂舱内的多余涂料回收再利用，以减少污染。

颜色与新材料、新技术开发。为了让轿车以“色”取胜，轿车厂商联合涂料公司发明各类效果不同的涂料来取悦用户。例如颜色设计程序经历颜色研究→设计想象→颜色构成→用户提案→反馈→环境试验等阶段，才能推向市场。目前车身表面的涂装程序越来越复杂，传统单一色泽涂料涂装的做法将被淘汰。现在用的是一种色泽反光度高的涂料，这种涂料会随光线和视角的不同而变色。

轿车颜色的命名往往综合了两个方面，一方面是色彩效果（一般用自然色彩或地域色彩命名），另一方面是涂层效果（用涂料材质命名），如：海洋蓝珍珠漆、银泽金属漆、白金汉蓝珠漆、红波尔多酒（色）珍珠漆、雪伍德（森林）绿珍珠漆、葡萄黑珍珠漆等。

66　汽车内饰与纺织品

交通工具用纺织品是指在汽车、火车、船舶、飞机等交通工具中应用的纺织品。随着我国汽车行业蓬勃发展，汽车饰件用的纺织品越来越多，同时也对汽车用纺织品提出更多的要求。汽车饰件用纺织品可分为装饰性和功能性。

装饰性材料有：地毯、座椅面料、门饰、窗帘等。装饰性材料不仅要求外在美观，还需具备良好的形态及质量。汽车地毯主要分为针刺地毯和簇绒地毯两大类，针刺地毯以聚酯纤维和聚丙烯纤维为主，而聚酰胺纤维因其优异的回弹性和耐磨性被广泛用于簇绒地毯中。目前，针刺地毯的比例远远大于簇绒地毯。且原料向细旦化方向发展。另外一种材料无纺布以其质量轻、性价比高的特性主要用作汽车装饰、充填、过滤等，如通过使用原料为80% —88% 黏胶纤维和 12%—20% 锦纶长丝，制备出 100—120 g/m^2 标准的无纺布，用来制作汽车坐垫。多轴向经编复合材料因其轻质高强可用作制造车辆壳体、发动机盖、保险杠等。

功能性材料有：遮阳板、门窗封条、安全气囊、安全带、轮胎、防振材料等。汽车用纺织品材料的性能要求有高强度、韧性强、质量轻、耐腐蚀、耐高温、耐冲击、抗紫外线等，因此常用的材料有：碳纤维、石棉纤维、玻璃纤维、芳纶、聚酯纤维、聚酰胺纤维等，以及天然纤维中的剑麻、洋麻、大麻、亚麻等。例如汽车门窗密封条，它是以干法成网和纺粘法制成的聚酯纤维无纺布为衬垫和聚酰胺短纤维静电植绒织物复合制得，可以用来防止尘土、水等进入车内及保证空调效率能适应较大的温差范围（–40 ℃—70 ℃）。酚醛是苯酚和甲醛的发泡物，它是轻质、防火、遇明火不燃烧、无烟、无毒、无滴落、使用温度范围广（–196 ℃—200 ℃）的绝热材料，将其通过后整体方式黏合到无纺布上，可制作成汽车防振材料。用于儿童安全座椅上的可回收利用的三维非织造布以及适用于夏季的汽车座椅靠椅面料。安全带在汽车中也非常重要，它的主要成分是尼龙 66，较多采用无梭高速织带机进行织制。

由中国国际贸易促进委员会纺织行业分会、中国产业用纺织品行业协会、法兰克福展览（香港）有限公司共同主办的“2018 中国国际产业用纺织品及非织造布展览会”（2018CINTE）于 9 月在上海浦东新国际博览中心隆重举行。上海纺织集团集合旗下主要分公司，集中展示汽车内饰、汽车地毯配套产品、汽车针织内饰、顶篷面料，针刺汽车座椅套件、汽车安全带，以及高新纤维、面料和智能化技术等高科技创新性产品。目前这些产品已经应用于上汽通用、北京奔驰、捷豹路虎等汽车品牌。

67 车灯“表情包”

1898 年，“哥伦比亚”号电动汽车首创了前灯和尾灯。经过了一个多世纪的演变发展，车灯成为汽车上一个必不可缺的组成部分。车灯是汽车华丽的“表情”和动人的“眼睛”，也是整个汽车造型的灵魂，随着车灯光源的开发，在车灯外观造型也跟着车身造型整体化发展，不仅引导未来审美趋向，还能从美学角度促进光电技术的提高，在车身造型中起到画龙点睛的作用。汽车灯具综合了电子、光学、材料、工艺及美学等多方面要素，正在由单一式独立形态向多元的组合形态转变，由常规车灯功能向智能化车灯技术发展。

汽车照明系统分为照明灯（主要包括雾灯、前照灯、顶灯、牌照灯、仪表灯等）和信号灯（包括示宽灯、制动灯、转向灯、倒车灯等）。照明灯具

作为汽车上的功能部件，其形态与汽车整体造型演化密切相关，它能反映出当时的社会经济、文化背景、制造水平以及设计的美学观念和人们的审美情趣。灯具与汽车造型相得益彰，不断激发新的创意，提升灯具造型设计的审美个性。

（1）外置投射式。是指车灯单体安装在车身外部水箱罩或翼子板两侧的前照灯，光源采用白炽灯，另与转向灯、雾灯等配合使用，造型以圆形为主，是早期各种轿车普遍采用的一种车灯照明形式。

（2）内置投射式。是指单体或组合体形式嵌入安装在车身表面的前照灯，光源采用卤钨灯，造型以圆形或方形为主，横向或竖向排列，与水箱罩、进气槽及保险杠互为联系构成车身造型的重要组成部分，是现代轿车中应用最多的一种车灯照明形式。

（3）收缩式。是出现在小部分高级运动轿车上的新型前照灯，不使用时，可把车灯收进车身内，使车身表面更为整洁平顺，以减少汽车的风阻系数，同时又在车身造型和审美方面创造出一种新的样式。

（4）组合式。这是随新一代光电技术发展起来的一种多功能前照灯，其形式多种多样，光源多采用气体放电防爆灯、氖灯、LED、发光二极管、卤素灯、氙气灯和光导纤维等。所谓组合式就是把远光、近光、转向灯、示宽灯、雾灯全部放在一个灯体内。

随着汽车造型的多样化，照明制造技术、材料和形状也发生了变化。人们对车灯不仅要求功能上的完善，还要美观时尚、符合环保条件、价廉耐用。灯具造型紧跟汽车造型，并与灯具和汽车相得益彰。灯具依赖汽车，汽车离不开灯具。让不同的车配着不一样的灯，各式各样的汽车灯不仅给车带来了新的魅力。汽车灯具的发展趋势是：

（1）新型光源主导前照灯组合式设计。随着多种新型光源已在前照灯得到了应用，各车型的前照灯多为组合式设计，将示宽灯、远光、近光和转向灯等设计在一个大灯罩内。主要分成几种不同的流派：①有怀旧色彩的多盏小圆灯的组合；②方形灯圆形灯的组合；③由不规则的异形灯组合而成的前照灯。

（2）LED 照明装置发展方向。LED 是第四代光源，是一种低场型电致发光器件，工作电压低、发光亮度高、反应速度快、寿命长、耐恶劣环境、工作性能可靠等优点，已经在汽车仪表中大量使用。目前最为先进的是 OLED 光源已投入运用。

（3）轿车车灯引领发展。轿车车灯的进步带领越野车、微车车灯的进步。现在越野车、微车的车灯基本上向轿车车灯形式靠近，特别是新电光源引入，其前照灯和尾灯的组合式造型越来越强化个性，贴近车型的变化，富有时代个性。

（4）前照灯、后灯视宽造型趋于放大。过去的前照灯、后灯造型只管前后效应，没有考虑车灯的侧面效应。前照灯里示宽灯、远光、近光、转向灯阶梯错位设计，给前照灯造型既有正面照明效果，也有侧面效应。后灯也是如此。由于前照灯、后灯造型向侧面延伸设计，极大地丰富了造型的想象力。

（5）后视镜上作转向灯。后视镜是驾驶员观察汽车侧后方交通情况的装置。在后视镜的背面作转向灯。转弯时转向灯就对前照灯照射不到或亮度不足的补充照明，其灯光采用闪烁的方式，用来指示车辆的左转还是右转，提高车辆的行驶安全性。

（6）概念车灯具突破常规设计。概念车是尚未进入市场的一种前卫设计的新车型。概念车的灯具造型与概念车造型一样，尽情地甚至夸张地展示自己的独特魅力。

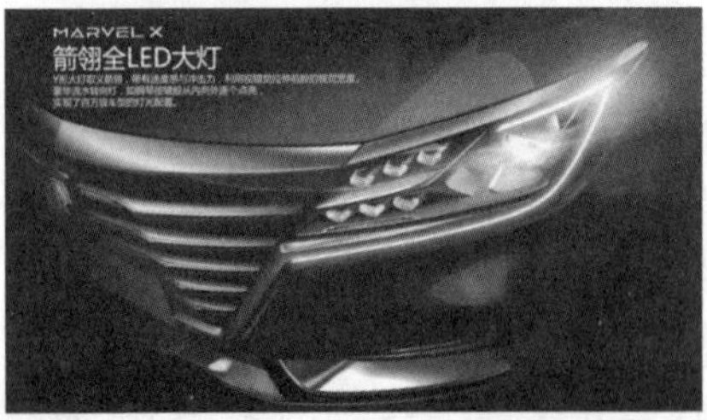

荣威 MARVEL X 采用全 LED 大灯，造型上呈现 Y 字形，取义箭翎，带有速度感与冲击力，利用视觉错拉伸前脸的视觉宽度。豪华流水转向灯，如钢琴按键般从内向外逐个点亮，实现了百万级车型的灯光配置。

荣威 MARVEL X 的尾灯从两端衔住了横贯车尾的镀铬饰条，显得霸气有力。集成尾灯组采用全 LED 配置，配合精密镀铝与柔光电镀、多重注塑等复杂工艺实现最富情感的动人效果。点亮时，灯带形成了深邃的立体空间，二十八钻时序式转向尾灯，晶彩流动。

68 轻量化：汽车“强身”之道

汽车轻量化，顾名思义是给车减重。随着对汽车的要求不断提高，汽车安全部件、电子设备更多了，轴距更长、内饰更豪华、尺寸更大，最后，车就成了“胖子”。除油耗和排放法规的促动，过重的车就像肥胖的人一样，会伴随着种种负面影响，如油耗高、操控差、加速慢、制动弱等，行驶起来还会力不从心。因此汽车“塑身减肥”势在必行。

最初，汽车的“节食”是通过减少尺寸、用料、零件和打孔等方式减重，但当汽车各部位用料已经控制到极致后，为了不影响汽车的强度和安全性能，“锻炼”成为了唯一的办法，即通过对汽车材料、工艺、结构的优化升级进行减重。通常，工程师们主要从车身材料、车辆结构和连接工艺三方面的优化和平衡配置，来实现车辆“减重”和“增强”的协调统一。

汽车常见的轻量化材料分为金属和非金属。金属材料主要包括高强度钢、铝合金、镁合金，钛合金等；非金属材料包括工程塑料和复合材料等，其中包括最受推崇的碳纤维。

（1）高强度钢板。高强度钢板是在普通碳素钢的基础上加入少量合金元素制成，这种钢板的生产成本与普通碳素钢相近，但合金元素的强化作用使其抗拉强度比普通钢板高很多。高强度钢板的分类有：加磷高强度钢、烘烤硬化钢板、低合金高强钢板、双相高强度钢、相变诱导塑性钢等。

（2）热成形钢板。将高强度钢板加热到奥氏体温度范围内，钢板组织完成变化后，快速移动到模具中进行快速冲压，在压机保压状态下，通过模具中布置的冷却回路并保证一定的冷却速度，对零件进行淬火冷却，最后可获得超高强度的热成形冲压件。

（3）铝合金材料。铝合金的比重轻，仅为钢铁材料的1/3左右；强度高，延性、塑性好，而且可以通过热处理改变其力学性能，并具有良好的低温性能；加工工艺性能好，可铸造、锻造、焊接、轧制和冲压成形，类同于钢，现已成为继钢材之后第二大车用金属。目前铝合金常用于汽车发动机缸体、缸盖。丰田、奥迪等一些厂家还提出全铝车身等构想并积极实现。

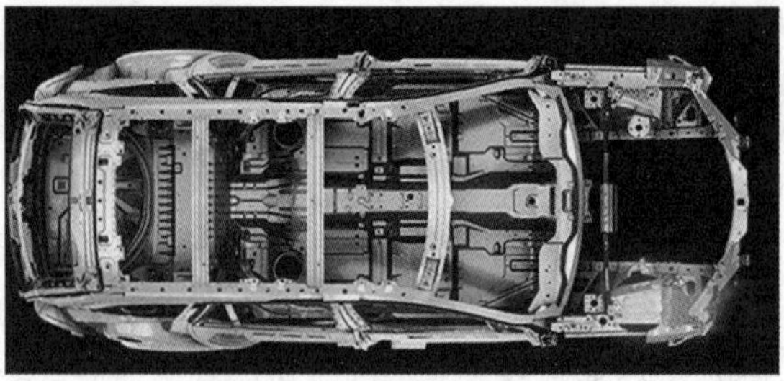

（4）激光拼焊板。激光拼焊板是基于成熟的激光焊接技术发展起来的新型技术，是通过高能量的激光将几块经过精确裁剪的不同材质、厚度、涂层的钢材焊接成一块整体板，然后再冲压生产所需部件，以满足零部件不同部位对材料不同性能的要求。

（5）碳纤维。碳纤维是一种含碳量高达 90% 的纤维状碳素材料，其具有高强度、高弹性模量并具有良好的耐热性。由于汽车轻量化进程不断深入，碳纤维在汽车上的应用也越来越广泛。在汽车车身、底盘、摩擦片等部件上都能看见碳纤维的足迹。有研究表明，使用碳纤维复合材料代替钢材，车身、底盘质量将下降 40%—60%。碳纤维还由于稳定、安全的特征，被新能源汽车厂商用作蓄电池盒。动力蓄电池工作环境恶劣，可以在工作中做到防水、防火、防尘、防泄露，保护电池的安全工作，更因密度小、质量轻，与新能源汽车要求的轻量化需求不谋而合。

（6）聚碳酸酯。聚碳酸酯材料不仅拥有良好的抗冲击性、抗热变形性，更重要的是它透明的特性。目前车灯外壳、仪表盘等部件都是使用这种材料。目前，科思创发布的 K2016 概念车，该车包括车门在内的很大一部分车身都使用了聚碳酸酯材料，这样的设计，带来了透明驾驶舱，真正的全景天窗以及炫酷的车灯造型。此外，在周边有车辆和行人经过时，车身可以通过变色来提醒周边车辆行人以及车内乘客注意安全，做到了在“拉风”的同时还兼具了安全保障。它相比玻璃和工程塑料更轻、更安全，想必将来会更广泛地应用于汽车上。

（7）竹子。在各大车商相继对碳纤维、轻质合金、工程塑料等未来汽车热点材料展开研究时，福特公司却另辟蹊径，寻找到大自然的恩赐——竹子。这种随处可见的植物，给工程师带来了惊喜。研究发现，将竹子与某些塑料结合加工，其强度比天然纤维高出不少，用于汽车内饰，不仅舒适安全，还更节能环保。

随着能源危机和环境问题的加剧，节能减排、低碳环保已经成为汽车制造最重要的出发点，因此，多种材料复合车身也是未来的发展趋势，全铝车身、酚醛树脂、超高强钢、变料厚钢板及碳纤维复合材料相继出现在车身应用中，多种材料复合车身是未来的发展趋势。

车身轻量化设计是一个系统的平衡设计，车身设计与车身轻量化设计并不是单纯地为车身减重，而是和车身性能设计紧密联系在一起的系统平衡设计，它包含了如下所示的七大要素——安全、耐久、NVH、功能、工艺、成本及重量。

在国家科技部的支持下，2007 年，中国汽车工程学会联合国内其他 12 家机构共同发起成立了“汽车轻量化技术创新战略联盟”。轻量化联盟由学会理事会、专家委员会、秘书处等机构组成，秘书处挂靠在中汽学会。联盟的宗旨和任务：

（1）充分利用企业技术中心、国家重点实验室、国家工程技术中心等现有研究开发机构的科研条件，建立协作机制，形成汽车轻量化共性技术的研究平台和持续开发能力，促进资源共享，实现我国在汽车轻量化技术领域的突破，提高我国汽车产品的节能、降耗水平，提高安全性，提高企业自主创新能力和国际竞争力。

（2）围绕汽车轻量化共性关键技术开展攻关，开发出若干项具有自主知识产权、对行业有重大影响的共性技术。实现轻量化设计技术、轻量化材料应用技术、轻量化先进工艺技术、轻量化评价技术、轻量化应用关键共性技术领域的突破和产业化应用，建立轻量化数据库，制订相关技术标准和规范。

（3）关注世界汽车轻量化技术的发展动态，研究我国汽车轻量化技术的发展路径，为实现我国汽车轻量化技术的发展提出建设性意见和建议。

（4）以产业发展需要和企业需求为导向，以联盟单位互惠互利和优势互补为原则，以尊重知识产权为前提，建立知识共享平台和技术转移机制，促进科技成果的有效转化。

69　废旧汽车“华丽转身”

随着汽车社会保有量的增加，汽车报废量也在不断增加。报废汽车的露天丢弃、堆放是影响环境、占用土地的世界社会难题；报废汽车的不合理处置会带来环境污染、资源浪费、交通安全隐患以及影响汽车工业的正常发展等一系列社会问题。因此，从可持续发展的观念出发，发展报废汽车回收和综合利用（再制造）技术，对节约资源、保护环境，推动社会—经济—环境—文化协调发展，具有重要的价值。

（1）废旧汽车回收与再制造产业。世界报废汽车回收与再制造技术发展趋势可以概括为：1）尽可能提高报废汽车零部件回收率；2）汽车可拆解、可回收性设计，开发利用快速适配系统、可重复使用的紧固系统及其他能使拆卸更为便利的技术及装置；3）开发易于循环利用的材料和零部件；4）典型的重要零部件再制造；5）减少车辆中所用材料种类；6）开发有效的清洁能源回收技术，包括新能源汽车电池。

（2）废旧汽车雕塑。人类的智慧是无穷的，创意是永无止境的。除了报废汽车回收与再制造外，报废汽车材料制作还可以“化腐朽为神奇”，制作成形形色色的精彩各异的建筑、雕塑作品和室内装饰。从没人在意的废弃物到惊奇震撼的艺术品，这就是艺术的魅力。通过这些艺术，人们能够注意到日常生活中文化上的不可控的生产浪费。艺术家试图通过这种方式无声地提醒人们：我们正在使用太多的资源，而且使用得太快，最后把它们变成垃圾、浪费和污染。

有的艺术家用汽车保险杠、轮胎、门板，甚至整个报废的车辆和废弃的建筑物侧面去构造鹈鹕、狐狸、老鼠等各种动物。

有的艺术家以汽车替换巨石模仿英国“巨石阵”造型，如用38辆美国经典轿车按照“巨石阵”的样式创造了“巨车阵”。这些车都被刷成灰色，具有仿石的视觉效果。

“凯迪拉克牧场”位于美国得克萨斯州66号公路旁。1974年，一群艺术家将10台凯迪拉克汽车插在大地上，将一半车身埋在土里，这些车包括1949年到1963年的凯迪拉克车型。有趣的是，凯迪拉克牧场是一件“活的艺术品”，游客可以在车身上随意涂鸦，留下自己的印记或表达自己的心情，这也让凯迪拉克牧场不断“生长”。

“彩虹里的汽车”根据在世界各地举行的艺术展和博物馆特色不断变换。用汽车、轮胎等物品表现不为人知的隐含意义。作品都用到了轮胎、汽车部件和整车，向人们讲述被遗忘的文化，用物料的变化反射人与社会的变迁。

“长期停车”位于法国茹伊昂若萨市。这是一座用59辆汽车和18吨混凝土做成的19.5米高的雕塑，已成为人们寄托怀旧之情的一个标志，因为嵌在混凝土中的都是体现20世纪70、80年代审美标准的车型，包括雷诺5、菲亚特124、标致204等。

由于中国经济需求和消费的地域差异，形成了汽车消费明显的梯度转移，即新车在东部地区导入，最终在西部地区结束使用寿命，进入报废程序。

中国汽车业积极发展报废汽车回收和综合利用（再制造）技术，提出了报废汽车解体后回收循环利用模型。汽车回收后的材料资源可流向以下六个方面：（1）直接回用：一些可复用的零件直接进入维修市场或返回汽车制造厂参加新车装配；（2）翻新后重用：翻新后的零部件主要进入维修市场；（3）材料重熔：大部分的汽车金属材料以材料重熔的形式回收；（4）用于其他产品：某些零部件虽不能用于汽车上，但可以在其他产品上得到应用；（5）资源回收：某些回收材料如轮胎，可粉碎处理为铺路的降噪材料；（6）填埋：所有不能有效回收的材料只有进行填埋处理。

70 汽车的“缤纷”屏幕

未来，汽车产品将从单一的交通工具，向智能移动空间转型，将具备千人千面的个性、体贴入微的情感、舒适灵动的空间，成为人们融入智慧城市、体验智慧交通的生活和工作上的伙伴。智能移动空间是未来汽车发展的一个主流趋势，目前生活中人们花在汽车上的时间有时甚至高于在家里的时间。在这样的前提下，驾驶舱的功能性，以及对乘客的舒适性方面的设计，也变得越来越重要。除了纹理装饰更加温馨外，汽车已经引入了数字技术，从仪表板开始到中控台，车内的设计更加向虚拟驾驶舱转变。继电视屏幕、电脑屏幕、手机屏幕之后，汽车驾驶舱屏幕可能是人们生活中第四个屏幕。

驾驶员目视前方最先感受到的仪表板、中控台是设计师改造汽车的重点。由于使用了数字化技术，汽车系统屏幕发生了很大变化。

很多车型是在中控台上部使用大面积显示屏

驾驶者和车辆如何沟通始终是汽车设计师的研究问题。从原先的物理按键，到虚拟按键，到现在的手势操作，语音操作，驾驶者和汽车的交流手段变得更加多样。汽车也越来越多地使用了大屏幕，即是更加方便驾驶者与汽车沟通的有效手段。

驾驶舱不仅增大了显示屏的尺寸，而且分辨率也大幅度提高。另外，曲面屏的使用可以增加乘客的可视角度。

除了硬件设计以外，软件设计在最近几年也被重视起来。厂商逐渐认识到，把手机 App 植入汽车是不可取的。因为车载屏幕更大，不适合徒手滑动操作，也不利于观察。因此必须要为汽车单独设计更合理，更直观的用户界面，以方便驾驶者读取信息。

此外，车内屏幕不可避免地会有反光。越是大的屏幕，反光就越是严重。目前主流的设计是采用雾面屏，避免反光。或者将屏幕内置在中控台里面，减小反光程度。或者干脆把屏幕亮度加大，以抵消反光的问题。

如今的汽车也越来越像智能电子产品，而非冷冰冰的机器。以导航为代表的集成信息设备和音频娱乐系统已经在车上司空见惯。例如，中控屏幕也改变了音频控制，通过触控屏幕，语音操作，音频的控制得到极大的简化；空调也被数字化集成到屏幕中。结果就是中控台变得非常简洁，中控区域得到了最大程度的简化。

屏幕显示装置不仅可信息显示，还可以识别驾驶员的操作和执行。于是就有了在不直接接触驾驶员的情况下操作车辆，例如最近流行的手势控制。当驾驶员进行预定的手势操作时，传感器会进行感应和操作，这样驾驶员就不用伸手操作屏幕了。

同时由于数字化技术应用，导航和地图也会变得更加立体。比如可以显示 3D 地图以及更加丰富的颜色。同时，汽车系统屏幕的信息内涵也更加丰富。

随着技术的进步，汽车的功能更加多样化，同时汽车系统屏幕的新材料和数字化设计拉近与乘客的距离，有利驾驶员更方便、更直观地进行操作。总之，未来的汽车系统屏幕变得更智能、更温馨，内涵更缤纷多彩。

电动智能超跑SUV荣威MARVEL X采用了与特斯拉Model X类似的内饰中控布局，纵向布置的大屏整体尺寸达到19.4英寸，超越了特斯拉17寸大屏，在量产车中无出其右，极致品位科技。中控大屏与实体按键相融合的设计形式，实现“虚实融合”，形成集成上汽荣威智能中控系统，带来“超越概念”的极致体验。同时，新车中控从中央扶手处腾跃而起，与IP形成完美对接。这种“腾跃式”的中控设计，使屏幕形成了悬浮效果，保证了整体空间的通透性，为用户带来“超越概念”的智能交互体验。

71　脑洞大开的汽车DIY

随着汽车多年的发展，汽车最基本的造型和用途已经在我们心目中形成了一个大概固定的形象。可是即便如此，总有一些异想天开的设计师或是发明者尝试改变我们的固有认知。汽车DIY（自己动手做），即由汽车厂家或专业汽车改装厂按照用户的个性化需求对商品车进行改装。通常汽车DIY的改装包括两个方面：一是对汽车动力、操控性能的改装；二是对汽车外观及内饰的改装。当然，汽车的改装或DIY还受到现行法规的限制。

（1）就像碰碰车（如图）一样，未来的汽车可以实现360度旋转，向任意方向运动，形态也不再按照轿车、SUV、MPV那样去区分，而是以新的形态出现，如方形、球形、椭圆等形状都会出现。但那时候，人们可以在车上开会、带小孩，甚至打桥牌，从而改变汽车的交通属性，让其向出行生态转向。

（2）飞行汽车的实现不一定仅依靠“车具备飞的功能”，还可以通过车与无人机之间的配合。即汽车依然只需要具备陆地行驶的功能机构了，在需要飞行的时候，可以用无人机将其吊起（如图）。

（3）受货车是由车头加上集装箱这个思路启发，共享汽车也可以通过共享车头、后面连接一个个独立的小车身的方式实现（如下图），这样既达到了共享的目的，还能保障乘客的私人空间。未来出行领域可能会延伸出挂车、专车、拼车、分时租赁等多种服务模式。

（4）可分离汽车。这是一款概念露营车，是汽车和露营车的一次出色融合。据介绍，该概念露营车是一个智能化的移动生活概念，专为两人（最多四人）设计。车厢里面有生活的所必备的各种功能模块，包括厨房、饭厅，休息用的床等，人们可以根据自己的行程选择是整个大车出动还是只用前面的小车出动。

（5）救生舱式汽车。一辆名为“标致胶囊”（Peugeot Capsule）的概念救生船式汽车，兼具越野功能、驾驶乐趣、未来科技以及环保意识于其中，受到世人的关注。

72　汽车赛事：玩的就是心跳

汽车赛事是项很热血的运动。无论是T型车时代，还是未来的全电动车时代，这种新奇且潜力巨大的细分领域可以说是一个巨大的市场。

赛车运动分为两大类，场地赛车和非场地赛车。

（1）场地赛车，顾名思义，就是指赛车在规定的封闭场地中进行比赛。它又可分为漂移赛、方程式赛、轿车赛、运动汽车赛、GT耐力赛、短道拉力赛、场地越野赛、直线竞速赛等。其中，方程式赛中又包含了一级方程式、三级方程式、GP2、F3000、印地赛车、美国冠军方程式、福特方程式、康巴斯方程式及卡丁车等。

（2）非场地赛车基本上的比赛场地不是封闭的，主要分拉力赛、越野赛及登山赛、沙滩赛、泥地赛等等。

汽车赛事又是一个很大的行业，知名的有F1（1950年）、WRC（1973年）、MotoGP（1949年）、达喀尔（1978年）、Nascar（1938年）、印地500（1911年）、曼岛TT（1907年）、勒芒24（1923年）、NHRA（1951年）等，可以看出大部分汽车赛事出现在二战前后10年间，这也是量产车开始走进千家万户的时代。以Nascar赛车为例，早年在美国禁酒令时期，许多私酒贩子改装运酒车以逃避警察的追捕，在闲暇时便聚在一起比谁的车改得好、跑

得快。

其中最有名的比赛场地便是在 Daytona 海滩上比直线，后来觉得直线太短，便借用了海滩边的一段公路，开始跑圈，这就是 Nascar 的雏形，这种比赛形式也沿用到了现在，Daytona 也是 Nascar 的总部所在地之一，也是其最重要的一条赛道。目前 Nascar，全年共举办超过 2000 场比赛，每年有超过 1.5 亿次现场观众观看，电视收视率远超 NFL、NBA 等赛事，整个赛事分为 12 个系列赛，在全国 100 个赛道举行。所有赛车都是统一的改装标准，并且都来自量产车型号，同 F1 相比，这是一个来自平民，并且至今拥有庞大的群众基础的赛车嘉年华。

与普通的汽车相比，F1 赛车有许多独特的地方，它的车身细而长，车身高度很低，宽大的车轮极为显眼，而且是完全暴露的，即所谓“开式车轮”（Open Wheel）。

F1 赛车都是世界著名汽车厂家的精心杰作。一辆这种赛车的价值超过七百万美元，不亚于一架小型飞机的价值。F1 汽车大赛，不仅是赛车手勇气、驾驶技术和智慧的竞争，在其背后还进行着各大汽车公司之间科学技术的竞争。福特汽车公司就形象地把汽车大赛比作“高科技奥运会”。在汽车大赛中推出的新型赛车，从设计到制造都凝聚着众多研制者的心血，并代表着一家公司乃至一个国家的高科技最新水平。汽车大赛还是各国科技人才素质的较量。据悉，德国约有 2000 多名专业人才直接从事赛车的设计、制造和研究工作、美国约有 1 万人；而日本则最多，估计近 2 万人左右。

汽车体育项目背后都靠着一个庞大的产业，以赛车为例，其实背后是房地产、旅游和汽车后市场，如运动装备、体育数据、培训等。赛车可以带动整个相关上下游产业发展的龙头行业。

上海国际赛车场自 2004 年起成功举办的赛事和活动有：F1 中国大奖赛、MotoGP 中国大奖赛、V8 国际超级房车大奖赛、A1 世界杯汽车大奖赛、中国房车锦标赛、上汽国际赛车场系列赛以及各类厂商活动等，这些重大赛事的成功举办对于推动了上海汽车工业和汽车文化的发展，展示了上海乃至中国改革开放以来取得的重要科技成果。

中国上海国际赛道位于上海市嘉定区安亭镇，2004年建成并首次承办一级方程式比赛。

上海国际赛车场的赛道是F1历史上第63条赛道，设计灵感源自于江南水乡楚楚动人的荷叶造型。上海国际赛车场赛道总长度7千米左右，由一级方程式赛道和其他类型赛道组成。有着独特的建筑风格和完整的配套设施，急速直道与复杂多变的弯道组合，巧妙的赛道设计结构对车手的要求是相当高的。形象化的艺术字“上”字形赛道，蕴含着“力争上游、乘势而上演精彩”的寓意。

上海国际赛车场赛道是被国际汽联（FIA）授予赛道最高级别认证的赛道，具有7处左转弯道及9处右转弯道。平均时速205千米。最长的直道长度为1175米，位于弯道T13和T14之间。赛道的宽度在13—15米之间，一般为14米，在弯道处加宽到最大20米（弯道T14/T15）。

赛车场看台设计规模约20万人。主体建筑及其他主要建筑约15万平方米，包括主副看台、赛事控制塔、行政管理塔、新闻中心、空中餐厅、车队生活区及维修区等。

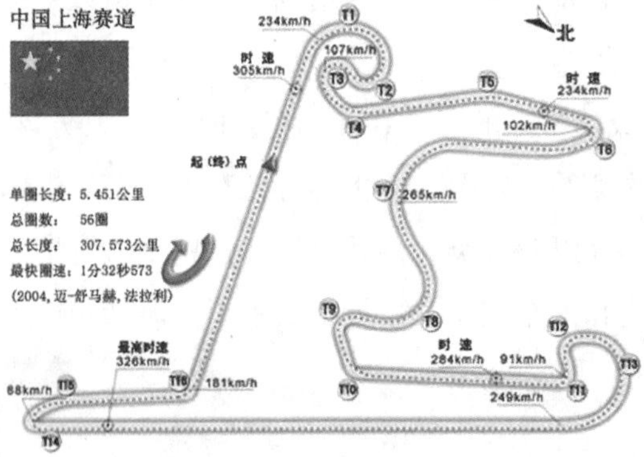

上海国际赛车场已经成功举办了F1中国大奖赛、MotoGP、V8国际房车赛及全国汽车场地锦标赛等国际、国

内重大赛事，向世人展示了上海举办国际一流赛事的能力，推动了国际和国内区域间经济和社会文化交流。

73 汽车博物馆

博大精深向来是博物馆的一大特点，汽车博物馆更是名不虚传，各色古典车、跑车、赛车、豪车等让人目不暇接，流连忘返。汽车博物馆能够让我们回顾豪车年代体验极度奢华感受，追忆属于它们的似水年华。

（1）德国保时捷博物馆。保时捷博物馆的新址建在保时捷总部附近，展厅面积为5600平方米，具有80件富有特色的展品，主要包括市面上稀有的保时捷和一系列历史模型。新保时捷博物馆仿佛凌驾于地面之上。

保时捷博物馆展品件件都是精品，这里也是学习汽车知识的好地方，不少部件甚至整车都被解剖展览，内部结构看得一清二楚，而且都是保时捷的原件。博物馆还开放对老爷车车间的研究和档案的查寻。

（2）瑞典沃尔沃汽车博物馆。沃尔沃（VOLVO）集团是瑞典最大的工业企业集团。在沃尔沃汽车博物馆里您可以了解这一世界知名企业的发展过程，这里展示从沃尔沃1号车开始到最新模型为止的所有车型。作为瑞典乃至北欧最大的制造公司，在沃尔沃汽车博物馆里不仅仅能看到汽车，还可以见到飞机、坦克等产品。它们诉说着VOLVO超越汽车之外的梦想，也提醒着我们，汽车制造厂在国家整体战略里的重要地位。

（3）日本丰田博物馆。丰田博物馆坐落在日本爱知县长久手市，是一个展示汽车发展历史的专业博物馆。它自1989年4月开馆以来，收集并展出了以实用车型为主的 120 辆汽车和各种与汽车相关的资料，系统介绍了 19 世纪末到 20 世纪的百年汽车发展历史。

丰田博物馆内设有可以阅览汽车类书籍和影像资料的图书馆、销售特色商品的专卖店、餐厅等各种设施，而且还经常举办试驾、策划展、画廊展等各种活动，不仅内容丰富多彩，而且举办形式新颖别致。

（4）意大利法拉利博物馆。法拉利博物馆是一个让法拉利神话永驻的地方。博物馆每年接待 20 万来自世界各地的车迷。博物馆中收藏了代表着品牌历史并且在市场和全球赛道上取得巨大成功的汽车、影像和奖杯。所以，法拉利博物馆不仅仅是一家汽车及物品静态收藏博物馆，还是一个时时更新不断挑动人神经的动态展览。

法拉利博物馆分成多个主题区，每一个区域都按照赛车爱好者们和古董车专业鉴赏家的期望而设计：F1 区域、运动型跑车及原型运动型跑车区域以及 GT 跑车区域。还为年轻的参观者专门准备了教学实验室。

（5）德国梅赛德斯–奔驰博物馆。这是世界上唯一能够展现 130 年汽车历史的博物馆，其展览概念也非常独特：在展览面积为 16500 平方米的九层建筑物中，两条参观路线可以引领参观者领略包括 160 辆展车在内的 1500 多件展品的风采。在博物馆中可以领略到梅赛德斯–奔驰品牌的持续创新实力，通过汽车历史的发展历程预见未来的辉煌。

梅赛德斯–奔驰博物馆不仅展现了激动人心的品牌历史，而且启迪性地展望了未来。新博物馆的内部结构模仿了 DNA 双螺旋结构，体现了品牌最初理念是为迎合个体的变化而不断地推出新产品：从汽车的发明到面向未来的无事故驾驶理想状态。

（6）德国宝马博物馆。宝马（BMW）博物馆是汽车爱好者的天堂，碗状建筑的屋顶是一个圆形平面，屋面上描着蓝白相间的宝马（BMW）圆形徽记，蓝色象征天空，白色象征螺旋桨。宝马博物馆展厅设计为环绕式的空间，按照不同年代和时期，展示各类宝马汽车、宝马摩托车、轻骑和一些特殊用途的车辆样品，并运用现代声、光、电、多媒体等高科技手段及图片音像资料，提升产品展示的艺术空间，全面演绎了宝马汽车公司的成长与发展史。

（7）德国大众汽车城。现代化大众汽车城落成于 2000 年，是附属大众汽车集团的汽车主题公园，每年能吸引 200 万游客，是德国最知名的主题公园之一。汽车城由十几座独立的建筑组成，每一座建筑都是独立的汽车博物馆。在博物馆之内，每个大众旗下的子品牌都建造了造型各异、彰显不同风范的展示厅，观众可以按照顺序依次参观大众汽车集团旗下的全部品牌展厅，如大众、西亚特、斯柯达、兰博基尼、奥迪、宾利等。大众汽车城还为汽车爱好者特别安排了试驾新款的 SUV，体验特殊地形的驾驶感受。

（8）美国亨利 · 福特汽车博物馆。在美国人心里，福特是一个奇迹。为了纪念他，在福特汽车公司总部所在的底特律建造了这座博物馆。占地 9 英亩，以亨利 · 福特名字命名的博物馆的展品反映了福特汽车公司的发展及美国运输业历史的嬗变，同时还展出了各个时期福特生产的不同用途、不同型号和品牌的各种汽车。此外，这里的展品还有美国其他制造业的成果。漫步在一件件展品前，能够清晰地看到美国工业史的脉络。

（9）意大利菲亚特博物馆。菲亚特博物馆博物馆内部是二层结构，一楼摆放的都是菲亚特从 1899 年创立后不同年代有代表性的车辆、车模、产品等；二楼是菲亚特在第一次世界大战和第二次世界大战期间参与制造的军用飞机、舰艇、潜艇等，以及历年的企业宣传画的手稿原件和一些珍贵的历史照片。

（10）美国彼特森汽车博物馆。

彼得森汽车博物馆以其对汽车爱好者展示汽车历史的承诺及其对美国文化的深远影响而长久地享有盛誉。在四层楼高的展馆内，博物馆藏有 200 多辆名贵汽车，对外展出的有 100 多辆。走进这里，仿佛穿越了时光隧道，不同年代的车型不停地变化，馆内立体的布置配上声光，生动而真切。

中国也有许多汽车博物馆。位于上海安亭的上海国际汽车博物馆是中国首家专业汽车博物馆，展馆建筑面积 2.8 万平方米，展区面积逾 1 万平方米。博物馆外依景色优美的上海汽车博览公园，内设历史馆、珍藏馆、探索馆以及临展区等 4 个功能不同的展示区域，20 多个品牌的近百辆经典古董车陈列其中，向观众呈现汽车百年发展中的精彩瞬间。

74　工业旅游：欣赏造车之美

随着国际旅游业的发展，以生产场景、高科技生产设计、厂区环境和企业文化为资源的汽车工业旅游，已越来越引起人们的关注和兴趣。

所谓汽车工业旅游资源主要是指能够吸引大众进行旅游消费的汽车工业生产场所、生产过程、生产成果和管理经验。其基本载体是一些有特色的、高科技的、新型产品的和管理经验先进的汽车企业。由于现代化汽车工业生产的需要，汽车的生产场所往往规模宏大、气势雄伟，环境优美，越来越受人们的欢迎，汽车生产场所已成为汽车工业旅游的重点。同时，由于汽车产品的专业性和科技性，人们在使用汽车的同时对其生产过程了解甚少，汽车产品的生产过程对人们也产生巨大的吸引力，而吸引是旅游开发过程的前提。人们还可以直接到汽车企业参观不同时期的汽车生产成果，了解汽车发展的历史，也可直接到企业或生产场所购买其生产。

汽车工业旅游资源是人文旅游资源的新分支，具有如下显著特征：

（1）科学性。求知是游客参观企业的最主要目的之一，汽车工业旅游资源中的科学技术含量是其他众多旅游资源所不及的，它有别于自然旅游资源中所含的自然科学知识，又不同于历史文物古迹等所展示的历史性题材，它能现实、直观地向游客展示汽车科技的内容与实践。

（2）可达性。评价一项旅游资源的可开发性，很重要的一点便是旅游地的可达性。汽车工业旅游地优于自然旅游地，重要的一点就在于汽车企业多位居大城市，交通便利、服务设施齐全，旅游所耗的时间和经费较少，可进入性较好。

（3）多效益性。许多现代汽车企业花园化已成为现实，尤其先进的设备、精湛的技术、科学的工艺流程及壮观的场面，融合了社会美、艺术美、自然美。游客参观的过程就是学习的过程，获取科学知识、增长见识是旅游者进行汽车工业旅游的最大收获之一。同时，汽车工业旅游资源具有融求知与审美于一身，集观光与购物于一体的多功能性。

汽车工业旅游是现代生产力不断发展的产物，国外汽车工业旅游早已兴起并且发展迅速，法国的雷诺、标志、雪铁龙三大汽车公司开设的汽车工业旅游项目，每年接待的游客多达二十万人次。德国奔驰汽车公司的顾客可以参观公司的总装线，可以穿上工作服亲自拧几颗螺丝，还可以到工人的食堂里吃顿午饭，真正体验“奔驰”人的生活。

汽车旅游资源的开发利用，使汽车企业从以汽车生产为主的一元产业结构转变为以第二产业为主导、第三产业迅猛发展的多元产业机构，使企业各个生产要素充分发挥其经济效益。汽车工业旅游为旅游者通向汽车的神秘大门打开了通道。旅游地区通过旅游者的食、住、行、娱、购等的消费活动，获得经济收入。未来，汽车工业旅游市场的创收潜力巨大。

中国的汽车工业旅游普及程度非常高，可参观的一些汽车生产厂也已开始凸显特色。上海地区最近新开辟了5条以“走进上海制造”为主题的上海工业旅游经典线路，其中“极速汽车动感之旅”由“上汽大众汽车有限公司——上海汽车博物馆——上海国际赛车场”(如图)组成。

75 城市绿色出行与汽车

世界城市化的历史表明，城市的发展，对汽车使用的影响有极其明显的规律性。这一规律对汽车工业的变革与汽车商品流通的发展产生直接的推动作用。城市化对汽车工业来说，不单纯是一个道路问题。城市布局、城市功能、城市道路设施、城市交通管理及城市经济、文化对汽车的普及都有很大影响。

随着城市人口的增多和汽车的增加，城市交通问题日益突出。当城市变成汽车的城市，由汽车带来的问题可能非常严重。例如，在许多大城市，由于过量的汽车，经常导致交通阻塞，交通事故频繁，大气遭到污染等。交通问题已经给城市社会经济发展带来了严重影响。

所谓城市绿色交通系统发展目标，分为三大类，即功能目标、环境目标、资源消耗目标。

（1）功能目标。它主要涉及城市交通的运输质量，包括安全性、可达性、选择性和服务性等，以及满足不同交通需求的能力等。

（2）环境（生态）目标。环境目标包括两方面内容：一方面是要求城市交通行为对环境产生的负面及消极的影响最小，较少干扰无交通需求的人的活动，对空气、声环境、生态及其他自然要素，产生的负面效应在允许范围以内；另一方面要求对骑自行车和步行友好。

（3）资源消耗目标。资源目标要求城市交通系统对人类有用资源的耗费较少，如土地、能源、资金、人的劳力等。

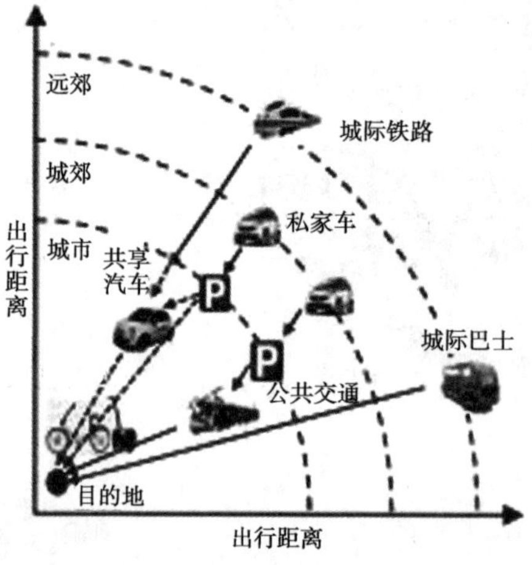

立体交通网络示意图

一个高效率的城市绿色交通系统应当满足居民的多方式选择需求。居民近距离出行能够通过步行、骑自行车来解决，远距离出行可以通过接换公共交通、轨道交通、出租车、共享汽车、私家车等多种方式来解决，再远距离可以通过城际铁路和城际客车等方式来解决。

随着人们对出行需求的不断升级，在智能交通和车联网背景下，在汽车“电动化、智能化、网联化、共享化”四大趋势的引领下，未来城市绿色出行方式将会出现变革。而汽车科技的七大发展趋势可能会影响汽车的绿色出行方式。

国务院在关于原则同意《上海市城市总体规划（2017—2035年）》的批复（国函〔2017〕147号）中指出：保障城市安全运行。要按照绿色循环低碳的理念规划建设城市基础设施。进一步完善公路、铁路、机场、港口等交通基础设施，发挥综合交通枢纽功能，促进区域交通设施互联互通。坚持公共交通优先战略，鼓励绿色出行，加强城市路网和轨道交通线网建设，进一步完善以公共交通为主体，各种交通方式相结合的多层次、多类型的城市综合交通体系。坚持先地下、后地上的原则，统筹规划建设水、电、气、通信、垃圾处理等各类市政基础设施，有序开展地下综合管廊建设，加强人防设施规划建设，提升各类基础设施对城市运行的保障能力和服务水平，确保城市生命线稳定运行。高度重视城市公共安全，加强城市安全风险防控，增强抵御灾害事故、处置突发事件、危机管理能力，提高城市韧性，让人民群众生活得更安全、更放心。

六、科技将改变汽车

进入21世纪，世界汽车产业开始进入“第二个汽车时期”。自1886年世界发明汽车，到20世纪末属于第一个汽车时期，汽车产业取得了惊人的硕果，被誉为“改变世界的机器”，但都属于分工明确，具有门户色彩的传统经济活动产物，充分体现出工业化时期现代化的基本特征。

而当前“第二个汽车时期”来临时，汽车成为一种知识型产品，最突出表现为汽车成为“四个轮子上的计算机”。传统的汽车将不再是“改变世界的机器”，而成为被全世界都来改造的机器。在这个世纪，汽车的重大特征是要实现信息化时代的现代化，即表现为融合、创新、变革和市场上以顾客为主体的个性化导向，充分体现出新一轮汽车产业发展的原生创意。

汽车产业工业化年代的现代化历程已经走到尽头。在“第二个汽车时期”，我们不再选择比尔·福特，而是选择比尔·盖茨。未来跨量级的汽车文明是一种历史的演变过程，也是社会生产发展到一定高度的必然产物。新时代的汽车文明不单是科技进步的表述，更是一种新兴生产方式的诞生和体验。

76　法规推动汽车技术

汽车是关系国计民生的重要生产资料和消费品，与经济社会发展密切相关。汽车使用广泛，使用环境和条件复杂（涉及驾驶人、道路设施、其他车辆及行人、交通管理等因素），在使用过程中存在一定程度的交通安全、环境污染、能源消耗等问题或隐患，涉及安全、环保等社会重大公共利益。因此，当人们沉浸于汽车带来的舒适与便利时，汽车文明也带来了一定负面效应：

（1）汽车对环境的破坏：有害气体（主要是碳氢化合物、一氧化碳、氮氧化物和细颗粒物）污染；温室气体（主要是二氧化碳）排放；噪声和电磁波辐射；车内污染；报废汽车泛滥。

（2）汽车消耗大量资源，汽车生产和使用消耗的是不可再生的石油、矿石、稀土资源；道路及停车设施占用大量土地资源。

（3）汽车对社会的危害有交通事故、城市拥挤、道路堵塞、生态破坏等等。

我国的交通安全、大气污染、能源供应等外部性问题比较突出。这些外部性问题的产生与汽车普及过快、社会和相关产业发展相对滞后等因素有关。欧洲、美国、日本等汽车工业发达的国家和地区汽车产业经过100多年的发展，形成了一套较为成熟的法规体系和管理体系，实现了汽车产业发展和汽车社会建设的良性互动。

我国的汽车法规即汽车强制性标准，是在汽车标准化工作的基础上逐步开展起来的。根据标准化法，我国汽车标准分为强制性标准和推荐性标准。当前汽车强制性标准即相当于汽车法规，将依法强制执行。不符合汽车强制标准的国内汽车产品不得生产、制造和销售，国外汽车产品不得进口。

我国汽车强制性标准的内容主要涉及车辆安全、环境保护和节能等三方面，与国际汽车法规是协调的。标准化法全面实施后，汽车行业在依法进行标准清理整顿的同时，制定了一套比较合理科学的汽车标准体系。从长远角度看，世界汽车工业所面临的能源、空气污染和二氧化碳排放三大热门问题中，能源问题和二氧化碳问题将是重中之重，受关注程度越来越高。为了有效地达到节能和减碳的目的，世界汽车技术的发展正向着能源多元化、车辆节能化、排放洁净化、动力电气化方向积极推进。因此，中国汽车产业要可持续发展，必须制定好“汽车强制性标准体系”，发展节能和新能源汽车，加快产业转型和升级，以保持汽车产业的竞争优势。因此，人、车、自然、社会的和谐与可持续发展赋予汽车未来发展新的使命和挑战。

中国汽车节能技术法规的制定目标如下图：

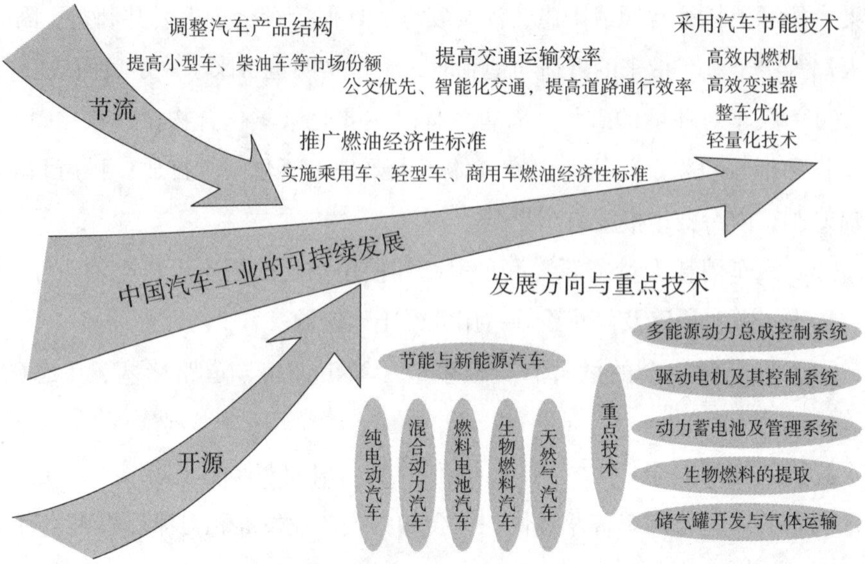

中国汽车工业节能技术发展展望图

中国汽车油耗法规政策的制定，是为了推动产业自身可以更好地优化资源配置，调整企业的研发和市场着眼点，以低碳产品的市场化实现最终的节能减排目标。中国汽车油耗法规政策可以划分为 4 个阶段：第一阶段（2005—2007 年），出台了单车油耗限值规定；第二阶段（2008—2011 年），对单车油耗限值加严 10%；第三阶段（2012—2015 年），管理措施由单车限值管理向“单车限值 + 企业平均油耗 CAFC”管理转变，同时要求企业平均油耗 2015 年降到 6.9 升 /100 千米；第四阶段（2016—2020 年），管理措施转变为“企业平均油耗 CAFC+ 新能源积分”并行管理，同时要求企业平均油耗 2020 年降到 5 升 /100 千米。

中国汽车油耗法规政策未来趋势是：2020 年和 2025 年我国汽车油耗目标分别为 5 升 / 千米和 4 升 /100 千米，因此，节能减排目标的实现，必须以传统汽车节能技术应用为主导，辅以新能源汽车的导入。目前传统汽车节能技术主要包括高效动力系统、低摩擦技术、轻量化技术、电子电器等。

77 电动汽车

现代电动汽车不是 140 多年前古老电动汽车的重复，它集合机电、电子、电网技术、车联网、智能控制、化学电源、计算机、信息技术、新能源、新材料等学科以及新型商业模式，是多种高新技术智慧凝聚的成果。

环境和能源问题催生纯电动汽车，新能源汽车中最受人注目的就是纯电动汽车。电能来源广泛，除了化石能源外，可以从太阳能、水能、风能、地热能以及海洋能等能源中无限地获取；电能作为纯电动汽车的驱动力在运行中不排放污染物；纯电动汽车噪声低、能源效率高、结构简单、维修方便。

纯电动汽车是由车载可充电蓄电池或其他能量储存装置提供电能、通过电动机驱动的汽车。纯电动汽车有多种类型，大部分纯电动汽车采用电动机直接驱动（下图），即把电动机装在“发动机”舱内，也有采用“分布式驱动”，即以驱动电机分别安装在 4 个车轮上的形式进行驱动。

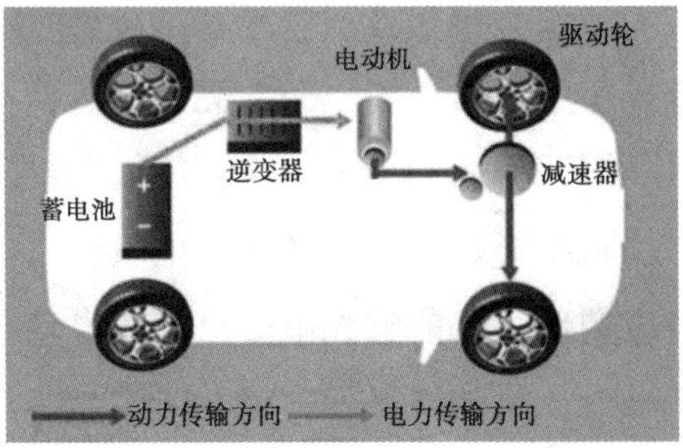

目前电动汽车主要有以下几类：

（1）全纯电动汽车（AEV）。全纯电动汽车装有足够容量的动力电池，其车速和续驶里程基本可满足日常较远距离的使用要求。

（2）插电式混合动力汽车（PHV）。插电式混合动力汽车是在全纯电动汽车的基础上加了一套车载充电系统，全纯电动汽车只能将车载电池取下后放进充电机充电，而插电式混合动力汽车上的充电机可以直接将220伏电压转换成充电电压，对车载电池进行充电。

（3）增程式纯电动汽车（RE-EV）。增程式纯电动汽车是为弥补电池能量的不足，在普通意义的全纯电动汽车上增加一个小型辅助发电机组（传统发动机加发电机），在电池电量用尽后还能依靠辅助发电机提供电能以较低车速继续行驶到充电站补电。

电动汽车自19世纪末诞生以来，在世界范围内经历过多次起落，纯电动汽车所以能再度崛起，是由于它具有不同内燃机汽车的独特优点：

（1）不排放有害气体和产生温室效应气体。纯电动汽车的驱动电动机工作时不产生废气，几乎是“零污染”，对环境保护和空气的洁净是十分有益的。而且，电动汽车无内燃机产生的噪声。电动机的噪声也很小。

（2）能源效率高。研究表明，纯电动汽车能源效率超过汽油机汽车。特别是在城市运行中的行驶速度不高，电动汽车更加适宜。因为电动汽车停止时不消耗电量，在制动过程中，电动机可自动转化为发电机，实现制动减速时能量的再利用。

有研究表明，同样的原油经过粗炼，送至电厂发电，电力充入电池，再由电池驱动汽车，比起经过精炼变为汽油，再经汽油机驱动汽车来，其能量利用效率高。因此，电动汽车有利于节约能源、减少有害气体和二氧化碳的排放。

（3）能源来源多样化。电动汽车另一个优点是它使用的电力可以从多种一次能源获得，如纯电动汽车电池充电的电力可以由煤炭、天然气、水力、核能、太阳能、风力、潮汐等多种能源转化。同时，电动汽车技术相对简单成熟，只要有电力供应的地方都能够充电。这样，电动汽车的推广和应用可有效地减少对石油资源的依赖。

电动汽车还可以避开用电高峰，充分利用晚间用电低谷时富余的电力充电，有利于电网均衡负荷，减少费用。

（4）使用维修方便。电动汽车较内燃机汽车结构简单，运转、传动部件少，所以，电动汽车维修保养工作量小。当采用交流感应电动机时，电机无须保养维护，更重要的是电动汽车易操纵。

纯电动汽车的结构。纯电动汽车的结构组成包括：电力驱动及控制系统、驱动力传动等机械系统、完成既定任务的工作装置等。“电力驱动及控制系统”是纯电动汽车的基本组成部分，也是纯电动汽车的核心，正是由于纯电动汽车有了这个核心系统，才区别于内燃机汽车。“电力驱动及控制系统”由驱动电动机、动力蓄电池组和电动机调速控制装置（分别简称：电机、电池、电控）组成。纯电动汽车的其他装置基本与内燃机汽车相同。

（1）驱动电动机。电能通过驱动电动机的作用转化为机械能，再通过传动装置或直接驱动车轮和工作装置。目前电动汽车上广泛采用直流串激电动机，这种电机具有“软”的机械特性，它与汽车的行驶特性非常相符。随着电机技术和电机控制技术的发展，直流电动机势必逐渐被直流无刷电动机、开关磁阻电动机和交流异步电动机所取代。这些新型电动机的出现和应用使得电动汽车的核心问题有望得到解决。

（2）动力蓄电池组。关于动力蓄电池组，由专门的知识点介绍，这里不再展开。

（3）电动机调速控制装置。电动机调速控制装置是为电动汽车的变速和方向变换等设置的，其作用是控制电动机的电压或电流，完成电动机的驱动转矩和旋转方向的控制。

伴随能源革命和第四次工业革命的浪潮，全球汽车产业迎来前所未有的颠覆性变革，而推动这一变革的力量来自于技术的创新——绿色能源、智能电网、信息技术、移动互联等跨界融合与快速迭代，这为电动汽车产业的蓬勃发展注入新的动力。

比亚迪是一家中国品牌的汽车企业。2003 年成长为全球第二大充电电池生产商，同年组建比亚迪汽车。

在电池领域，比亚迪具备完全自主研发、设计和生产能力，凭借20多年的不断创新，产品已经覆盖消费类3C电池、动力电池（磷酸铁锂电池和三元电池）、太阳能电池，以及储能电池等领域，并形成了完整的电池产业链。目前，比亚迪是全球产能最大的磷酸铁锂电池厂商。除新能源车和轨道交通外，比亚迪的电池产品广泛用于太阳能电站、储能电站等多种新能源解决方案，是全球领先的太阳能和储能解决方案供应商，产品已经出口至美国、德国、日本、瑞士、加拿大、澳大利亚、南非等多个国家和地区。

在电子领域，凭借强大的材料、产品研发能力，自动化设备开发和应用能力，以及规模庞大的加工制造能力，比亚迪已成为全球领先的电子产品设计制造服务商，可为客户提供包括设计、研发、制造、物流及售后等“一站式”服务，并在移动终端结构件、金属及塑胶结构件、3D玻璃及陶瓷结构件等领域获得行业领先。

在汽车领域，凭借技术研发和创新实力，比亚迪掌握了电池、电机、电控等新能源车核心技术。目前，比亚迪新能源车已经形成乘用车和商用车两大产品系列，涵盖七大常规领域（私家车、出租车、城市公交、道路客运、城市商品物流、城市建筑物流、环卫车）和四大特殊领域（仓储、港口、机场、矿山专用车辆），实现全领域覆盖。

在乘用车市场，比亚迪涉及燃油车和新能源车两大领域。自2008年推出全球首款量产的插电式混合动力车型以来，比亚迪陆续推出e6（如图）、秦、唐、宋、元等多款新能源车型，并获得市场的极大认可。在商用车市场，比亚迪拥有丰富的纯电动巴士、纯电动卡车和纯电动叉车产品线。

78 混合动力汽车

混合动力汽车（HEV）具有双重“性格”，运行中时而从容平和，时而亢奋激昂，但不管如何演绎，其本色与表现性格总能与工况环境浑然一体。驾驭混合动力汽车，可让强劲动力与能效成本不再顾此失彼，让灵敏至极的操控不再遥不可及。混合动力汽车通过搭载使用电动机，使得动力系统可以按照其实际运行工况要求灵活调控，而发动机保持在综合性能最佳的区域内工作，从而降低油耗与排放。

专家估计，在未来 20 年内电动汽车还无法取代燃油发动机汽车（除非燃料电池技术有重大突破）。现实迫使工程师们设想出一个两全其美的技术过渡办法，即开发了具有内燃机和蓄电池两种动力源装置的汽车——混合动力汽车。

混合动力汽车又称复合动力汽车，广义上说，混合动力汽车是指拥有至少拥有两种动力源，使用其中一种或多种动力源提供部分或者全部动力的车辆。但是事实上，混合动力汽车是多半采用传统的内燃机和电动机作为动力源，通过混合使用热能和电力两套动力系统驱动的汽车。从目前的功能上看，混合动力汽车采用的新动力主要是解决节省石油燃料这个现实问题，但从发展势头看，混合动力汽车将通过与新能源结缘，衍生出不同的族群，也可称为新能源汽车。因此，在新能源汽车分类中，有时也将它划为纯电动汽车的一种车型。

混合动力汽车使用的内燃机既有柴油机又有汽油机，也有的发动机经过改造使用其他替代燃料，例如压缩天然气、丙烷和乙醇燃料等；使用的电动力系统中包括高效强化的电动机、发电机和蓄电池；使用的动力电池有铅酸电池、镍锰氢电池和锂电池等，将来应该还能使用氢燃料电池、太阳能电池等。

在很多人看来，丰田是混合动力车技术的创始者。其实不然，在 1899 年，F. 波尔舍作为年轻的工程师已经设计出一辆名为“Lohner-Porsche Mixte Hybrid”的油电混合动力汽车，并于 1901 年开始生产，而这时距离汽车诞生也就仅仅 15 年之久。与此同时，比利时一家汽车制造商 Pieper 也在 1900 年推出了一辆油电混合动力汽车。进入 20 世纪 90 年代后，混合动力汽车成为各国汽车企业竞相研发的重点。经过多年的研发，混合动力汽车有的已经成功实现了产业化。

混合动力汽车按照能量合成的形式主要分为串联式（SHEV）、并联式（PHEV）和混联式（PSHEV）3 种。按照车辆对电能的依赖程度分类，可分为4类：轻度/微混合动力、中度混合动力、全混合动力、插电混合动力（PHEV）。此外还有一种介于混合动力和纯电动之间车型——增程式混合动力汽车（EREV）。

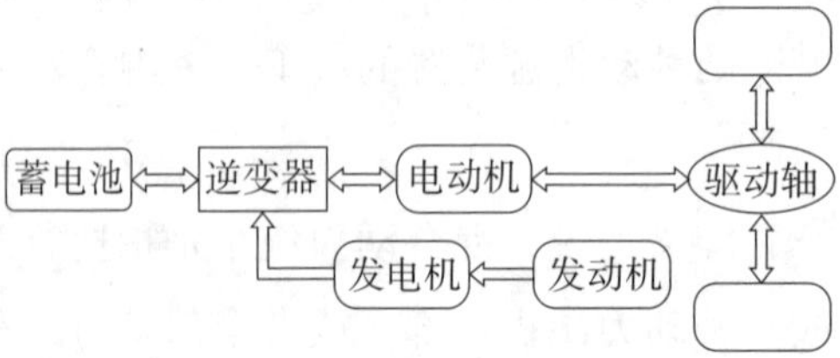

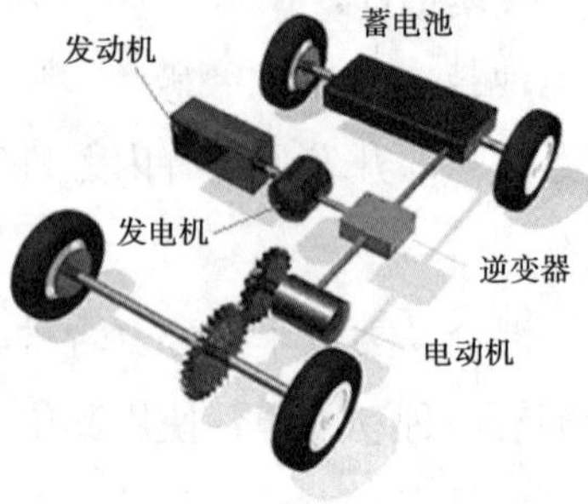

现介绍一下串联式混合动力汽车。串联式混合动力汽车由发动机、发电机和电动机3部分动力总成组成，它们之间用串联的方式组成SHEV的动力单元系统。由发动机直接带动发电机发电，产生的电能通过控制单元传到电池，再由电池传输给电动机转化为动能，最后通过变速机构来驱动汽车（上图）。在这种联结方式下，电池就像一个水库，只是调节的对象不是水量，而是电能。电池对在发电机产生的能量和电动机需要的能量之间进行调节，从而保证车辆正常工作。这种结构适用于中大型汽车，特别是城市公交客车。

综合来看，混合动力汽车的，优势十分明显，主要包括：

（1）混合动力汽车可与汽油发动机汽车一样到加油站加油，不用改变消费者使用汽车的习惯；政府和企业推广这种产品也无须投资新建充电装置或加气站。

（2）混合动力汽车燃油经济性能高，而且行驶性能优越。混合动力汽车的内燃机使用燃油，而且在起步、加速时，由于有电动机的辅助，可以有效地弥补内燃机低转速扭矩力不足的弱点，降低油耗；可关停内燃机，由电池单独驱动，实现零排放。

（3）混合动力汽车内燃机可十分方便地解决耗能大的空调、取暖、除霜等纯电动汽车遇到的难题；蓄电池可十分方便地回收制动时、下坡时以及怠速时的能量。

（4）混合动力汽车可让蓄电池保持良好的工作状态，不发生过充、过放，以延长其使用寿命，降低成本。

目前，混合动力汽车要进入产业化，需要具备高比能量和高比功率的能量存储装置，低成本、高效率的电子设备和燃料经济性高、排放低的发动机。从技术层面看，混合动力汽车技术逐步成熟，已进入产品市场竞争期，率先实现产业化，正成为汽车市场销售新的增长点。混合动力汽车技术进步加速，整车产品更加接近消费者需求；世界主要汽车制造商加快了混合动力汽车量产步伐；插电式混合动力作为一种具有纯电动和混合动力双重特征的电动汽车技术成为全球新的研发热点。

荣威550插电式混合动力轿车于2013年上市，其最引人注目的领先技术，无疑是装配了国内首个Green-motion高效能三核混动发动机组。1.5升VTI高效汽油发动机、Integrated Starter Generator启动发电一体机和Traction motor牵引电机不但使荣威550插电式混合动力轿车百公里油耗仅2.3升，同时更可输出160千瓦的峰值功率及587牛·米的峰值扭矩，并且Green-motion高效能三核混动引擎组可自动根据行驶状态判断三个动力源输出，以达到超低油耗与超强动力的完美平衡。

EDU智能电驱变速箱是荣威550插电式混合动力轿车动力总成上的又一大看点。EDU智能电驱变速箱为消费者提供了E-经济模式、N-普通模式、M-山地模式三种不同的行车模式，为消费者带来最佳行车性能，体验平顺驾驶与线性加速的畅快感受的同时，实现了节油操控两不误。

79 增程式电动汽车

对于增程式电动车（RE-EV），汽车界给出的定义是：整车在纯电动模式下可以达到其所有的动力性能，而当车载可充电蓄电池无法满足续航里程要求时，打开车载辅助发电装置（增程器）为动力系统提供电能，以延长续航里程。

所以按照这种定义，增程式电动车的本质是属于纯电动汽车，只是在电动车上安装了一个汽油发电机，即车辆的所有机械能是由驱动电机产生。增程器（汽油发动机也可是天然气、醇燃料、氢燃料发动机）只管发电，但产生的能量有三种传输方式：（1）只由动力蓄电池驱动电机；（2）增程器同时给驱动电机和动力蓄电池供电；（3）增程器单独给电机供电。

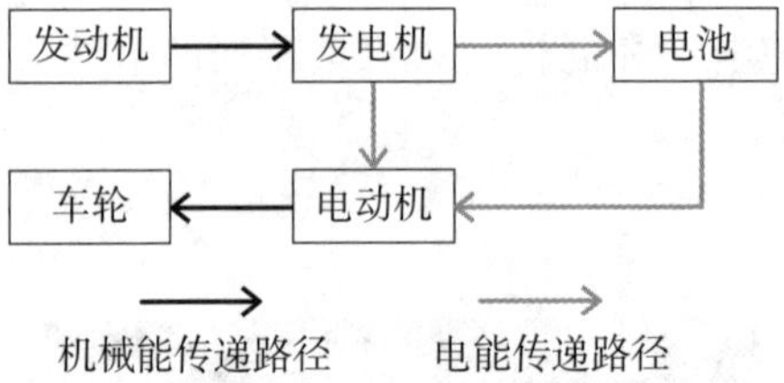

增程式电动汽车可能成为未来一段时间纯电动汽车发展的主流。这种汽车完全为纯电驱动，并且内置小型辅助内燃机可以随时根据需要对电动汽车电池进行充电。增程式纯电动汽车使用成本低，也更容易实施。

笼统地说，增程式电动汽车与插电式混合动力汽车都属于可充电的混合动力汽车，但是它们之间却有着本质的差别：插电式混合动力汽车是在深度混合动力汽车基础上再增加配置少量电池，使用者可获得更多的纯电行驶里程（由于深度混合动力汽车本身就具有纯电行驶的功能，因此稍增加点电池，稍微调整一下控制方式就能实现）；增程式纯电动汽车是在纯电动汽车基础上，装备一个小型的辅助发电机组（简称“增程器”）以备电池电量不足时为电池充电。由于目前纯电动汽车遇到的最大难点是电池分量太重、价格太贵，续驶里程短，为平衡这三者关系，增程式电动汽车便运用而生。

由于增程式电动汽车在行驶间，虽然用油，但可省油一半以上，且电池用量只约为纯电动车的40%，车较轻，价较低，技术优势明显。有专家认为，我国发展纯电动汽车的出路在于增程式纯电动车，虽然增程式纯电动车目前还未能完全解决电池体积大、电能经过二次转换效率低等问题，但没有电机与变速器的集成控制问题，摆脱了传统技术控制；对发动机的要求最小，可实现电能从发动机到电机的无缝连接；对电池的要求降低，降低了产业化门槛，优势明显。使用传统铅酸蓄电池，增程式纯电动车的成本与纯电动车相比将大为降低。

发展增程式电动汽车具有九大优势：一是不必配太大容量动力电池，且可远行；二是电池组不会缺电和过放电，寿命延长；三是利用停车场夜间充电，不需另建充电站，节省土地；四是不需要充/换电的周转电池，低投入；五是不需要大量的换电设施和人员，节省运行费用；六是可全部继承传统汽车的设施和成果，且易加工；七是现有技术就可节油50%以上，节能减排；八是政府补贴负担轻，且容易过渡到无补贴。

在续航里程以及充电时间这两大瓶颈问题尚未完全解决之时，纯电时代离我们还有一定的距离。在电池的能量密度没有显著提高之前，增程式似乎是介于纯电动汽车和混合动力之间最和谐的方式了。在这个过渡阶段，可以规避里程焦虑问题的增程式电动汽车似乎是个不错的选择。

目前，国家发改委发布《汽车产业投资管理规定》，明确将“增程式电动汽车”划归纯电动车投资项目。国内有些汽车企业已经开始了增程式电动车的开发。将来动力蓄电池技术一旦得到突破，增程式电动汽车会很自然地过渡到纯电动汽车。

2014年，广汽发布的传祺GA5增程式电动汽车，在纯电动模式下续航里程为80公里。这款车型配备的1.0升发动机，新车最大续航里程超过600千米。

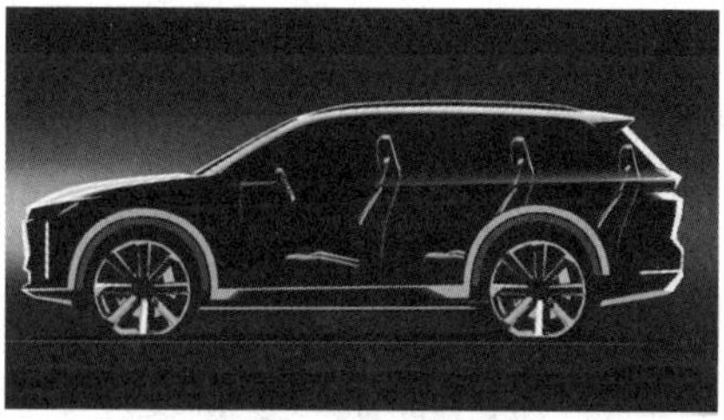

80 燃料电池电动汽车

燃料电池最早并非是作为动力源应用于汽车的，而是用在农业设备和民用发电设备上。自从氢燃料电池在汽车上应用成功后，各大汽车企业竞相开发出多种氢燃料电池汽车。因此，现在推出的氢燃料电池电动汽车往往简称为燃料电池汽车（FCV）。

氢燃料电池早期应用。1959年，农业设备制造商人伊律格展示了他发明的14.7千瓦燃料电池拖拉机，在此之前，他将1008块燃料电池整齐地排列成一电池组，可以发电15千瓦。虽然，伊律格的燃料电池拖拉机并不实用。但可以证明，利用燃料电池产生的电量，可以成为机动车动力，能提高能源利用效率。

第一辆氢燃料电池电动汽车问世。1991 年，美国人比林斯研制成功世界上第一辆燃料电池汽车。这辆燃料电池汽车用质子交换膜电池作动力源，车内储存一小箱氢，氢气通过管道进入质子交换膜电池，在那里与空气发生化学反应，产生电能，成为汽车动力。这种燃料电池汽车产生的排放物就是水。氢燃料电池汽车基本构造如下图。

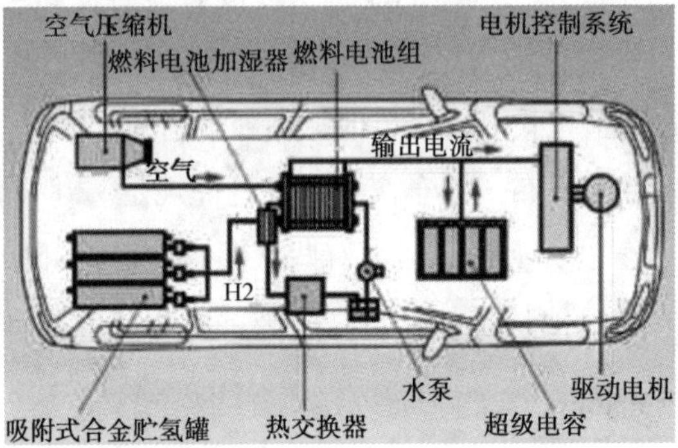

福特汽车公司于 20 世纪 90 年代早期开始开发氢燃料技术。2001 年，福特汽车发布了首辆氢燃料电池汽车。2007 年 3 月 20 日，福特汽车公司展示了世界第一辆插电式燃料电池混合动力汽车。该车结合了车载氢燃料电池发电机和锂离子蓄电池，以一种灵活的动力系统结构为基础，使福特稍加更新燃料和驱动技术而不必重新设计车辆及其控制系统就可以投入使用。它最高车速每小时可达 136.85 公里。福特汽车公司曾拥有一支 30 辆的福克斯燃料电池汽车车队，这是一个在全世界范围、跨越七座城市的实战型检验燃料电池技术的部分项目。

燃料电池要在汽车上应用还存在一些实际问题：一是要耐用。作为车用燃料电池，要能承受长时间颠簸，而且在高温、低温下都能正常工作；二是经济性。现在一些燃料电池使用昂贵的铂金作为电解质，而且容易被氢气中的杂质污染。为此，科技人员开发了一种新电解质，即价格便宜的锡镍电解质。

目前广泛用于汽车的氢燃料电池属于质子交换膜燃料电池。通用、奔驰、丰田、宝马、本田等汽车生产企业都在研制燃料电池汽车，已经生产了燃料电池试验车型，有的已经进行了试运行。氢燃料电池不仅可应用于小型汽车，还可应用于大型公共汽车（下图为奔驰氢燃料电池公共汽车）。

氢能燃料电池汽车优点。它是一种真正实现零排放的交通工具，即排放出的是纯净水，具有无污染，零排放，储量丰富等优势。因此它是传统汽车最理想的替代方案。

由于发展氢燃料电池车存在一定“路障”，专家预计，即使研制出具有价格和性能竞争力的氢燃料电池车，还将需要 15 年左右的时间。而要使氢燃料电池车替代现有 35% 的车辆的话，还会再需要 20 年左右的时间。可见，氢燃料电池车需要几十年的时间才有可能被大规模采用。

日本已经建设了三家在普通加油站基础上专门额外设置了加氢设备的燃料加注站点，如海老名中央加氢站、爱知县名古屋市神之仓加氢站、爱知县丰田市 Toyota Ecoful Town 加氢站。这三家加氢站分别使用在站内进行氢的制备和从他处运抵氢并加注于地下储藏罐的方式提供氢燃料。而得益于近些年来，日本产业界各个企业与日本政府相关省厅的大力支持，加氢站站点将可以在以后较短时间内充分分布于日本四大都市圈范围内。

上汽自主品牌荣威 950 插电式氢燃料电池轿车搭载的是一套由动力蓄电池（镍钴锰酸锂电池）和氢燃料电池（质子交换膜燃料电池）所组成的动力系统，其中驱动电机的额定功率为 50 千瓦，最大功率则能达到了 110 千瓦。

荣威950插电式氢燃料电池轿车成功入选2018年工信部公布的《免征车辆购置税的新能源汽车车型目录》(第九批)，成为新能源汽车领域最大的亮点。

81 氢内燃机汽车

由于氢燃料电池汽车是一种"重新定义汽车"的突破性技术，它离商业化普及还很遥远，于是，氢内燃机汽车作为一种新型氢能源汽车出现了，成为氢燃料应用过渡性技术的另一条发展氢能源汽车的路径。

2007年，宝马集团氢能7系在上海车展上完成了在中国的首演。在中国掀起一股氢能源汽车的热潮。宝马氢能源汽车氢能7系完美地结合了氢技术及典型的宝马轿车的动态性能和驾驶表现，并展示了氢能驱动技术的巨大潜力。

氢内燃机汽车是在传统内燃机中燃烧氢气，用氢燃料替代汽油燃料。氢内燃机和汽油内燃机相比，有很多优点：排放物污染少，系统效率高，燃料具有宽的可燃界限，发动机的寿命也长。所以，氢内燃机可以成为汽车动力。氢内燃机汽车使用的氢燃料有三种：

（1）纯氢燃料内燃机汽车。氢是一种可燃气体，它与汽油的性能有很大区别，纯氢燃料的性能优于碳氢燃料，氢的热值约为汽油的3倍，而且，比汽油具有更宽的着火界限。氢的热效率高，点火能量低，最小点火能量仅为汽油最小点火能量的十余分之一，而且氢的火焰传播速度比碳氢燃料快得多，低温下容易启动。纯氢燃料汽车的排放物主要是水蒸气、氮、氧和少量的一氧化氮。技术上将汽油车改装为纯氢燃料汽车并不困难，

（2）氢-油混合燃料内燃机汽车。在汽油-氢混合燃料发动机中，氢在燃烧时起促进作用。由于氢的点火能量低，稀混合气易于燃烧，发动机可燃用稀混合气；由于氢的活化能低，扩散系数大，混合气的滞燃期缩短，火焰传播速度加快，实际循环比汽油机更接近于等容循环，燃烧时间更短。试验结

果表明，汽油机中加入5%的氢后，可节省汽油约30%以上，排放量减少至原汽油机的1/4以下。汽油-氢混合燃料汽车在实际应用时，在常用的中、低负荷工况下，加氢率高些，以便在很大程度上克服汽油机中、低负荷时，油耗率高和有害排放量高的缺点；在高负荷时，应少加氢，以免功率下降，保持其动力性。

（3）氢和天然气混合燃料内燃机汽车。将氢按一定比例添加到天然气中混合，混合后的燃气用作汽车的燃料有很大的好处。氢气和天然气可以很容易地以任何比例混合，试验表明，5%—7%质量的氢气和天然气混合燃料，具有最低的一氧化氮排放。将氢气掺混到天然气中用作燃料，可以有效降低燃料的燃烧温度，从而减少排放气中一氧化氮的含量。美国已经在大型客车上成功地使用了氢和天然气混合燃料。有专家认为，氢和天然气混合燃料内燃机汽车将是连接现在汽车和氢燃料电池汽车之间的一个实用可行的桥梁。

2008年4月，长安自主研发的国内首辆氢动力概念跑车“氢程”（如图）亮相北京车展。“氢程”以先进的理念、领先的技术和出色的设计，成为闪耀本届车展的最耀眼夺目的概念车型。这款融会了长安汽车前沿设计理念的概念跑车，凭借流畅的外观线条和舒适内饰，在极具未来艺术风格的非凡设计中，体现了人与自然的优美融合。

“氢程”搭载长安具备全球领先技术且已成功点火的增压中冷氢内燃机，直接以压缩氢气为燃料，配合总线电控及紧凑的人机工程布置，充分展现了高效、科技与环保特色。其性能不仅可以达到汽油机的水平，效率上还比同排量的汽油机高30%以上，HC、CO、CO_2排放几乎为零，完全可实现超低排放并具有良好的低温启动性。而且，“氢程”在一次性加足燃料的情况下，巡航距离可达230公里以上。

82 生物质燃料汽车

生物质能源是大自然恩赐人类的可再生能源。植物通过光合作用吸收太阳能，动物以植物为食或靠弱肉强食间接吸收太阳能，形成所谓的生物质能。作为唯一能转化为液体燃料的可再生能源，生物质能以产量巨大、可储存、碳循环等优点已引起全球的广泛关注。在石油能源日益匮乏的今天，人们正在用全新的眼光审视能源农业：植物能通过光合作用将太阳能转化为化学能存储在体内，形成可为人类利用的生物质能。研究表明，在植物进行光合作用的过程当中，太阳能的转化效率较低。但通过收集、筛选和培育高效优质的农作物品种，为植物生长创造良好的条件，可以使植物的太阳能转换效率大幅度提高。因此，必须培育能源农业，让传统农业转型并焕发出勃勃生机。

生物质燃料除了生物质汽油、生物柴油、生物航空煤油外，还有生物燃料机油。生物质能源燃烧对环境造成的污染比矿物能源少，比核能安全，比风能、地热使用广泛，被誉为“绿色能源”。开发生物质能源，研发生物质燃料汽车，可有效地延长地球上石油资源的使用时间。

生物质燃料汽车也是替代燃料汽车的一种。生物质燃料（biofuel）泛指由生物质组成或萃取的固体、液体或气体燃料。它可以替代由石油制取的汽油和柴油，是可再生能源开发利用的重要方向。广义的生物质是指利用大气、水、土地等通过光合作用而产生的各种有机体，即一切有生命的可以生长的有机物质，包括各种能源植物、如速生林、速生草本植物、富糖植物、富油脂植物及各种废弃物等，都是洁净的可再生能源。生物质燃料分为第一代和第二代。

第一代生物质燃料。主要有两大类，一类是用植物油（如油菜籽）合成生物柴油，另一类是用植物（如蔗糖、玉米）产生的乙醇代替部分汽油。但近几年第一代生物燃料因增加了对农作物的需求，迫使人们砍伐森林和排干湿地来种植粮食而被人们所诟病。因此，欧盟各国开始提倡生产使用第二代生物质燃料。

第二代生物质燃料。遵循不“与粮争地”，不“与人争食”路线的第二代生物质燃料，正成为未来生物质能源产业发展的方向。第二代生物质燃料以非粮作物乙醇、纤维素乙醇和生物柴油等为代表，原料主要使用非粮作物，秸秆、枯草、甘蔗渣、稻壳、木屑以及地沟油等废弃物，以及主要用来生产生物柴油的动物脂肪、藻类等。由此可见，第二代生物质燃料与第一代最重要的区别之一，就在于是否以粮食作物为原料。

在环境友好方面，第二代生物质燃料的表现也远较第一代出色。以中国为例，如果将每年产出的约 7 亿吨秸秆全部转化，理论上能生产出 1.4 亿吨燃料乙醇。粗略估算，在汽油中添加 10% 乙醇，虽然目前仅节约 2% 的成本，但乙醇汽油的环境效益明显，可帮助缓解人类的能源供给困境。

液态生物质燃料的应用始于早期的汽车工业。内燃机发明者，德国的尼古拉斯·奥古斯特·奥托曾计划用乙醇作为这项发明的燃料。柴油发动机的发明者，德国的鲁道夫·狄塞尔曾用花生油作为燃料。由亨利·福特发明的 T 型车，曾完全使用乙醇为燃料。生物质燃料汽车主要有生物柴油汽车和乙醇燃料汽车。

（1）生物柴油汽车。生物柴油（Bio-diesel）是指以油料作物、野生油料植物和工程微藻等水生植物油脂以及动物油脂、餐饮垃圾油等为原料油通过酯交换工艺制成的再生性柴油燃料。生物柴油是利用生物质通过热裂解等技术得到的一种长链脂肪酸的单烷基酯。

生物质燃料汽车环境保护性能好。比起柴油汽车来，生物柴油汽车的尾气中有毒有机物排放量仅为 1/10，颗粒物降为 20%，一氧化碳和二氧化碳排放量减少为 10%，无硫化物和铅及有毒物的排放；混合生物柴油可将排放含硫物浓度从 500 PPM（百万分之一）降低到 5PPM。同时，不用更换发动机。

将地沟油转化为生物柴油的前景被业界看好，炼油厂家的转化率普遍在 80% 以上。随着技术的不断更新换代，“地沟油”提炼生物柴油的转化率可以由最初的 70% 提升到 98%。

（2）乙醇燃料汽车。乙醇燃料是一种被广泛用于运输业的生物质燃料。乙醇是无色透明，易燃易挥发液体。有酒的气味和刺激性辛辣味，能溶于水、甲醇、乙醚和氯仿。能与水形成共沸物，能溶解许多有机化合物和若干无机化合物。乙醇燃料汽车是使用车用乙醇汽油作为主要的动力燃料的机动车。国际上应用的乙醇燃料汽车，大多是将高纯度无水乙醇和汽油按一定比例混合燃烧。亦有使用含水乙醇作为燃料、完全替代汽油的汽车。汽油发动机无须做过多改动就可以直接使用乙醇燃料。

车用乙醇汽油（国外称汽油醇，商品名 GASOHOL），是在汽油中加入 10% 的变性乙醇，可使汽油辛烷值提高 3%，氧含量增加 3.5%，大大改善了汽油的使用性能，燃烧更彻底，是一种节能环保型燃料。车用乙醇汽油是指在汽油组分油中，按体积比加入一定比例的变性燃料乙醇混配而成的一种新型清洁车用燃料。可使汽油辛烷值与氧含量得到一定提高，显著改善汽油的使用性能，使其燃烧更彻底。

目前乙醇汽油的生产和使用技术已十分成熟。美国和巴西是世界上主要的燃料乙醇生产和消费国。美国生产燃料乙醇的原料主要是玉米，主要推广使用 10%—15% 乙醇含量的乙醇汽油（即 E85 汽油）。巴西则以甘蔗为原料生产燃料乙醇，主要推广 25% 乙醇含量的乙醇汽油（即 E75 汽油）。美国、巴西已收到巨大效益。中国为了解决能源、农业、环境问题，也试点乙醇汽油政策。

乙醇燃料汽车的特性和优点为：乙醇燃料增加汽油中的氧含量，使燃烧更充分；有效提高汽油的标号，使发动机运行平稳；有效消除火花塞、气门、活塞顶部及排气管、消声器部位积炭的形成，可以延长主要部件的使用寿命。不过，乙醇的燃烧值不如汽油，所以乙醇汽车需要携带更多的乙醇才能满足行驶需要，而且含水乙醇对发动机燃油部件还具有腐蚀性。

未来全球经济的发展必须在保证粮食安全的基础上逐渐减小以粮食为原料加工乙醇的总量，加大第二代非粮原料生产生物质燃料的研究力度，尽快产业化。目前，我国与美欧等国在第二代燃料乙醇开发上的技术差距并不大，应抓住机遇，努力抢占未来生物质燃料乙醇工业的技术制高点。

中国也在积极试行乙醇燃料的发展。中国乙醇生产是在白酒酿造的基础上发展起来的，以发酵法为主，大多数工厂采用薯干为原料。近年来随着引进设备及工艺的应用及农作物结构的调整，用玉米为原料制乙醇工艺发展迅速，乙醇汽油等产业形成快速发展态势。国家先后批准建设了多个生物质燃料乙醇生产项目。

据我国15部委发布的《关于扩大生物燃料乙醇生产和推广使用车用乙醇汽油的实施方案》方案，到2020年，全国范围内将基本实现车用乙醇汽油全覆盖；到2025年，力争纤维素乙醇实现规模化生产，先进生物液体燃料技术、装备和产业整体达到国际领先水平，形成更加完善的市场化运行机制。据有关部门统计，2017年，国内生物质燃料乙醇已超过244.5万吨。中国成为继美国、巴西之后的全球第三大生物质燃料乙醇生产国和消费国。图为吉林的乙醇汽油加油站

83 燃气汽车

天然气在古代文人墨客的诗词歌赋中留下不少记载，特别是他们对天然气燃烧这种奇特的自然景象，给予了具体描绘。例如，唐代诗人李白在《大猎赋》中写道："土囊烟阴，火井冰闭"。诗人杜甫在《西山》中也曾写下"烟尘侵火井，雨雪闭松州"的诗句。诗人李杜等古代大文豪把"火井"，即"天然气井"写入诗赋，为今天人类社会利用"天然气"增添了人文历史的光彩。

燃气汽车，也称替代燃料汽车，主要是指以天然气、液化石油气等气体燃料来取代传统汽油、柴油等液体燃料作为动力源的清洁燃料汽车。按使用不同燃料分类，燃气汽车主要有（1）液化石油气汽车（LPGV）；（2）液化天然气汽车（LNGV）；（3）压缩天然气汽车（CNGV）等。尽管从严格意义上说，气体燃料汽车称不上是新能源汽车，但从强化能源综合利用和减少对石油燃料依赖的角度看，它也可列入环境友好型的新能源汽车范畴。另外燃气汽车的综合能源消耗和二氧化碳排放均明显低于传统燃油汽车。相对于其他各种替代燃料，天然气的综合成本是最低的。

燃气汽车使用的气体燃料主要有：

（1）液化石油气（LPG）。它是一种在大气温度条件下，只要稍加压（1.6

兆帕左右）便成为液态的烃类（丙烷和丁烷为主要成分）混合物。

（2）液化天然气（LNG）。它是指常压下、温度为–162摄氏度的液体天然气（甲烷为主要成分），储存于车载绝热气瓶中；天然气在常压下冷却至–162 ℃后液化形成液化天然气，其燃点为650 ℃，爆炸极限为5%—15%，安全性较高。液化天然气汽车可以明显压缩天然气体积，一次充气，可以行驶500公里甚至1000公里以上，非常适合长途运输使用。与CNG汽车相比，液化天然气汽车在安全、环保、整车轻量化、整车续驶里程方面都具有优势。

（3）压缩天然气（CNG）。它是指压缩到20.7—24.8兆帕的气态天然气（甲烷为主要成分），储存在车载高压气瓶中。压缩天然气加工成本相对较低，极难液化，压缩天然气汽车最大的缺点是高压钢瓶过重，体积大且储气量小，限制了汽车携带燃料的体积，导致汽车连续行驶里程短，另外因钢瓶存储压力高，也具有一定危险性；

在汽车能源转型与过渡期，经过技术不断升级的传统内燃机汽车仍将扮演较重要的角色。传统内燃机汽车节能减排的最先进技术经过相应的适配改动，完全可以应用到燃气汽车上，其使用的优越性将得到进一步体现。

按照燃料使用状况不同进行分类，燃气汽车还可分为：

（1）专用燃料燃气汽车。是指发动机只使用压缩天然气或液化石油气中一种作为燃料，不再使用其他燃料或替代燃料的汽车。这类汽车的发动机燃料供给系统、工作循环参数、配气机构参数等方面都针对压缩天然气或液化石油气的雾化特性进行了专门设计，因此燃料热效率高，经济性好。

（2）两用燃料汽车。一般是具有两套相互独立的燃料供给系统、一套供给天然气或液化石油气，另一套供给天然气或液化石油气之外的燃料，两套燃料供给系统可分别但不可共同向气缸供给燃料的汽车。使用中可以在两种燃料之间进行切换。这类汽车在燃用汽油时，不能同时使用天然气或液化石油气作为发动机燃料；反之，燃用天然气或液化石油气时，也不能燃用汽油。这类汽车与专用燃料燃气汽车相比，由于要兼顾两种燃料的雾化特性，发动机结构参数几乎不做调整改造，因此燃料热效率不高。

（3）双燃料汽车。一般是具有两套燃料供给系统，一套供给天然气或液化石油气，另一套供给天然气或液化石油气之外的燃料，两套燃料供给系统按预定的配比向气缸供给燃料，在缸内混合燃烧的汽车。这类汽车一般燃用天然气或液化石油气作为主燃料，柴油起引燃作用，汽车的发动机结构参数也几乎不做调整改造，可以在单燃料和压缩天然气与柴油同时混合燃烧两种工况之间灵活切换。如柴油一压缩天然气双燃料汽车、柴油一液化石油气双燃料汽车等。

天然气汽车减排力度大，经济效益高，目前市场上主流的天然气汽车可以分为两类，压缩天然气汽车和液化天然气汽车，其中，液化天然气汽车正在逐步发展为主流方向。

天然气汽车的主要特点为节能减排、安全清洁，并且能大幅度降低运营成本，具有显著的经济效益和社会效益。在能源危机、节能减排和物流成本高企的大背景下，作为石油消耗大户和污染排放大户的交通运输部门看好天然气汽车的普及。

天然气汽车减排力度大。如果用天然气完全替代燃油，尾气排放中，二氧化碳可减少24%，一氧化碳减少97%，碳氢化合物减少72%，氮氧化合物减少14%，苯、铅、粉尘等固体颗粒物减少100%。综合排放指标降低约80%。单车平均减排二氧化碳约22吨/年，改善了道路运输的能源结构，环保潜力大。

在中国，燃气汽车技术已经达到相当高的水平。这就是说，燃气汽车在我国的普及应用，难度并不大，综合成本较低。

上汽依维柯红岩杰狮M100液化天然气重型货车采用的动力发动机是天然气第三代控制系统，运行稳定性更好，且发动机B10寿命标准达到100万公里，所匹配的995L大单气瓶，可让重型货车连续行驶1000千米左右。

84 甲醇汽车

甲醇为无色透明易燃易挥发的极性液体。纯品略带乙醇气味，粗品刺鼻难闻。有毒，饮后能致目盲。甲醇俗称“木醇”或“木精”，甲醇作为燃料在汽车上的应用主要有掺烧和纯甲醇替代两种。掺烧是指将甲醇以不同的比例（如 M10、M15、M30 等）掺入汽油中，作为发动机的燃料，一般称为甲醇汽油；纯甲醇替代是指将高比例甲醇（如 M85、M100）直接用作汽车燃料，它需要对发动机构造进行改装，技术难度更大。

针对汽车应用高比例甲醇汽油，一种称为灵活燃料汽车（Flexible fuel automotive）应运而生。灵活燃料汽车通过车用电子控制单元调节其灵活燃料控制器，能够适用于任何汽油机汽车（车辆灵活）；安装后车辆既能够应用普通汽油、甲醇汽油、乙醇汽油（燃料灵活）；也能够适应 M10 到 M85、M100 不同比例的甲醇汽油（比例灵活）。

用甲醇代替石油燃料在国外已经应用多年，甲醇汽车控制系统技术都已经很成熟，近年来由于石油资源紧张，汽车能源多元化趋向加剧，甲醇汽车又提到议事日程。据测算，以甲醇为代表的醇基燃料代替燃煤锅炉并作为车用燃料，空气中 PM2.5 将减少 80% 以上，二氧化硫将减少 95% 以上，氮氧化物将减少 90% 以上，二氧化碳减排 50% 以上。以色列早在 2010 年就宣布了石油替代计划，目前正在进行 M15 示范运行，M85 灵活燃气汽车也在评估中；在澳大利亚，甲醇燃料混合计划正在进行，在政府的支持下，甲醇消费税 10 年免征（约 2.5 元 / 吨）；在新西兰，甲醇用于重型车的申请被重新考察；在欧洲，低浓度甲醇混合燃料已在冰岛、英国、荷兰销售，在 E85 乙醇灵活燃料汽车上使用甲醇的试验，第二阶段测试已全面完成。我国山西等三省市也在积极稳妥开展甲醇汽车试点工作。

甲醇生产过程主要由合成气生产、甲醇合成和甲醇精馏三部分组成。关键在于合成气生产。合成气原料可以是天然气、煤、石油（包括石脑油、重油、渣油、沥青、炼厂气等）。甲醇生产的原料路线主要取决于合成气的制备方法。世界上 85% 以上的甲醇产品是以天然气为原料生产的。而中国情况有很大不同，中国煤炭资源较为丰富，再加上国内天然气开发利用相对较晚的原因，目前国内甲醇生产的大部分装置以煤为原料。

甲醇能否真正成为车用替代燃料一方面取决于它的燃料性能，另一方面取决于甲醇价格。从国内煤资源和天然气资源情况，以及甲醇技术发展状况看，如果甲醇燃料在车用技术上和经济上可行，建设相应的甲醇燃料供应基地是有条件的。

国家工信部共分13批发布了8家甲醇汽车生产企业和23款甲醇汽车产品公告，产品基本形成了轿车、重型商用车、微型车、城市客车等不同用途的系列车型。在技术方面，目前甲醇汽车的各项技术难点已经完全突破。在政策方面，我国正逐渐重视对甲醇汽车推广应用的支持。

2018年2月22日，工信部发布《2018年工业节能与综合利用工作要点》，在甲醇汽车方面，提到要深化甲醇汽车试点示范，加快制定一批甲醇汽车领域重点标准，推动甲醇汽车推广应用。图为吉利汽车开发的甲醇环保客车。

85 二甲醚汽车

二甲醚（DME）是一种无色、有神经性毒，无致癌性、腐蚀性小的产品，并且燃烧性能好，热效率高，燃烧过程中无残渣、无黑烟，一氧化碳、氮氧化物排量低，二甲醚还可掺入石油液化气、煤气或天然气混烧并能提高热量，浓度高于95%二甲醚可直接作为替代液化气的燃料使用。二甲醚是一种很好的柴油替换品，具有精良的紧缩性，自燃点低，动力机能优于柴油。所以，它是取代液化气、柴油的清洁燃料选择之一。

常规发动机代用燃料如液化石油气、天然气、甲醇等的十六烷值都小于10，只适合于点燃式发动机。十六烷值含量是柴油燃烧性能的重要指标，二甲醚的十六烷值高于柴油，具有优良的压缩性，非常适合柴油发动机，二甲醚替代柴油可降低氮氧化物排放，实现无烟燃烧，是理想的柴油发动机洁净燃料。研究表明，现有汽车发动机只需略加改造就能使用二甲醚燃料。在保持原柴油机效率、同样的输出功率、扭矩及燃油经济性的前提下，不用任何废气再循环系统和废气处理装置，氮氧化物就能大幅度降低，达到2.5克/（千瓦·小时）以下，同时，控制氮氧化物和细颗粒排放的矛盾不复存在，碳烟排放为零，没有任何加速烟度；尾气无需催化转化处理，氮氧化物及细颗粒排放就能满足超低排放尾气的要求，并可降低发动机噪音。二甲醚成本虽高于柴油，但成本和污染都低于液态丙烷等低污染替代燃料。

国际上二甲醚车辆运行示范较少。瑞典沃尔沃公司曾将DH10A柴油机改造成二甲醚发动机，并将其安装在B10BLE大型客车上进行研究示范，还在国际能源机构（IEA）的支持下进行了全生命周期分析。日本已研制出二甲醚货车样车和城市客车样车，正在进行运行示范，为此还建立了3个二甲醚示范车加气站。但到目前为止，世界上还没有可供大批量生产应用的商品级二甲醚燃料供给系统，这是二甲醚汽车未能大面积推广应用的重要原因之一。

但是，目前二甲醚汽车在我国还处于探索阶段和示范运行阶段，并未完全进入商用化应用。

国内二甲醚城市大客车已面世，二甲醚发动机、汽车产业化也在逐步进行中。在2009年已有10辆二甲醚公交车投入上海147路公交车车队进行试运行，还建成了国内第一个车用二甲醚加注站。2010年4月18日，一套新型清洁能源二甲醚装置在上海建成并顺利投产。图为上海147路二甲醚公交车在二甲醚加注站。

86 超级电容汽车

超级电容车本质上也属于纯电动车。其使用的超级电容器又名电化学电容器，是 20 世纪 80 年代初发展起来的一种新型储能装置。作为介于传统电容器与电池之间、具有特殊性能的电源，超级电容器主要利用活性炭多孔电极和电解质组成的双电层结构获得超大的容量，因而不同于传统的化学电源。之所以被称为“超级”，在于其在分离出的电荷中存储能量，用于存储电荷的面积越大、分离出的电荷越密集，其电容量越大。

超级电容器的优点是：（1）充电速度快，充电 10 秒—10 分钟可达到其额定容量的 95% 以上；（2）循环使用寿命长，深度充放电循环使用次数可达 1—50 万次，没有“记忆效应”；（3）大电流放电能力超强，能量转换效率高，过程损失小，大电流能量循环效率超过 90%；（4）功率密度高，相当于电池的 5—10 倍；（5）产品原材料构成、生产、使用、储存以及拆解过程均没有污染，是理想的绿色环保电源；（6）充放电线路简单，无须充电电池那样的充电电路，安全系数高，长期使用免维护；（7）超低温特性好，温度范围宽 –40 ℃—+70 ℃。

超级电容器的缺点：（1）功率输出随着行驶里程加长而衰减；（2）受环境温度影响大。

超级电容公交汽车。由于在同等重量下，超级电容器续驶里程仅为铅酸电池的 1/3，这意味着依靠超级电容器提供给车辆的动力强劲却不能持久，必须在短时间内频繁充电，这对于路线和行驶状况多变复杂的私人乘用车而言，显然并不合适。然而，由于公交车的线路站点是固定不变的，只要在停靠站点或者线路上合适的地方建立超级电容器电动大客车充电站即可；公交车辆行驶也比较平稳，满足超级电容对于倾斜角度的限制要求；超级电容器的充电时间很短，所以可以利用公交车进站的时间充电，不会影响乘客的乘车感受；此外，建设满足超级电容公交车充电站的投资比建设加油或加气站低很多。

超级电容汽车外观与普通无轨电车相似，只是头上不见了两根“辫子”。超级电容汽车底部装了一种超级电容，车辆进站后的上下客间隙，车顶充电设备随即自动升起，搭到充电站的电缆上，通过200安培的电流强度完成充电。

超级电容汽车在一个站点充电30秒至1分钟后，空调车可以连续运行3公里，不开空调则可以坚持行驶5千米，最高时速可达44千米。上海公交11路里圈共有10个站点，总长5千米多。理论上讲，在不开空调情况下，电容车即使只在终点站充电，基本上一个循环可坚持下来。但为了防止由于堵车等导致电力不足，10个站点中有7个设立了充电站。上海崇明第一条“超级电容城市公交示范线”也已投入运营。崇明城桥1路超级电容城市公交示范线运用了就近取电、分散式供电的方法，同时还采用了一个充电站电源可管双向两个候车充电站技术，使示范线分散式充电站更具经济性、拓展性、安全性。

超级电容汽车除了能兼顾环保和景观，运营成本的优势也比较明显。以百公里燃料消耗成本计算，柴油车约为220元，天然气车约为140元，超级电容汽车则只需70元左右。据了解，目前一辆超级电容汽车的造价在80万元左右，其中包含了研发费用。上海市公共交通协会表示，超级电容汽车一旦转化为产品，造价可以降到每辆65万元。

以超级电容器为脱线运行动力的变频驱动空调无轨电车的实测结果是：（1）一次充电公交模式续行里程7.9千米，平均车速22千米/小时，电容器输出能量5千瓦；（2）续行里程测试结束后进行充电测试，充足电时间为90秒；（3）0→40公里/小时加速时间为16.5秒；（4）最高车速为44千米/小时；（5）7.8%坡道上驻坡后，顺利通过爬坡；（6）再生制动能量回收明显。

超级电容城市客车是上海市新能源汽车自主创新的成果之一，目前已在上海市区多条公共交通线路上运营。2010年世博会61辆超级电容城市客车载客4000万人次，运营120万公里，为低碳世博做出了贡献。2012年12月采用高能量超级电容器系统对整车进行技术升级，并在上海11路、26路投入运营后，电容单体故障发生率为零。其中26路超级电容公交车线路总长19千米，站全线配车18辆。2015年，上海920路高能超级电容公交车上线运营，线路总长10.3千米，全线配车15辆。

图为位于上海张江高科技园区的世界上第一座超级电容电车候车站。

87 飞轮储能汽车介绍

飞轮储能技术是一种新兴的电能存储技术，它与超导储能技术、燃料电池技术等一样，都是近年来出现的有很大发展前景的储能技术。虽然目前化学电池储能技术已经发展得非常成熟，但是，化学电池储能技术存在着诸如充放电次数的限制、对环境的污染严重以及对工作温度要求高等问题。这样就使新兴的储能技术越来越受到人们的重视。尤其是飞轮储能技术，已经开始应用于汽车行业中。

飞轮储能装置主要包括3个核心部分：飞轮、电机和电力电子装置。它最基本的工作原理就是，将外界输入的电能通过电动机转化为飞轮转动的动能储存起来，当外界需要电能的时候，又通过发电机将飞轮的动能转化为电能，输出到外部负载，要求空闲运转时候损耗非常小。其工作原理如下图。

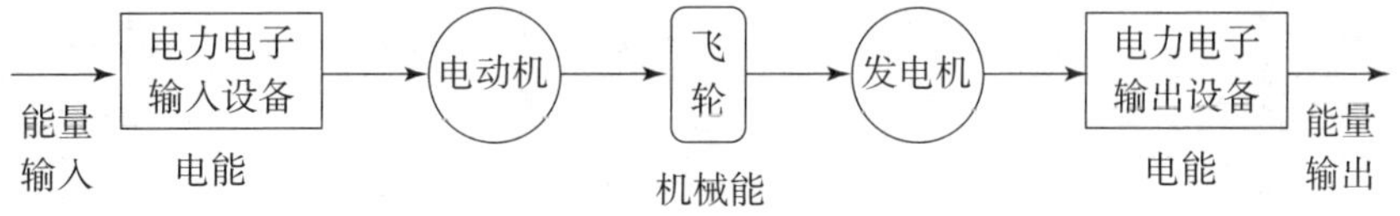

图1　飞轮储能装置原理图

车辆在正常行驶时和刹车制动时，给飞轮电池充电；飞轮电池则在加速或爬坡时，给车辆提供动力，保证车辆运行在一种平稳、最优状态下的转速，可减少燃料消耗、空气和噪声污染、并可以减少发动机的维护，延长发动机的寿命。飞轮电池电动汽车利用储存在随车飞轮中的机械能驱动汽车前进。它的推进系统由飞轮电池、电机控制器、电机和传动系统等组成。

事实上，为了减少空闲运转时的损耗，提高飞轮的转速和飞轮储能装置的效率，飞轮储能装置轴承的设计一般都使用非接触式的磁悬浮轴承技术，而且将电机和飞轮都密封在一个真空容器内以减少风阻。通常发电机和电动机使用一台电机来实现，通过轴承直接和飞轮连接在一起。这样，在实际常用的飞轮储能装置中，主要包括以下部件：飞轮、轴、轴承、电机、真空容器和电力电子装置，

飞轮技术由于是电能和机械能的相互转化，不会造成污染，而逐渐走进汽车制造商们的视野。美国飞轮系统公司（AFS）就生产出了以克莱斯勒LHS轿车为原型的飞轮电池轿车AFS20。飞轮电池的充电放电次数很多而且充电速度很快，所以更适合应用于混合能量汽车技术中。这种汽车是靠内燃机和电机两种方式共同提供推动力的，在汽车正常行驶和制动的时候给飞轮电池充电，汽车爬坡和加速，需要功率大的时候让飞轮电池放电，这样可以大幅度提高汽车的性能。

能量方面，飞轮电池比镍氢电池大2—3倍；功率方面，飞轮电池高于一般化学蓄电池和内燃机，其快速充电可在18分钟内完成且能量储存时间长。既能超快速充电也无化学电他的损寿问题，整个电池的使用寿命远长于各种化学蓄电池。更重要的是，飞轮为纯机械结构，不会像内燃机产生排气污染，同时也没有化学蓄电池的化学反应过程，不会引起腐蚀，也无废料的处理回收问题。几种主要储能装置的性能比较如下表所示。

对比特性	化学蓄电池	燃料电池	超导储能装置	飞轮储能装置
储能方式	化学方式	化学方式	电磁方式	机械方式
使用寿命	3—5年	10年以上	20年以上	约20年
对环境影响	污染，需要回收电池	污染极少	几乎无污染	几乎无污染
工作温度	要求高	有要求	严格控制温度	要求低
相对尺寸	最大	较大	较小	最小
储能密度	小	大	大	最大
充电时间	慢	—	慢	快

一辆用20节直径为230毫米，质量为13.64公斤的飞轮电池的汽车，充电时间需要6小时，快速充电只需15分钟，一次充电行驶里程可达560公里。充电时飞轮中的电机以电动机的形式运行，在外接电源的驱动下带动飞轮旋转，达到极高的转速，从而完成电能—机械能转换的储能过程；放电时，

飞轮中的电机以发电机的状态运行，在飞轮的带动下对外输出电能，完成机械能—电能转换的释放过程。

飞轮储能技术的发展。作为一门新兴的高科技储能技术，飞轮储能装置拥有传统化学电池无可比拟的优势已经被人们所认同，它的理论论证已经比较成熟，而且它的技术特点非常符合未来能源储存技术的发展方向。目前，飞轮技术已经不断地应用于航天航空设备和汽车的一些领域中，可以预测，未来几年的储能装置市场将会有很大一部分为飞轮储能装置所占领。

以武汉理工大学机电工程学院胡业发教授团队为班底的新能源汽车技术——“用于新能源汽车高效发电机和高密度飞轮储能系统”，获得5亿元的科技成果转化投资。经过数年攻关，团队已在实验室研制出相关“小型化”技术，并获得多项专利，填补了国内空白。据了解，该项技术为世界首创，如成功实现量产投入市场，预计将创造50亿元的市场规模。

飞轮储能系统指的是利用电动机带动飞轮高速旋转，将电能转化成动能储存起来，在需要的时候再用飞轮带动发电机发电的储能方式。飞轮储能装置中有一个内置电机，它既是电动机也是发电机。在充电时，它作为电动机给飞轮加速；当放电时，它又作为发电机对外供电。

近年来，国内飞轮储能市场开始发力。美国、德国、日本等发达国家对飞轮储能技术的开发和应用比较多，但均因为体积、质量“变小”的技术难题，暂时只能在飞机、火车、大型汽车及设备中使用。

88 绿色汽车

绿色汽车作为一种典型的绿色产品或概念，必将成为未来汽车产品的主导方向。怎样衡量一个产品的绿色程度，如何正确评价绿色汽车并给出恰当的评价标准和方法，对指导绿色汽车产品的正常发展具有十分重要的意义。

绿色汽车的绿色程度体现在产品的生命周期全过程，而不是它的某一局部或某一阶段。普通汽车产品与绿色汽车产品的生命周期含义截然不同，普通汽车产品生命周期是指汽车产品从“摇篮到坟墓”的过程，产品废弃后的一系列问题则很少考虑。这种生命周期是一个开环系统，其结果是废弃后的产品难于回收再利用，只能作为低级的材料加以回收。而绿色汽车的生命周期是从“摇篮到再现”的过程，它是对普通产品生命周期的扩展，即绿色汽车的生命周期除设计、制造、使用，还包括废弃（或淘汰）产品的回收、重用及处理阶段，这种生命周期是一个闭环系统。

评价绿色汽车的车用燃料的环境友好性可应用全寿命周期方法，即考虑从燃料的生产到使用的全过程（“矿井到车轮”，通常称“WTW”）。首先，从能源原料的开采开始，经过生产、储备、运输，加注到汽车的燃料箱（“矿井到燃料箱”，通常简称“WTT”）；然后，经过从汽车的燃料箱，经燃料供给系统输送到发动机，发动机工作将燃料的能量转换为驱动力，经过传动机构驱动车轮（“燃料箱到车轮”，通常简称“TTW”）。同时，还要考虑另外一个逆向全过程，即从汽车的生产、使用到报废的全过程。因此，评价绿色汽车不能纯粹以能否替代石油作为评价各类新能源汽车技术发展前景的标准，尤其是以牺牲大量的不可再生资源为代价换取对石油的部分替代是不可取的。这就需要建立全面科学方法来评价评价绿色汽车各类技术的替代效果。

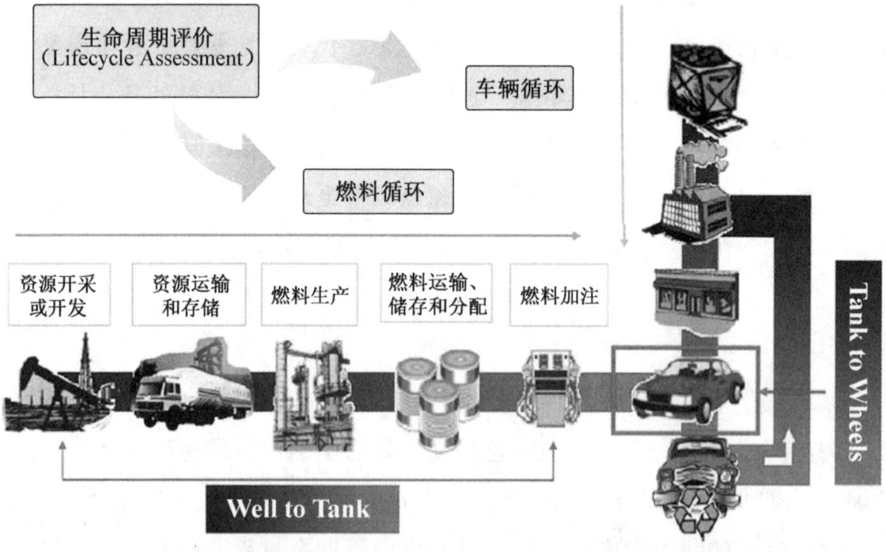

汽车使用什么能源，这是绿色汽车技术开发研究中的一个关键问题，也

是由于汽车发动机所使用的汽油或柴油燃料所排放出来的废气的污染相当对空气严重。为了保护环境，各国都制定了汽车排放标准法规，美国、日本和欧洲经济委员会的汽车排放法规是目前世界主要的三大汽车排放法规。为符合汽车排放标准，目前开展研究绿色汽车生命周期，主要包括下面几个内容：

（1）汽车发动机技术改造。研究汽车发动机存在的技术问题，对发动机的结构进行改进。使用新技术从发动机本身来改善燃烧状态，提高燃烧质量，降低汽车排放的污染，以及对汽车尾气排放的治理等。

（2）发展汽车替代燃料。把选择和发展汽车发动机替代燃料作为研究的方向，以求解决和满足越来越高的环保要求。目前运用替代燃料包括压缩天然气（CNG）、液化石油气（LNG）、醇类燃料、氢气等。

（3）开发研究新能源汽车。解决的有效途径是开发各种电动汽车、混合动力汽车、燃料电池汽车和太阳能汽车等。

（4）汽车回收、利用和再制造。汽车的回收、利用和再制造工程是以汽车全寿命周期设计和管理为主线，从环保角度出发，以节能、节材、优质、高效为目的，采用先进的技术和生产方式，对报废汽车采取一系列的技术措施，对汽车进行修复和改造，达到再利用的目的。据统计，汽车发动机采用回收、利用和再制造的先进制造手段，制造零件的材料和加工费仅占6%—10%，而重新制造则要占70%—75%，这不但节约了资源和人力，而且有较好的经济效益和社会效益。我国汽车的回收、利用和再制造，尚属起步阶段。汽车的回收、利用和再制造工程无疑是一个有广阔发展前景的新兴研究领域和新兴产业。

2017年12月15日，第八届全球新能源汽车大会（GNEV8）在北京国家会议中心盛大开幕，经过一个月的专业评选及网友投票“2017中国绿色汽车年度评选”于今日正式揭晓。“中国绿色汽车年度评选”由全球新能源汽车大会（GNEV8）官方机构主办。以新能源车为评选对象，精选中国人眼中最好的新能源车型，车型覆盖纯电动乘用车、插电式混动乘用车、微型车三大类型，以及年度充电服务商、年度推广城市、年度人物三项大奖。GNEV8用评选的方式表达对绿色产品、企业、商业模式和创新人物的致敬。重新定义汽车、重新定义出行，层出不穷的全新绿色产品和新生力量，将在无处不在的变革进程中，对绿色交通出行、能源环境和生活方式产生巨大的影响和推动作用。

89　智能无人驾驶汽车

2015年9月，在美国加利福尼亚州出现了戏剧的一幕：一辆迷你谷歌无人驾驶汽车被警察截停进行盘查，原因是其跑得太慢。被盘查的迷你谷歌无人驾驶车“呆萌”气十足（如图）。据了解，出于安全考虑，谷歌设定无人驾驶汽车速度一般被限制在39千米/小时。谷歌公司说：“我们希望无人驾驶汽车让人感觉友好且可靠近，而不是只会在社区街道上飞驰。与这名警官一样，人们有时会让我们停下来，其目的多数是想看看我们的无人驾驶汽车到底是怎么运行的。”

无人驾驶汽车是一种智能汽车，也称为轮式移动机器人。它是利用车载传感器来感知车辆周围环境，并根据感知所获得的道路、车辆位置和障碍物信息，控制车辆的转向和速度，从而使车辆能够安全、可靠地在道路上行驶。

无人驾驶，是指通过给车辆装备智能软件和多种感应设备，包括车载传感器、雷达、GPS 以及摄像头等，实现车辆的自主安全驾驶，安全高效地到达目的地，并达成完全消除交通事故的目标。无人驾驶汽车集自动控制、体系结构、人工智能、视觉计算等众多技术于一体，是计算机科学、模式识别和智能控制技术高度发展的产物，也是衡量一个国家科研实力和工业水平的一个重要标志。

最近，出现了几种不同方式来对车辆自动化系统进行分类。美国国家公路交通安全管理局（NHTSA）与美国汽车工程师学会（SAE）分 5 级定义汽车的自动化等级（如下图）。现在，汽车行业无人驾驶，包括制造商、供应商、技术公司，甚至监管机构等在内的各个方面，都采用了 SAE 的广泛定义。

<table>
<tr><th colspan="2">自动驾驶分级</th><th rowspan="2">称呼（SAE）</th><th rowspan="2">SAE定义</th><th colspan="4">主体</th></tr>
<tr><th>NHTSA</th><th>SAE</th><th>驾驶操作</th><th>周边监控</th><th>支援</th><th>系统作用域</th></tr>
<tr><td>0</td><td>0</td><td>无自动化</td><td>由人类驾驶者全权操作汽车，在行驶过程中可以得到警告和保护系统的辅助。</td><td>人类驾驶者</td><td rowspan="3">人类驾驶者</td><td rowspan="4">人类驾驶者</td><td>无</td></tr>
<tr><td>1</td><td>1</td><td>驾驶支援</td><td>通过驾驶环境对方向盘和加减速中的一项操作提供驾驶支援，其他的驾驶动作都由人类驾驶员进行操作。</td><td>人类驾驶者
系统</td><td rowspan="4">部分</td></tr>
<tr><td>2</td><td>2</td><td>部分自动化</td><td>通过驾驶环境对方向盘和加减速中的多项操作提供驾驶支援，其他的驾驶动作都由人类驾驶员进行操作。</td><td rowspan="4">系统</td></tr>
<tr><td>3</td><td>3</td><td>有条件自动化</td><td>由无人驾驶系统完成所有的驾驶操作。根据系统请求，人类驾驶者提供适当的应答。</td><td rowspan="3">系统</td></tr>
<tr><td rowspan="2">4</td><td>4</td><td>高度自动化</td><td>由无人驾驶系统完成所有的驾驶操作。根据系统请求，人类驾驶者不一定需要对所有的系统请求作出应答，限定道路和环境条件等。</td><td rowspan="2">系统</td></tr>
<tr><td>5</td><td>完全自动化</td><td>由无人驾驶系统完成所有的驾驶操作。人类驾驶者在可能的情况下接管。在所有的道路和环境条件下驾驶。</td><td>全域</td></tr>
</table>

从 20 世纪 70 年代开始，美国、英国、德国等发达国家开始进行无人驾驶汽车的研究，在可行性和实用化方面都取得了突破性的进展。中国从 20 世纪 80 年代开始进行无人驾驶汽车的研究，国防科技大学在 1992 年成功研制出中国第一辆真正意义上的无人驾驶汽车。无人驾驶车是中国政府重点支持的战略性新兴产业之一，中国已在该领域研究上取得了长足的进步。

在未来的 20 年里，无人驾驶汽车将在美国广泛使用，这几乎是必然的。包括谷歌、苹果和梅赛德斯-奔驰在内的二十多家大型企业都在努力打造自己的无人驾驶汽车品牌。特斯拉的 Model S 已经推出了一种可以在高速公路上形式的无人驾驶车型。专家预测，无人驾驶汽车将影响的许多个行业：保险行业、汽修行业、运输行业、酒店行业、航空业、汽配行业、叫车行业、公交行业、停车场、快餐行业、外卖行业、能源行业、房地产行业、媒体娱乐行业、配送行业、零售行业、汽车经销行业、洗车等汽车服务行业、医疗保健行业、救援和紧急服务行业、驾驶培训行业、城市规划行业、网络服务行业、车内设计及制造行业、网络安全行业、交通执法行业、健身行业、老幼护理行业、住房改造行业、法律行业、军事行动部门、NGO与灾害救助行业、数据中心和网络基建行业等。

如今，越来越多的企业开始涉足这块领域，将尖端的IT技术运用到汽车领域中，希望为消费者驾车出行带来更多美好体验。麦肯锡预测，无人驾驶汽车到2025年可以产生2000亿至1.9万亿美元的产值。对任何一个行业而言，这都是具有足够冲击的市场诱惑。

目前，已经开发出来的无人驾驶汽车技术包括自适应巡航控制和车道保持、智能刹车、路标识别等。这些还属于主动安全系统的范畴，推动无人驾驶汽车的发展还需要开发更先进的传感器技术。另外，车—车、车—基础设施通信系统也将推动无人驾驶汽车的发展。美国IEEE预测，到2040年全球上路的汽车总量中，75%将会是无人驾驶汽车。市场研究公司IHS则预测，2025年全球无人驾驶汽车销量将达到23万辆，2035年将达到1180万辆，届时无人驾驶汽车保有量将达到5400万辆。其中，2035年4级完全无人驾驶汽车每年销量可达到480万辆。IHS预测，到2035年，北美在无人驾驶汽车市场上的份额将达到29%，中国为24%，西欧为20%。未来，人类交通系统或将发生翻天覆地的变化。

中国百度公司已启动无人驾驶汽车研发计划。根据规划，该无人驾驶汽车可自动识别交通指示牌和行车信息，具备雷达、相机、全球卫星导航等电子设施，并安装同步传感器。车主只要向导航系统输入目的地，汽车即可自动行驶，前往目的地。在行驶过程中，汽车会通过传感设备上传路况信息，在大量数据基础上进行实时定位分析，从而判断行驶方向和速度。百度方面证实，百度将利用现有的视觉、听觉等识别技术、大数据、地图、人工智能和百度大脑等一系列技术应用到即将到来的无人驾驶车中。

2018 年 4 月，美团和百度已经达成协议，计划率先在雄安试验无人驾驶送餐。百度表示，无人驾驶送餐可提升传统送餐的安全性、人员分配，并节约成本，不过使用场景更偏向封闭性和限制性，比如某公司员工团购肯德基，就能用无人驾驶送餐。

90　太阳能汽车

光芒万丈的太阳是一个烈焰翻腾的火球。它一刻不停地发出大量的光和热，为人类送来了取之不尽、用之不竭的可再生能源。早在 20 世纪 50 年代末，世界第一个光电池研制成功；1978 年第一辆在英国研制的太阳能汽车时速达到 13 公里。人类驾驭太阳能汽车已不是一个神话。

太阳能汽车本质上也属于纯电动车。太阳能汽车通过太阳能光伏电池，把采集的阳光转化成电能，储存于蓄电池并为行驶提供动力。太阳能汽车实现了真正意义上的零排放。

太阳能电池又称为“太阳能芯片”或“光电池”，是一种利用太阳光直接发电的光电半导体薄片。它只要被满足一定照度条件的光照到，瞬间就可输出电压及在有回路的情况下产生电流。在物理学上称为太阳能光伏。太阳能电池是通过光电效应或者光化学效应直接把光能转化成电能的装置。目前，以光电效应工作的晶硅太阳能电池为主流，而以光化学效应工作的薄膜电池的太阳能电池则还处于发展阶段。太阳能在汽车上的应用主要有两方面：

（1）作为汽车的驱动能源。太阳能汽车与传统汽车不论在外观还是运行原理上都有很大的不同。它没有内燃机、底盘、驱动、变速箱等构件，而是由电池板、储电器和电机组成，利用贴在车体外表的光伏电池板，将太阳能直接转换成电能，再通过电能的消耗，驱动汽车行驶。目前此类太阳能汽车的时速最高能达到 100 公里以上。

（2）作为汽车的辅助能源。传统汽车功率一般在几十千瓦左右，而太阳辐射功率每平方米是 1 千瓦左右。因此完全用太阳能驱动汽车，需要几十平方米的接收面积，显然难以达到。但用太阳能作为辅助动力，可减少汽车常规燃料的消耗，可用作汽车蓄电池的辅助充电能源以及用于驱动风扇和空调等系统。

太阳能汽车的车体技术。太阳能汽车的外表是密密麻麻蜂窝状“皮肤”，即太阳能电池阵列（如下图）。当前太阳能汽车普遍使用的是薄膜电池和晶硅电池。例如，常用的晶硅太阳能电池，即由许多独立的硅片（近1000个）组合，形成太阳能阵列。这些阵列的通常工作电压在50—200伏，并能提供1000瓦的电力。其能量大小受光强、云层覆盖度和温度高低的影响而变化。在太阳能汽车的电池研究方面，各国都在研究如何才能把太阳光的转化率提到最高。

太阳能汽车的车身外形非常新颖，大多数太阳能车型都是呈扁平状，车型的设计要结合空气阻力、太阳能量吸收和行驶安全最佳为综合考虑。

由于受制于光能效转换问题，太阳能汽车必须实现轻量化和低风阻，同时为高效利用太阳能，在造型上有时需具备可伸缩、折叠翼（即活动太阳能电池板）。复合材料技术在太阳能汽车中得到广泛应用。复合材料由如“三明治”夹层状的结构材料构成，表面是非常轻质又相当于钢强度的材料，如碳纤维和玻璃纤维材料等，其间的蜂窝状和泡沫塑料是常用的合成填充材料。

太阳能汽车的“心脏”就是电力存储系统，它由蓄电池和电能组组成。

蓄电池相当于普通汽车的油箱。由于技术原因，蓄电池存储能量是有限的，而且还分不同类型：铅酸蓄电池、镍镉蓄电池、锂电池、锂聚合物电池等。根据能量、功率和使用时长等多样对比，锂电池和镍氢电池是最适合用在太阳能汽车上的电池。对于蓄电池的应用，也要从成本，电池容量和稳定性等方面考虑。

电能组好比“发动机”，包括电动机、控制器和功率电子器件等。一般而言，太阳能汽车都是轮边驱动和后轮驱动。太阳能汽车行驶时，被转换的太阳能光被直接送到的“发动机（即永磁直流无刷电动机）”控制系统，但有时提供的能量大于“发动机”需求的电力，那么多余的能量就会被蓄电池储存以备后用。当太阳能阵列不能提供足够的能量来驱动“发动机”时，这时蓄电池内储存的备用能量会自动补充。可见，太阳能电池的关键在于太阳能转换效率。

太阳能汽车的发展。太阳能是人类最理想的绿色能源，太阳能汽车也是最看好的新能源汽车之一。近年来，各国都在竞相研发新型太阳能汽车。太阳能汽车已经在一些幅员辽阔国家或沙漠地区得到有效的应用。全球最负盛名的太阳能汽车比赛每年在澳大利亚举行，造型各异的赛车千姿百态，跃跃欲试，为推动太阳能汽车的发展做出了巨大贡献。

1984 年 9 月，由武汉市研制的我国第一辆太阳能汽车——“太阳号”试验成功，并开进了北京中南海勤政殿，向中央领导汇报。

1996 年，清华大学参照日本能登竞赛规范，研制了“追日”号太阳能汽车。其采用的电池板是我国第五代产品，最高时速达 80 公里。

2001 年上海交通大学推出首辆可载人的太阳能电动车——“思源号”，它无须任何助动燃料，只要在阳光下晒三、四个小时，便能轻松跑上 10 多公里。

2016 年中国汉能控股携其首款全太阳能动力跑车——Hanergy Solar R 亮相 2016 广州国际车展，这是全球汽车展会上首次出现有“终极新能源”之称的太阳能汽车的身影。

91 电动汽车充电

由于不同类型纯电动汽车动力蓄电池的技术和使用特性不同，因此其充电模式也不一样。现在可供选择的充电模式有常规充电、快速充电和机械充电（即快速更换电池）三种模式。

（1）常规充电模式。常规充电模式即普通充电模式，是采用小电流的恒压或恒流充电方法，充电时间较长，一般为 5—8 小时，甚至长达 10 至 20 多个小时。通常在车用蓄电池在放电终止后，应立即充电。

常规充电模式优点：一是充电电流低，大小约为 15 安倍，这样可提高充电效率和延长电池的使用寿命。二是常规充电的充电器和安装成本比较低；可充分利用电力低谷时段进行充电，降低充电成本。常规充电模式的主要缺点为充电时间过长，有紧急运行需求时难以满足。

（2）快速充电模式。快速充电模式又称应急充电模式，是在常规充电模式发展起来的，是为了克服常规充电模式充电时间较长缺点而出现的。快速充电电池的出现，为纯电动汽车的商业化提供了技术支持。快速充电是以较大电流短时间在电动汽车停车的 20 分钟至 2 小时内，为其提供短时充电服务，一般充电电流为 150—400 安倍。

快速充电模式优点：一是充电时间短；在几分钟内就可充 70%—80% 的电，与加油时间相仿。二是充电电池可充电 2000 次以上；没有记忆性，可以大容量充电及放电。三是建设相应充电站时可不配备大面积停车场，这是由于快速充电模式充电时间短的缘故。

快速充电模式缺点是，由于采用快速充电，充电电流大，这就对充电技术方法以及充电的安全性提出了更高的要求。而且，快速充电会缩短电池的寿命。

（3）机械充电模式。机械充电模式就是换电池，即电池组快速更换。通过直接更换纯电动汽车的电池组来达到为其充电的目的。由于电池组重量较大，更换电池的专业化要求较强，需配备专业人员借助专业机械来快速完成电池的更换、充电和维护。

也可以通过纯电动汽车用户租用充满电的蓄电池的办法，快速更换已经耗尽的蓄电池，有利于提高车辆使用效率，也提高了用户使用的方便性和快捷性。对更换下来的蓄电池可以利用低谷时段进行充电，降低了充电成本，提高了车辆运行经济性；解决了充电时间乃至蓄存电荷量、电池质量、续驶里程长及价格等难题。

上述三种充电模式是现阶段采用的充电模式。就目前来看，最直接的解决方案是采用快速充电的方式，近年来的快速充电技术发展很快，出现了恒流恒压充电模式，该模式在充电初期采用连续大电流对电池进行快速充电，待电池至难以承受大电流时，转入恒压充电，直至电池充足。

电动汽车无线充电模式展望。国外正在开发新的车用无线充电技术（如下图）。纯电动汽车无线充电被认为是大势所趋。实际上，无线充电并不是新概念，近几年来，全世界多家企业、大学和研究所都在进行相关研究。其中，德国、日本较为积极，韩国也曾展示过无线充电电动车，中国也有科研单位投入其中。无线充电技术因利用的原理不同可分为四种类型，其中以电磁感应及磁共振这两种类型为当前的研究主流。未来只要配备好安全配套措施，这种无线充电技术的市场前景相当可观。

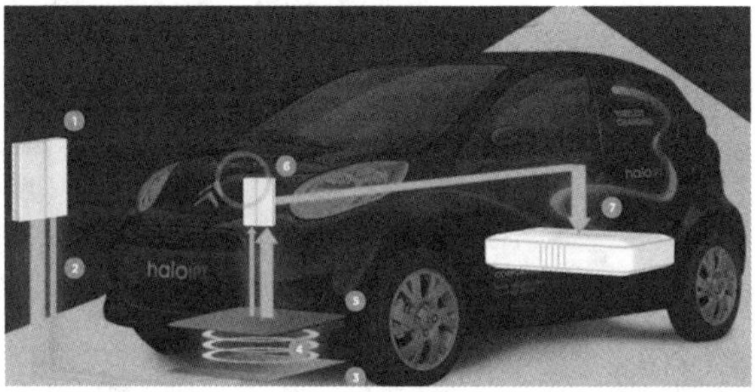

2018年8月3日，中国电科院牵头承担的公司科技项目“电动汽车路段移动式无线充电系统关键技术及设备研制”暨“电动汽车移动式无线充电实验路段”通过国网科技部组织的验收。“电动汽车移动式无线充电实验路段”项目依据公司张北示范工程重大科技专项规划，攻克了移动式无线充电系统磁耦合机构、高频电能变换、发射和接收端协调控制、电磁安全防护、车辆改造、路段集成及性能评估等关键技术，研制出了多磁极窄供电导轨和双相四线圈宽接收端组成的耦合机构和与之适应的大功率高频电能变换装置，开发了多状态运行参数实时监控系统，建成了长180米、融合静止和移动式无线充电的实验路段，包含直道、斜坡、泥泞、颠簸等多种路况场景，实现了自动充电运行。

92 车与电网的“智能”沟通

要普及纯电动汽车，就要解决汽车与电网的“智能”沟通。充电站是解决电动汽车充电问题主要场所。充电站业务模式是指纯电动汽车用户在汽车电能将要耗尽的时候选择到固定地点的充电站或充站桩为汽车的电池进行直接充电的模式。纯电动汽车充电站技术已经相当成熟，而建设电动汽车“智能电网（Smart Grid）”是实现新能源汽车产业化的关键一环。智能电网的出现，实现了信息化、自动化、数字化、互动化的功能，并使电力流、业务流、信息流形成为一体，为纯电动汽车和插电式混合动力汽车的市场推广和发展前景迎来了新的曙光。下图为特斯拉超级充电站。

纯电动汽车充电站按照功能可以划分为四个子模块：配电系统、充电系统、电池调度系统、充电站监控系统。

充电站给汽车充电一般分为三种方式：常规充电、快速充电、电池更换。常规充电多为交流充电，可以使用220伏或380伏的电压。快速充电多为直流充电。

充电站主要设备包括充电机、充电桩、有源滤波装置、电能监控系统。

在纯电动汽车充电站建设中，建设相应的电动汽车充电计费系统，引入集中式的信息管理平台，是开展纯电动汽车充放电站建设工作的重要组成部分。

建设电动汽车充电计费系统，系统的实现由三部分组成：一是充电计费系统管理，对系统涉及的基础数据进行集中式管理，例如电动汽车信息、购电用户信息、资产信息等。二是充电计费系统运营平台，用于对纯电动汽车的充放电及购电用户的充值进行运营管理。三是充电计费系统查询平台，用于对管理平台及运营平台产生的相关数据进行综合查询模块。

智能电网发展前景。从“车辆到电网（V2G）”的概念正在形成。解决汽车与电网的“智能”沟通就是要通过“从车辆到电网”及其系统让纯电动汽车能够与电网连接，从而实现最优化的充电模式。

福特汽车提出了互动智能电网，即意味着汽车消费者与电网的互动。纯电动汽车消费者既可能是电力用户，也可能成为可再生能源电力的供应者，通过携带芯片的充电装置可遥控管理在充电站公共插座上实现买电和售电的交易行为。具体来说，当插电式纯电动汽车接入外接电源时，其动力电池系统能够通过公用事业公司传送出的智能参数与电网直接进行沟通。车主通过使用触摸屏导航界面，就可选择车辆在什么时候充电，以及充电的时间和费用。例如，车主可以选择仅允许在晚上0点到早上6点的非高峰时段充电（电费较便宜），或者也可以选择仅提供风能和太阳能等可再生能源产生电力的时段充电。当汽车暂停使用时，车主可以将车载动力电池中的电能返销给智能电网系统。理想的V2G技术平台是在用电非高峰时段自动充电，在用电高峰时段放电（售电），以代替效率较低的调峰电厂。

未来的互动智能电网的应用，将大大突破电网仅能为纯电动汽车充电服务的局限，更可以通过某种形式的组织（例如将来的纯电动汽车车友会可成为电网调峰市场中的最具活力的参与者），实现V2G系统的信息化、自动化、数字化、互动化的功能，让电力流、业务流、信息流形成为一体的新型商业模式。

与传统汽车的加油站被石油巨头垄断相比，智能电网及其充电配套设施建设给更多的企业提供了涉足机会。国家电网、南方电网、中石化、中海油、中石油等大型央企纷纷发挥自身优势，在全国范围内开始为智能电网及其充电设施（如图）竞相“圈地”。

我国电动汽车与智能电网在“十二五”后得到大规模发展，智能电网及其纯电动汽车充电设施建设不断

紧锣密鼓进行。截至2019年6月，我国充电基础设施为1002万台。国家电网规划，到2020年将全面建成坚强智能的电网，充分利用可再生能源发电。同时有关部门正在考虑出台电动汽车和充电站相关标准和政策。

93 加氢站的发展

发展氢能源汽车，就要解决氢燃料供应问题，加氢站就是解决氢燃料供应问题的基础设施。加氢站设置及氢燃料配送系统要求和今日汽油加油站相当。完整的氢能产业链涵盖制氢、储氢、加注、应用等4个环节。以制氢环节为例，目前包括煤碳气化、天然气、甲醇重整、水电解等制氢方法。世界各地出现了各种加氢站示范项目，加氢站建设也在世界各地同步进行。

加氢站发展历程。最早的氢气加注站建于1980年。当时美国阿拉莫斯国家实验室为了验证液态氢气作为燃料的可行性建造一个实验性加氢站。之后，越来越多的加氢站在世界各地逐渐建成。

冰岛早就在首都雷克雅未克附近建立了加氢站，用于供应一部分氢动力公共汽车，它是通过电解自来水获取氢气。冰岛通过电网供电来电解水。在冰岛只需要大约16个加氢站就足以保证氢动力汽车在全冰岛境内行驶。

在美国首都华盛顿东北区，建有全美和全球第一座加氢站（如图）。它是由壳牌石油公司联合通用汽车于共同建成的一座加氢站。它可为普通汽车提供加油服务，也可为燃料电池车加氢。

在这个新建成的汽车燃料站中，有6个泵专门为普通汽车加汽油，同时有一个泵专门为通用汽车目前在该地区进行示范运行的6辆氢燃料电池车加氢燃料。它代表了汽车燃料技术的重大转变——汽油转向氢。

这个加氢站的加氢设备设计兼顾了目前燃料电池车的两种氢存储方式，提供液氢和压缩氢气。在这个加氢站的地下储氢箱利用电子仪表，可24小时监测氢的泄漏。加氢站的加氢设施与普通加油站内的设施没有太大区别，加氢过程与一般汽油车加油类似。加氢站面积比一般加油站大，由氢气分离厂和加气台两部分组成。氢气分离厂内设有氢气分离罐，工程人员向罐内输入水，在电力的作用下，水便分离成氢气和氧气。分离出的氧气通过管道向空中释放，同时将氢气收集在密封压力罐内加压、储存，再通过高压管道为氢汽车加氢。加气台是给氢动力汽车加氢气的场所。

给氢动力汽车补给氢燃料一点也不比加汽油麻烦，通过一个手控容器管接装置，氢燃料即可从流动氢气加气站输入到氢能汽车的燃料箱内。由于采用了新颖的安全装置，氢气在整个燃料补给过程中是不会泄漏到空气中去的。在加氢站为氢能源汽车加氢，当温度非常低的液态氢注入车辆的燃料箱时，残留在箱内的氢气会随之液化。氢气的液化在一定程度上降低了燃料箱内的压力，所以当车辆的燃料箱补给液氢时，不会逸出氢气。

氢是易燃物，所以人们首先会想到加氢站和氢汽车的安全性。据专家介绍，加氢站内的高压罐和管道的压力虽然高，但科研人员成功地解决了管道压力问题，确保顾客加氢时绝对安全。

太阳能加氢站。本田公司为了推进氢动力汽车的发展，决定发展加氢站。加氢站的氢燃料来自氢的生产企业，氢从生产、运输，到运送加氢站储存，需要储气罐和专门装置。要是加氢站自己能生产氢燃料，就不需要运输，就可以省去运输氢燃料的麻烦和运输成本。本田公司设想研发一种家用太阳能加氢站，用于弥补公共加氢站的稀缺。

氢能与燃料电池汽车行业属于前瞻性新兴产业。中国氢能源及燃料电池产业创新战略联盟成立后，将一方面通过集聚相关产业在产、学、研各方面的技术资源，加强协同创新，统筹推动包括制氢、储运氢、加氢基础设施、燃料电池应用的全产业链技术突破，加快掌握更多关键核心技术；另一方面，加强产业及市场协同，统筹指导联盟成员凝练自身研发与产业优势，在氢能利用技术、安全技术、氢能技术标准上开展深度合作，推动氢能和燃料电池在国防、分布式能源、汽车动力、储能装备等方向的跨领域应用，建立融投资机制以吸引风险投资和发起基金，加速推广中国的氢能产业布局，共同推进中国氢能社会的构建。

与此同时。上海与北京政策先行，已开始为燃料电池汽车产业铺设“地基”。2017年9月份上海市科委发布《上海市燃料电池汽车发展规划》，为推进我国燃料电池汽车商业化发展，制定了近期、中期和长期目标。近期目标（2017—2020年）阶段，建设加氢站5—10座、乘用车示范区2个，运行规模达到3000辆，积极推动燃料电池公交、物流等车辆试点；中期目标（2021—2025年），建成加氢站50座，乘用车不少于2万辆、其他特种车辆不少于1万辆；长期目标（2026—2030年），实现上海燃料电池汽车全产业链年产值突破3000亿元，带动全国燃料电池产品的多元化应用。

2019年6月5日，上汽集团和上海化学工业区宣布，全球规模最大、等级最高的氢燃料电池汽车加氢站在上海化工区落成，该加氢站占地约8000平方米，充分利用上海化工区副产氢为氢气来源，日供应氢气能力约2吨，具备35兆帕和70兆帕氢气商业化加注能力，具有氢气加注、鱼雷车充装、燃料电池汽车维护保养和充电功能，可实现燃料电池车全场景应用。如此规模的加氢站每天可为100辆大客车、300辆商务轻型客车、500辆乘用车提供加注服务，以解决制约氢燃料电池汽车发展的这一大瓶颈。据悉，上汽集团旗下20辆氢燃料电池轻型客车大通FCV80将作为示范运行的载体，承担上海化学工业园区的通勤工作。

与此同时，6月10日，上海市嘉定区推出《氢燃料电池汽车产业集聚区规划》和《鼓励氢燃料电池汽车产业发展的有关意见（试行）》。围绕项目引进、企业培育、企业发展、科技创新、金融扶持、产业配套等六大方面，推出了20条支持举措，覆盖氢燃料电池汽车的上、中、下全产业链。规划的氢燃料电池汽车产业集聚

区的范围为 2.15 平方公里。根据目标，到 2025 年，嘉定区氢能及燃料电池汽车全产业链年产值将突破 500 亿元。在加氢站建设方面，中石化旗下的氢麟（上海）能源科技有限公司在嘉定投建的 2 座加氢站，将是长三角区域第一批油氢合建站。嘉定的加氢站点将达到 6 个以上，形成多模式加氢网络。

94 水陆两用车

水陆两栖车（amphibian automobile），顾名思义就是一种同时具备车与船的特性，既可在陆地行驶，又可泛水浮渡的特种车辆。

水陆两用车又称水路两用车，即两栖车。该车辆的浮力以其密闭车体造成的必要排水量来保证。它采用车轮或履带直接划水，或用专门的水上推进器（螺旋桨或喷水推进器）驱动。其陆上行驶装置为车轮或履带，行驶速度可达 100 千米 / 小时。采用车轮或履带直接划水的车型，其结构简单，但水上速度和机动性差。采用专门的水上推进器（螺旋桨或喷水推进器）驱动的车型，其水上性能好，航速可达 20 千米 / 小时以上。

水陆两用车的发展可追溯上百年的历史，有资料记载第一辆水陆两栖车由美国人 Oliver Evans 于 1805 年发明。为了能在水中行驶，Oliver Evans 在车上装了轴和桨轮，用发动机飞轮轴的皮带和皮带轮来驱动桨轮。更准确的描述，Oliver Evans 的发明应该称为是“一辆使用蒸汽动力的装有轮子的船”。而有记载的真正意义上水陆两栖车应当是第一次世界大战期间为奥地利军队制造的水陆两栖车，但由于种种原因，该车并没有大量生产。

20 世纪末以来，美军花巨资研制了滑行车体型的履带式先进两栖突击车 AAAV，其设计的水上最大速度可达到 46 千米 / 小时。由于两栖车辆具有卓越的水陆通行性能，可从行进中渡越江河湖海，而不受桥或船的限制，因而在交通运输上，特别是军事上得到广泛的重视和应用。

中国的水陆两用车辆系列中，除部分装甲车辆具有浮渡性能及工程兵部队有较少量两栖运输车外，较典型的就是中国自己研发的 BY5020TSL 型水陆两用汽车。

中国也有自主生产的水陆两栖车。中国军方使用的水陆两栖车中，除部分装甲车和运输车外，较典型的是自主研发的BY5020TSL型水陆两用汽车，它既可道路行驶，又能越野，且具有浮渡性能。它完全可以满足中国经济建设和国防建设的需要。

95 飞行汽车

1917年，飞行汽车之父格·寇蒂斯第一次向人们展示了飞行汽车这种新型交通具。他的铝制Autoplane夸张地装有三只翼展达12.2米的机翼。汽车发动机驱动车尾的四叶片螺旋推进器，Autoplane从未真正飞上天空，但它实现了一些短距离的飞行式跳跃。

到了50年代，人们便开始了研究现代飞行汽车的实际行动。在攀登现代飞行汽车技术的征途中，继往开来的首当其冲者是一位名叫莫尔·泰勒的美国人。他经过不懈的努力。在1986年，终于将现代汽车与航空技术珠联璧合出一种既能地上跑，又能空中飞的飞行汽车，并获得政府有关部门签发的飞行许可证。泰勒从此也教人们誉为现代飞行汽车的先驱。

进入90年代之后，为使飞行汽车真正实现实用化，一些专家冲破泰勒的设计模式，致力于折叠式飞行汽车的研制。

首创这一技术的是美国加利福尼亚空中客车技术，设计和发展公司的工程师肯尼思·韦尼克，他研制出车翼螺旋桨叶可折叠的飞行汽车。将车翼折叠在车身上，就能像汽车一样在公路上行驶；展开车翼后，即可升空飞行。车上设4个座位，飞行时亦可达660千米。飞行高度5000米，航程160千米。停放时，将车翼和螺旋桨叶折叠起来，仅占一辆家用小汽车的位置，从而为飞行汽车走出试验场开启了大门，其首度试飞飞行时速185千米。在陆地上，这辆PAL-V更像一辆封闭式的摩托车而不怎么像汽车，它的机械—液压系统使其能斜着转弯。其燃油经济性是，道路模式是每加仑行驶28英里，飞行模式是每小时耗油9.5加仑。

2009年3月，世界首辆飞行汽车“飞跃（Transition）”首次试飞成功。这款由美国马萨诸塞州特拉福嘉公司推出的飞行汽车，可以在空中飞行或在陆地上行驶。它可在15秒内由一辆有两个座位的公路汽车变身为一架飞机。制造商说，由于它使用普通汽油燃料，驾驶这样的汽车很简单。另外，普通的车库就可以放得下它。“飞跃”靠76千瓦的发动机提供动力，发动机既是汽车的驱动，也可摇身一变成为“飞机”的后置推进器。当“飞行”时，只需按一下按钮，15秒内它就变成一架翼展7米多的飞机。不飞时，机翼可以折叠起来，缩放在驾驶座旁边。此外，“飞跃”配有全球卫星定位系统、电子计算机自控系统以及卫星控制技术等高端科技装备，驾驶员无须掌握像飞机飞行员那样的高难驾驶技术。

吉利集团已全资收购美国飞行汽车公司Terrafugia，正在研发无人驾驶技术和飞行汽车技术。

Terrafugia公司的初始成员是5个美国麻省理工学院的毕业生，成立于2006年。这家公司创立之初，就是为了造出来能够飞行的汽车。在2009年，他们发布了第一款飞行汽车，名为Transition。3年后，Terrafugia公司发布了第二版Transition车型。Terrafugia公司开发的Transition是两座小型飞机。该机拥有可折叠机翼，能够像汽车一样在街道上行驶，不过公司将其称为“可在街上合法行驶的飞机”，而没有冠名以“飞行汽车”。

在2017年Terrafugia被吉利全资收购时，吉利也曾透露将Terrafugia的研发试制工作保留在美国，生产可能将放在中国，而公司的绝大部分股份由吉利掌控，同时吉利还主导管理企业未来发展，吉利表示：预计于2019年推出首款飞行汽车，并将在2023年发布全球首台垂直起降飞行汽车计划。

被收购后的Terrafugia，其产品在动力、加速、内饰、安全性和空中配套方面进行了全方位升级，包括混动引擎（磷酸铁锂电池）、飞行加速、更舒适的乘坐体验和更大的行李空间、安全带/气囊/三后视摄像头成像效果改进以及引入了Dynon的飞行信息系统和BRS公司的降落伞系统。

96 仿生汽车

汽车智能化（人工智能）的最高阶可能是趋于仿生化，即帮助汽车化身为一种自动自主的类生命体。汽车车身形态一个重要方向就是“汽车车身形态仿生设计”，这是利用自然界中生物和自然物质的形态、功能、色彩、结构等的丰富性、优异性相应的设计手法，表现在汽车的形态之中，使之赋有仿生寓意。

现代汽车车身仿生形态所传达的情感性与生命象征意义成为人们与汽车交互的精神所需，所以，仿生设计成为了汽车车身形态设计创新的重要手段。从汽车诞生时候起，仿生设计就开始融入到了汽车设计中，最初是无意识的应用到汽车车身形态设计中，但逐渐就开始了有意识的模仿。

汽车车身设计中仿生设计包括仿生物“形”和仿生物“态”。汽车车身仿生设计中，生物的“形”和“态”设计是最重要的，他们也是相互依存，不可分割的，不能取其一。

汽车仿生造型经历了流线型风格时代、尾鳍型风格时代、梦幻型风格时代、肌肉型风格时代与现代型风格时代。车身设计中还包括了色彩仿生设计、功能仿生设计、结构仿生设计、材料仿生设计、肌理仿生设计。它们和形态仿生设计共同组成了不可或缺的汽车车身仿生因素。

阿尔法罗密欧（右图）4C搭载1.75升四缸涡轮增压发动机，最大功率176千瓦，车重仅为875公斤，车身上几乎没有一条直线条，采用大量跃动优雅的曲线所勾勒，全车最造人热议的就是其前脸，即整个鹦鹉鱼以及神似昆虫复眼的大灯。

运用汽车仿生学设计，最具代表性的莫过于大众甲壳虫（下图）了，不论从整个外观还是细节之处都将“甲壳虫”运用到了极致，而且车名也直截了当的使用了“甲壳虫”。从甲壳虫的诞生到现在，经过几十年的更新和换代，它圆润可爱的造型始终没有发生改变，如今的甲壳虫已经是时尚靓丽的代名词，备受年轻消费者的喜爱，特别是都市女白领的青睐。

当今，世界各种品牌的汽车都在努力创造汽车“个性文化”，赋予汽车人类的精神文化与个性化语言。影响汽车车身形态的主要文化基因有社会文化基因、民族文化基因、传统文化基因、企业品牌文化基因。运用社会文化基因仿生设计可以生动的再现汽车文化，感受不同的文化背景设计理念的不同，感受人类文化不断进步所体现在车身上的不同文化印记。不同的民族文化基因也对汽车车身形态有着不同的影响，汽车车身形态的不同，反映了不一样的民族审美观。传统文化对汽车车身形态具有强烈的影响力，汽车车身形态不仅说明人与自然的和谐统一，更能表达传统文化带来的象征意义和传统人文价值。汽车车身形态仿生设计中企业品牌文化基因是形成汽车车身形态特征的各种重要企业文化要素的组合完成的，各种特征要素共同打造汽车品牌的形象特征。

汽车仿生学设计，中国自主品牌中，最具代表性的车型当属吉利熊猫。听到熊猫的名字想必你一定知道它的设计灵感是来源于咱们的国宝“熊猫”。可爱无比又萌萌的造型让这款小车很有辨识度，由于其售价也比较低，很多消费者的第一辆代步车都选择了吉利熊猫。不过可惜的是，问世8年的吉利熊猫在2016年已停产，以后可能再也买不到这么可爱无比的小车了。

97 真空管道运输

真空管道运输（ETT）是1922年德国工程师赫尔曼·肯培尔在提出磁浮列车概念时同时提出的设想。由于真空管道运输跟高速磁悬浮车密不可分的联系，所以有时也叫作“真空管道高速磁浮交通”。

真空管道运输是一种无空气阻力、无摩擦的运输。技术原理是在地面或地下建一个密闭的管道，用真空泵抽成真空或部分真空。在这样的环境中开车（不一定是磁浮车），行车阻力就会大大减小，可有效降低能耗，同时气动噪声也可大大降低，符合环保要求。

目前，国际上具有代表性的真空管道交通技术方案有三种：一是采用常导电磁悬浮的瑞士SWISSMETRO方案；二是采用气动/永磁悬浮和轮轨列车的美国Hyperloop系统计划（埃隆马斯克）；三是采用高温超导磁悬浮技术的美国ET3和我国西南交通大学的方案。

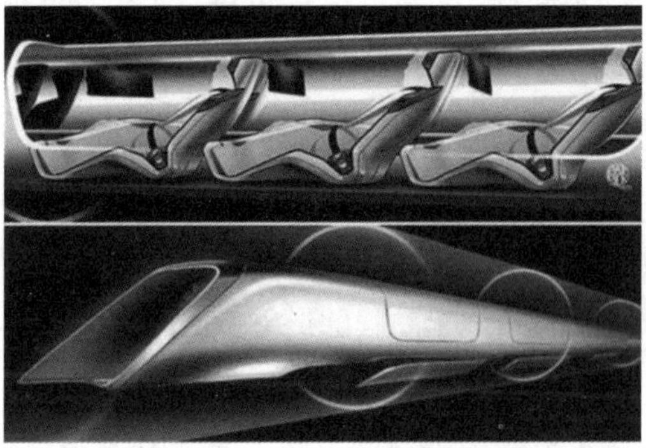

埃隆·马斯克的真空管道运输方案称“胶囊列车”（如图），是铝质材料制成的，长约4.87米、高约1.5米，可以设置4—6个座椅，重约183公斤。“胶囊列车”在封闭的真空管道中运行，几乎不存在与空气的摩擦力。

报道称，首先将真空管道磁悬浮概念引进中国的科学家是毕业于西南交通大学的张耀平，在2007年成功申请国家自然科学基金项目“真空管道高速磁浮交通基础研究”（项目编号：50678152）后，他的研究得到了政府层面的资助。在陕西省有关方面支持下，他至该省西京学院，专门组建了真空管道运输研究所，正全力推进这一“运输革命”进入现实。

报道称，2001 年，与达里尔·奥斯特相识并成为密友的张耀平将这项技术首次引进中国。2002 年，达里尔·奥斯特和妻子前往中国，帮助张耀平和同事在西南交通大学组建了专门研究机构。经过多年努力，张耀平的研究获得了中国学界和政府全方位的支持。

张耀平称，“院士大会上专家们提出的时速 600—1000 千米，是一个保守的对外口径，实际上所有研究者一开始就把这一运输方式的常规运行速度定位为每小时 4000 千米，经过技术改进，每小时 6500 千米是一个中期目标。虽现在不宜提得太高，但只要磁悬浮列车改进之后，克服技术障碍，那就相当于一颗卫星。”

真空管道运输是一种新型的运输系统，最新研究资料表明，所需能耗不到当前运输方式能耗的 2%，而安全性更高、速度更快。管中抽成真空，消除了空气阻力，类似飞行器的旅行舱在管道中旅行，或者让旅行舱在无摩擦的磁浮状态运行。

跟现有的运输工具（飞机、火车、汽车等）相比，真空管道磁浮交通具有以下优越性：

（1）快速。例如纽约—洛杉矶：45 分钟；华盛顿—北京：2 小时；本地旅行速度 350 千米 / 小时，城际间旅行速度 1000 千米 / 小时，国际间旅行速度大于 4000 千米 / 小时。

（2）方便。连续运行，可以在任何时候搭乘、旅行，没有时刻表，不需要遵循交通部门制定的出发时间；没有延迟与停止，到任何目的地均为直达。

（3）高效、节能。在一定速度下，只有当前运输能耗的 1%；材料节省达 90%。

（4）清洁。环境友好，使用可再生能源——少量电力，可持续性好，由于管道中抽成真空，自然形成音屏障，以致无任何对外噪声。

（5）安全。消除了相撞的可能性，不受任何气候条件影响，不会因不良天气而中断。

（6）现实可行。所有建设真空管道运输的设备都是现成的；所涉及的各项技术都已投入商业应用。

成都西南交通大学搭建的全球首个真空管道超高速磁悬浮车环形实验线平台，是国内第一个载人高温超导磁悬浮环形实验线。线路总长45米，设计载重300公斤，最大载重可达1吨，悬浮净高大于20毫米，是目前国际上同等载重能力，截面最小、永磁材料用量最少的超导悬浮系统。这项技术上的创新，可将车辆理论时速提高到1000公里以上的更高速度。

中国科学家推出的这项高温超导磁悬浮技术，一经公布，就引起了美国IEEE协会的关注，他们用两个整版的文字报道了中国人的这项科研成果，英国BBC、美国CNN、欧洲公共电视台等媒体，纷纷赶赴西南交通大学展开实地调查报道。在世界众多科学家的眼里，中国人这次干出了几乎是一件革命性的技术创造。

98 共享汽车

共享经济将成为社会服务行业内最重要的一股力量。共享经济发展至目前，已渗透共享出行、共享空间、共享金融等九大领域，并凭借其强大的生命力正在渗透更多的传统行业和细分领域伴随着这股共享经济热潮，许多城市继共享雨伞、共享洗衣机、共享单车后，推出共享汽车。“共享汽车”概念最早出现于20世纪40年代的瑞士。共享汽车，是指许多人合用一辆车，即开车人对车辆只有使用权，而没有所有权，类似于在租车行里短时间包车。目前的“共享汽车”主要是“分时租赁汽车（包括合乘汽车）”，其他还涌现出一些较为成熟的业态，如“网约车”、移动代驾、定制公交等。

分时租赁汽车的共享模式，一般是通过某个公司来协调车辆，并负责车辆的保险和停放等问题。分时租赁汽车有助于缓解交通压力，有利于社会低碳节能减排，发展前景极为广阔。未来发展的智能网联汽车以及无人驾驶汽车，更是“共享汽车”的绿色交通服务。共享汽车有许多好处：

（1）共享汽车有助于缓解交通堵塞，以及公路的磨损，减少空气污染，降低对能量的依赖性。另外，随着时间的推移，人们会扩大汽车共享的规模，到那时，我们就不必大量修建停车基础设施或扩建道路了。这意味着可以获得更多的资源开发公园和城市绿地。

（2）共享汽车有利于健康生活。比如，由于经常使用自行车或步行等方式出行，人们的健康水平会有所提高。即使仅步行去汽车共享公司停车场，对人们健康而言，也比整天驾车要好得多。

（3）汽车共享可节省家庭开支。私家车费用，如月供、汽油费、更换机油费及维修费、停车费和保险费等开支很大，汽车共享可让买不起车的人有机会用车。

（4）满足家庭多元需求。过去，每个家庭一般只有一辆汽车，不能满足家庭生活、工作和旅游等不同出行需求。而分时租赁汽车的推广，能满足社会公众的个性化出行、商务活动、公务活动和旅游休闲等不同需求。

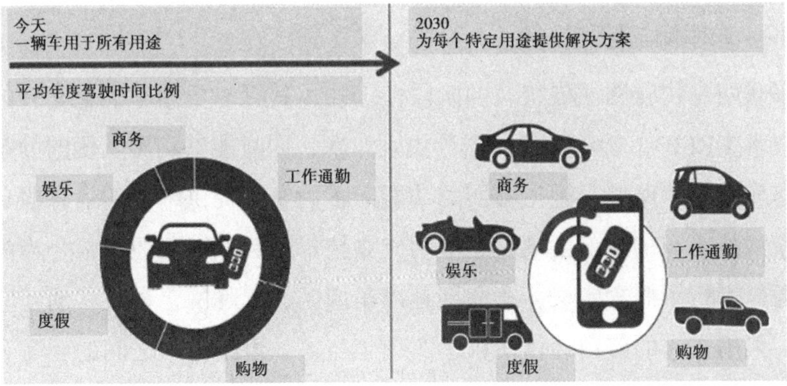

汽车共享运营方式差别很大。最简单的汽车共享运营体系只有一个或两个集合地点，但更为先进的体系，允许汽车接送至指定工作区域的任何可用的公共停车位。虽然他们的目标、规模、业务模式、技术和目标市场有显著不同，但这些程序有许多共同特征。为成为会员，常常需要检查过往的驾驶记录、每月或每年的费用。一辆车的使用成本和最大时限也是有差异的。共享汽车服务，可以通过网络或手机预定，也可以根据公司的灵活性进行短信预定。

一旦预定完成和确认，共享汽车会在预定的时间和地点交付。此外会有一个小的读卡器安装在挡风玻璃上。一旦顾客把他们的会员卡置放在读卡器上，它将使用智能技术来激活时间和开启车门，可在车内的某个地方找到钥匙。一切就绪后，顾客就出发前往目的地。会员要确保当他们用完时，该车已为下一个用户做好出发的准备。

EVCARD 正以一种全新的形式迅速渗入上海民众的生活，它主打一种分时租赁的共享汽车模式，比一般的传统租车，更加便宜实惠。另外，EVCARD 有自己统一的上汽 E50 电动汽车车型，现在在上海的街头不难看见这种小型并贴有 EVCARD 字样的四人小车，车型的辨知度就非常高，这也是 EVCARD 知名度高的其中原因之一。

99　车联网与智能交通

车联网是物联网发展普及的阶段性产物，其可以根据车辆上安装的射频识别技术（RFID）标签、传感器等识别车辆，同时能够利用车辆的静态属性和动态属性组建网络，根据不同的功能需求为车辆提供综合的信息服务。随着车联网技术与产业的发展，车联网成立技术创新战略联盟，整合当前车联网资源，进行了概念定义，车联网是以车内网、车际网、车载移动互联网为基础，采用先进的路由通信协议，实现车与人、道路与车之间的互联和通信传输，利用无线通信、信息交换等大型网络为基础，构建一个智能化交通系统，实现交通管理、信息服务、智能控制为一体（如图）。

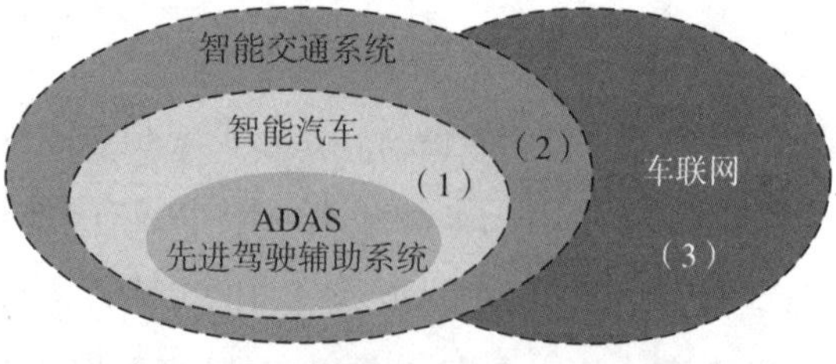

（1）——协同式智能车辆控制（智能网联汽车）
（2）——协同式智能交通管理与信息服务
（3）——汽车智能制造、电商、后服务及保险等

车联网是物联网发展的一种重要产物，其可以由各个车辆进行构成，形成一个车辆、速度、路线等信息整合在一起的巨大交互网络，并且通过RFID、摄像头、GPS、传感器等软硬件设备实现信息处理，车辆可以完成自身环境状态信息的采集，并且通过物联网技术将车辆的各种信息汇聚到中央处理器，分析和处理驾驶员、车辆的工作状态，及时安排车辆的最佳路线、汇报路况和信号灯周期，保证车辆安全驾驶。

车联网在智能交通应用采用了三层架构，第一层是端系统，端系统采用了先进的智能传感器结构，其可以负责采集采集车辆的运行状态信息，感知汽车的驾驶环境信息，同时端系统也是车辆之间通信传输、车辆内部设备通信、车联网通信的关键组成内容，可以让汽车具备车联网的寻址和网络传输可标识等功能。第二层是管系统，能够解决车辆与车辆、车辆与道路、车辆与网络、车辆与人之间的网络通信和数据共享，实现利用车辆作为节点组件异构网络，实现车辆通信与漫游，并且能够在功能和性能上保障车辆操作的实时性、可靠性、可服务性，管系统也是车联网与互联网之间的通信接口。第三层是云系统，车联网是一个采用云计算服务模式的信息平台，其可以为汽车租赁、汽车制造、汽车紧急救援、汽车服务信息发布等功能提供操作平台，能够利用云计算的虚拟化技术将车辆按照矩阵模式连接在一起，形成一个自组织网络，并且可以实时地根据需求加入车辆、退出车辆，汇聚道路周边、车辆行驶环境的各类型信息，并且具有实时交互、海量存储等多个云计算功能。

车联网在智能交通中的应用趋势。车联网主要是通过网络将各个车辆连接在一起，实现车辆信息的检测、传输和共享。车联网在智能交通发展，随着机器视觉、深度学习、机器人等技术的快速发展，基于车联网实现的系统将会迅速增多，车联网能够为人们提供极大的信息支撑，结合 ZigBee 技术、TD-LTE 技术、Android 技术、Java 程序语言开发功能完善的车联网应用软件，实现车辆报警、行车路线规划、车辆定位等，是未来车联网的应用趋势。

目前，车联网最常见的应用就是碰撞检测、电子路牌、红绿灯警告、车辆诊断，利用这些信息规划车辆行驶路径，管理城市交通，改善人们出行的效率，缓解交通压力，同时可以将车辆周边附件的娱乐、餐厅、社交等生活信息发送给驾驶员，方便人们生活的便捷性和娱乐性。碰撞检测可以使用车联网计算每一辆行车与附近车辆距离，将这些距离信息准确地提供给驾驶员或自动驾驶系统，驾驶员或自动驾驶系统就可以获知车辆四周的物体状况，避免发生碰撞。电子路牌是一种车联网信息应用，其结合 GPS 与城市地图，同时展现每一个交通路口的详细信息，为车辆行驶提供决策和指挥。车辆诊断功能可以利用车联网的传感器采集车辆自身的状态信息，比如采集车轮、档位、发动机、离合器等，查看这些设备组件是否需要维护或更换，以便保证汽车的正常运行。信号灯警告可以利用车联网采集红绿灯信息，并且将红绿灯的运行情况进行预判，为车辆驾驶员或自动驾驶系统提供决策信息，以便能够根据红绿灯运行设置车辆速度，实现车辆信息的准确预判，车联网应用及关键技术如图 1 所示。

车联网应用开发关键技术包括射频识别技术（RFID）、蓝牙、二维码和传感器。

车联网作为智能交通的信息化基础，其可以在车辆与人、道路、建筑之间形成一个自组织网络，实现车辆服务信息、交通控制信息、车辆驾驶控制信息的共享，为驾驶人员或自动驾驶系统提供强大的智能化操作需求，具有重要的作用和意义。

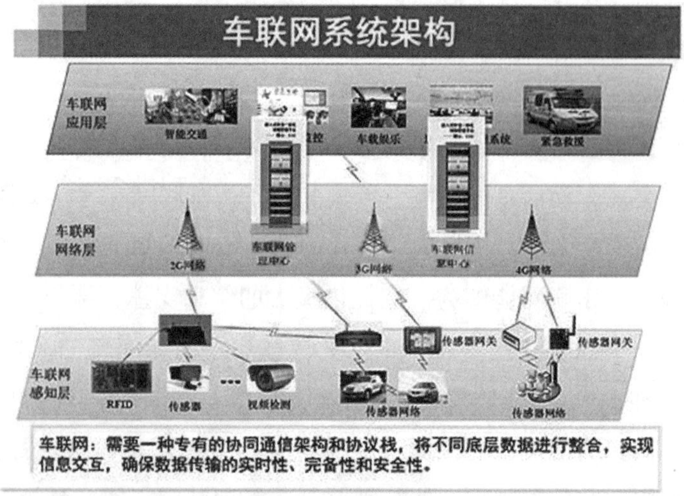

斑马网络是上汽集团和阿里巴巴集团共同投资成立的合资公司，主营业务就是为汽车行业提供互联网汽车整体解决方案。斑马智行系统现已全面应用于上汽集团旗下荣威、名爵以及大通品牌的乘用车上。智能解决方案，将娱乐、导航、远程信息处理和驾驶员辅助系统等集成到车辆中，把汽车打造成一个全新的、完全互联的生活空间。

专用短程通信技术（DSRC）是一种在特定小范围区域内让车辆与服务器进行双向联系的技术，DSRC通讯系统主要由三部分组成：车载单元、路侧单元以及DSRC通信协议。

100　氢能社会与汽车

氢能是一种绿色、高效的二次能源，虽然因目前还没有被大规模普及应用而不像电能一样为人们所熟知，但它却有着我们已知所有能源无可比拟的特点，而会很快成为解决未来人类社会能源问题的必然选择，是能源领域的未来之星，更是被业界专家称为"终极能源"。

人们梦想，在氢这种干净且供应丰富的能源基础上，全球经济与社会将驶入"氢经济"时代。国外一些媒体曾描绘过未来"氢经济"社会的画图：那时候，石油、煤炭、天然气能源封存，仅留作化工原料；建立居家小型电站，取消远距离高压输电，通过管道网，输氢气至千家万户；各种类型的氢燃料电池成为普遍采用的发电工具；取缔内燃机动力，汽车、火车、飞机都改用燃料电池，消除了一切能源污染隐患和内燃机噪声源；每个城市和家庭有能源供应和回收的完善循环系统；取消火力发电，核电站、水力发电站、风力发电站、潮汐发电完成正常供电后，剩余电力用于电解水制氢，作为储备能源。由此看来，未来的"氢经济"时代很可能随着氢能源汽车的推广普及而让我们率先感同身受。

虽然氢是宇宙中最普通的元素，资源极为丰富（太阳每秒钟要消耗掉6亿吨氢），但是氢和石油不同，地球上并不储存大量氢气，而是作为氢原子与其他原子结合在一起，必须付出能量才能从其他元素中取出氢。从能量守恒原理出发，考虑到消耗，取出的能量总是小于得到的能量。也就是说，我们并不能无偿地、无限制地取得氢。现代燃料电池的鼻祖杰弗里 . 巴拉德（Geoffrey Ballard）很形象地解释说，氢只是一种“流通货币”，不是原始能源，也就是说，氢只是一种能量的载体，而不是能源。从某种能源取得能量，再用到需要的地方去，燃料电池就是把这种“流通货币”转换成电能的途径之一。

所谓“氢能社会”是指将氢能作为燃料广泛应用于社会日常生活和经济产业活动之中，与电力、热力共同构成二次能源的三大支柱。根据这一战略目标，2014 年 6 月，日本经济产业省制定了“氢能与燃料电池战略路线图”，提出了实现“氢能社会”目标分三步走的发展路线图：到 2025 年要加速推广和普及氢能利用的市场；到 2030 年要建立大规模氢能供给体系并实现氢燃料发电；到 2040 年要完成零碳氢燃料供给体系建设。

氢能源汽车又称氢动力汽车，即指以氢能为动力来源的汽车。氢能源汽车是人类能够同时解决能源不足和环境恶化问题，真正实现零排放的未来型汽车。氢能源汽车有两类，一类是氢能燃料电池汽车；另一类是氢内燃机汽车。前者使用的氢能燃料电池是 21 世纪汽车的核心技术，它对汽车工业的创新和转型发展具有革命性意义。无论是氢能燃料电池汽车还是氢内燃机汽车，它们都以氢气为燃料，排放出的是纯净水，没有污染。因此，氢能源汽车是传统汽车最理想的替代方案，也是最被人们寄予希望的绿色能源汽车。让我们通过对氢能源汽车的理解，憧憬“氢经济”的光明；通过搭乘氢能源汽车产业的创新平台，驶向未来的“氢经济”时代，

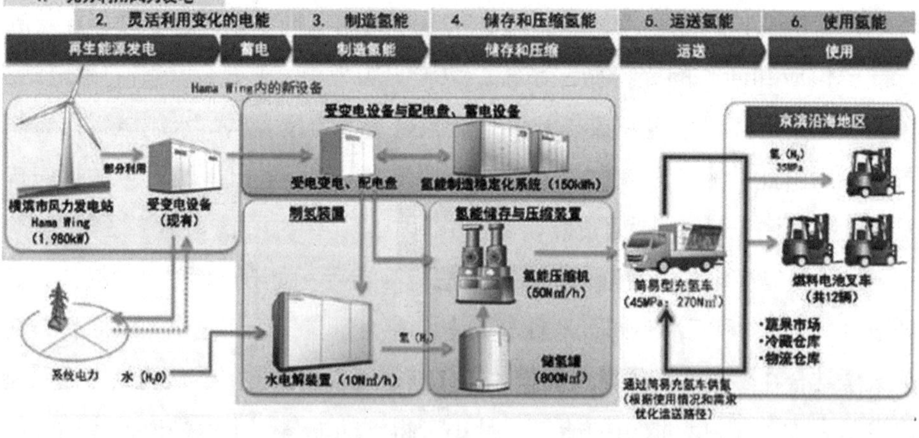

中国工程院干勇院士纵论“2050中国氢能社会与汽车”：

中国工程院在十多年前提出了氢能社会的概念。化石燃料时代向绿色能源时代的转变是必然的，主要是两个转变：一个是化石能源消耗向绿色能源再生转变，另一个是从高碳燃料向低碳燃料转变，所以本质上是燃料的加氢减碳过程。全世界的电源40%来自煤炭，而中国不一样，中国的电源73.48%是煤炭，核电只占3.94%，太阳能占1.04%，风电占4.3%，水电占17.2%。在可再生能源的开发方面，中国相比其他国家有更强大的动力。2012年到2015年，中国可再生能源的投资已大大超过美国。

风电和光伏的问题在于其不可预测性，所以要储能一部分，不可能全部上网。氢能具有投入成本低、环境友好等特征，而且可以永久储存、传输到任何地方。人类每一次的能源变革都是提升减碳加氢、提升能量密度的过程。古代烧木材能量密度只有每公斤0.13兆焦，现在标准煤、天然气直到氢气，能量密度最高达到了140兆焦，应该说氢能源是非常理想的清洁能源，但属于二次能源，所以关键是要降低成本，重新设定技术路径。

氢能的重要作用是可再生、高能、高效的能量载体，存储转换非常自如，而且是零排放。现在整个央企已经开始行动，特别是以神华国际能源投资集团在氢能和燃料电池领域做了四方面的大布局：明确了可再生能源制氢的任务，包括投入氢气运输、存储和加速的各种装备的基础建设，也包括燃料电池，但神华的目标不是发展燃料电池，而是参股支持下游用神华的氢来发展燃料电池。

氢能将成为传统能源的核心，有助于实现规模化的愿景，打造一流的清洁能源供应商，整个产业链已经显现。产业化途径、模式、方向，包括商业模式都已经开始了，可再生能源制氢也好、煤制氢也好、各种制备出来的散氢都要集中起来，这是一个大的产业链。不光是氢能源电池利用，包括分布式发电、二氧化碳合成的化学用品等等。发展氢能产业是能源结构调整和产业结构转型的必由之路，人类必须走向这条路。

中国发展燃料电池的基础很好，特别是很早就形成了以大学研究院为主体，特别是同济大学等等。现在我国燃料电池开发出了20千瓦、50千瓦、60千瓦和110千瓦的产品，很多技术都正在成熟。上汽集团又推出了两款燃料电池电动汽车产品。还有中航十五所、山东潍柴、中车燃料电池生产已全部下线。

制氢、储氢、运氢、加氢是一套新的配套系统工程。改变传统的工程、配套设施跟进这种发展模式不行，必须至少是同步，最好是先布局供氢体系。现在整个上海大区域布局了燃料电池的发展规划，山东在打造170平方公里的中国氢谷，包括开始建设研发中心。风电、光伏电池和可再生能源也完全可以拿来制氢。

估计到21世纪中期，整个氢气技术，就是制氢、储氢、加氢、运氢都会完全成熟，所有标准都会出来，运输材料和危险性并不比油气和液化天然气更大，反而更简单。

2050年我们将会迎接氢能时代的到来，将形成10万亿元的产业规模。我们已经开始迎接制造业强国之梦，在绿色制造当中要把中国整个能源结构进行改造。

节选自《中国科学报》2018.02.26第4版

展望：未来汽车再定义

伴随能源革命和第四次工业革命的浪潮，全球汽车产业迎来前所未有的颠覆性变革，而推动这一变革的力量来自于技术的创新，即绿色能源、智能电网、信息技术、移动互联、5G 技术、人工智能技术等科技跨界融合与快速迭代。与此同时，呼啸而来的人工智能技术革命，为未来汽车“全面赋能”，为未来汽车产业蓬勃发展注入智慧和活力，也意味未来汽车社会和汽车生活的概念将随之发生重大变化。因此，我们需要高瞻远瞩，纵览全球，用新视野、新思维重新定义未来汽车及其产业：

（1）未来的汽车是交通工具 + 高级智能移动终端。

汽车的功能在发生变化。经历 130 多年的历练，传统汽车的“身躯”已经十分强壮，但是它的头脑还略显简单，基本停留在简单的移动功能上，因此需要赋予它一个智慧的“头脑”。通过人机界面实时与外部世界保持更人性化、更主动的连接，汽车将成为比智能手机更加强大的超级智能移动终端，让人们的生活和出行变得更加美好。

未来的汽车是高级智能移动的终端。汽车产品将从现在的单一的交通工具，向智能移动空间转型，即具备千人千面的个性、体贴入微的情感、舒适灵动的空间，成为人们融入智慧城市，体验智慧交通的可靠的生活与工作伙伴。未来的汽车，不仅存在巨大的发展空间，而且也存在巨大的想象空间和创新空间。

未来的汽车也是智能移动的储能点。发展新能源汽车并不是简单地把汽车动力从燃油转向电力。车载电池是移动的储能点，也是移动的微电源，通过智能电网的衔接，可以与再生能源形成最佳组合。车载电池是解决可再生能源间歇性的根本途径。未来的电动车因其数量庞大，所汇集的储电容量，足以保障可再生能源的充分发展。可预测，未来的太阳能和风能发电成本会低于化石能源，新能源汽车的性价比会超过燃油汽车，推动未来汽车革命和能源革命的正是这些智能移动绿色储能点所聚集的伟大力量。

（2）汽车这个曾经“改变世界的机器”正在被改变。

汽车产业在发生变化，汽车这个曾经“改变世界的机器”正在被改变。以石油为高度依存的传统汽车产业逐渐转为一个以新型能源、新型材料和智能互联网为支撑的高新技术产业。先行到来的新能源汽车时代，创造了全新的产业链和价值链，新能源汽车的创新集中于车辆本身，而未来的智能网联汽车，则将颠覆人与车、车与车、车与基础设施、车与制造厂商、车与服务商的联系媒介。因此，未来的智能网联新能源汽车产业，硬件成为产业的基础，而软件是产业的核心。

互联网造车新势力的进入将给汽车业注入新的基因，带来新的理念、新的技术、新的商业模式。新能源汽车的技术进步应该双线作战，一条线就是着眼现在的发展，就是电池、电机、电控，以保障汽车的基本功能，另一条线则聚焦未来竞争，就是信息化、网联化、智能化，最终实现无人驾驶全新的体验，这需要造车企业与相关产业和企业进行广泛的跨界合作，特别是与互联网企业深度合作与互动，实现共赢。

（3）电动车＋智能网＋自动驾驶将助推共享出行。

共享汽车引发的是一场体系化、生态化的社会变革。共享汽车以不同的方式和服务满足了不同人群的出行需求，这种趋势还将以每年 30% 的速度在发展。在中国，互联网向智能网推进已经深入人心，而新生代消费者每天生活在互联网上，他们越来越接受少拥有、多分享的理念。传统的以汽车为中心的城市交通体系，很多已经严重超负荷，成为大城市病的一大顽症，而电动车＋智能网＋自动驾驶与共享出行搭配，为重构城市交通绿色出行、再造城市交通体系开拓了新视野、展现了新空间。

（4）汽车工业趋向大科学化。

在高新技术的推动下，汽车工业在经历“作坊汽车时代”“装配汽车时代”和“设计汽车时代”后，进入了“科学的汽车时代”。随着互联网、大数据、云计算、物联网、“互联网 +”、人工智能、5G 等技术快速发展和迭代，我们正逐步走近智能新时代。预计今后二十年的汽车科技创新将比过去 130 年还要多。汽车工业趋向大科学化，超导、控制、航天、军工、计算机、电化学、高分子化学、纳米、生物、信息和人工智能等高新技术应用于汽车产业；汽车产业作为先进制造业，正进一步向精密化、柔性化、网络化、智能化、敏捷化、清洁化、集成化方向发展，以适应全球汽车市场多样化和低成本的需求。

智能网联新能源汽车不仅仅是用电能替代燃油，它更是拉动这一轮工业革命的支柱型引领型产品，它有极强的能力，广泛吸纳信息化、网络化、智能化大数据、云计算以及新技术、新材料、新能源、电子电力、先进制造等方面的新发展、新势能，成为众多产业融合创新的一个大平台，促进技术进步和结构升级。

汽车技术路线的变轨也会带来能源、原材料、制造业、服务业和就业岗位的结构性调整，较大程度上会重塑产业生态。从汽车本身来看，它不再是一个无生命的“钢铁壳体”，它可不断迭代升级的活动，可以满足不断提升的用户体验。出行服务商成为更加重要的用户，他们对车辆要求的话语权会加重，汽车销售总量会受到制约，而对可靠性、耐久性的要求会提高。随着核心技术和软硬件构成的变化，垂直一体化的产业分工会被打破，水平型模块化将取得主导地位。汽车厂商横向与协作厂家、纵向与出行服务商和用户不再是一次性买卖关系，而是长期合作伙伴，整车企业的收益将更多来源于持续的增值服务。围绕未来汽车生产和服务的新型商业模式将加速涌现。

重新定义未来的汽车产业，就是要让实现与未来的对接。当前，汽车颠覆性变革的底层是可再生能源、是电动化、网联化、智能化、共享化的高度融合。未来的汽车作为支柱型龙头产品，连接着能源革命、交通革命、技术革命和消费革命。它是智能交通、智慧城市的基本单元，是将绿色能源、智能电网、未来出行、新一代移动通信链接在一起的纽带。据有关方面预计，到2030年，中国电动汽车的产销量将超过1500万辆，不同级别的自动驾驶基本普及，保有量将达到8000万辆。这个预测要变成现实，将涉及能源结构的调整、智能电网的建设、基础设施的升级、新一代移动通信的支持、产业链的调整改造、就业岗位的转移以及法律法规的调整等等，可以说，未来汽车颠覆性变革是一场波澜壮阔的产业革命。

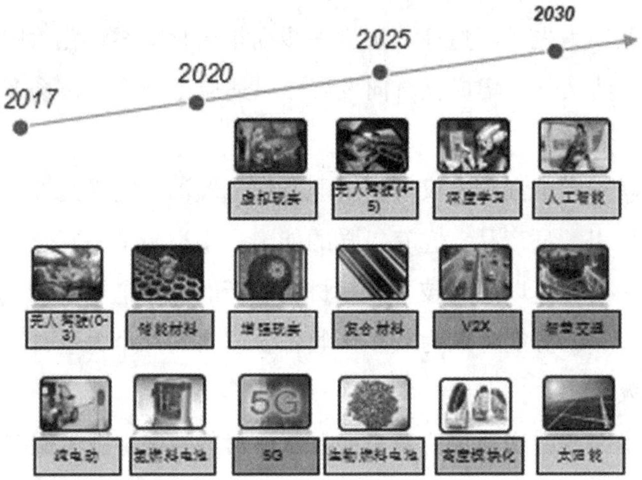

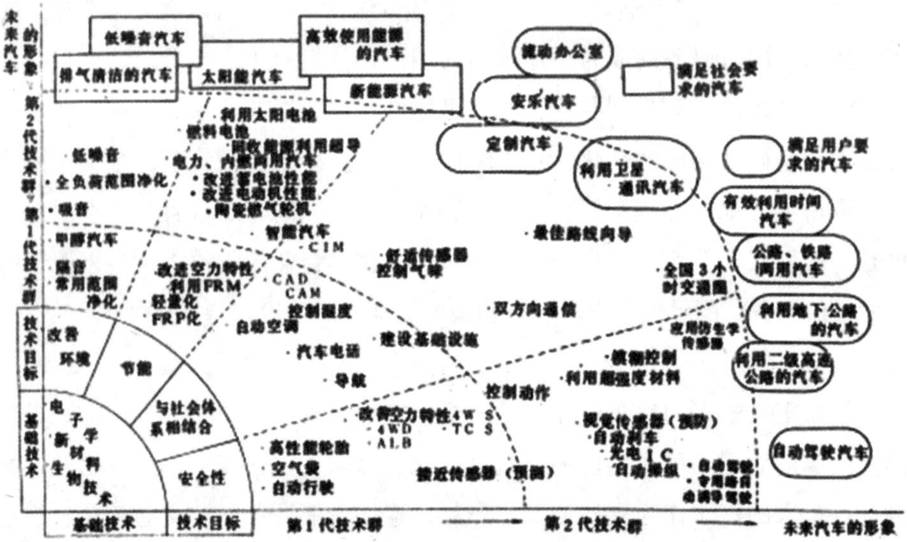

参考文献

[1] 汽车百科全书编委会编. 汽车百科全书.[M] 中国大百科全书出版社，北京. 2010.01

[2] Ernest H. Wakefield：电动汽车发展史.[M] 北京理工大学出版社，北京. 1998.08

[3] 陈全世，等：燃料电池电动汽车.[M] 清华大学出版社，北京. 2005.05

[4] 魏春源译：Bosch 汽车工程手册（第 3 版）[M]. 北京理工大学出版社，北京. 2011

[5][美] 杰里米·里夫金. 第三次工业革命 [M]. 张体伟，孙豫宁（译）. 中信出版社. 北京. 2012.6

[6] 李静海. 能源发展战略研究 [M]. 化学工业出版社，北京. 2004.9

[7] 陆敬严. 中国古代机械文明史 [M]. 同济大学出版社. 2012.5

[8] 张剑波. 车用动力电池的关键技术与学科前沿 [J]. 汽车安全与节能报，2012，3（2）.

[9] 朱盛镭. 改变汽车产业的先进制造技术 [J]. 上海汽车，2006，12

[10] 朱盛镭. 第三次工业革命对汽车产业影响分析 [J]. 上海汽车，2013，04

[11] 边耀璋. 汽车新能源技术 [M]. 人民交通出版社，北京. 2003

[12] 付于武. 中国战略性新兴产业研究与发展. 汽车新能源 [M]. 机械工业出版社，北京. 2013.01

[13] 朱盛镭. 新能源汽车产业 [M]. 上海科学技术文献出版社. 2014.12

[14] 刘雨亭等. 中国汽车工业史 [M]. 人民交通出版社，北京. 1996.8

[15] 仇克等. 上海汽车工业史 [M]. 上海人民出版社. 1992.10

[16][德] Erik Eckermann. 孙伟译. 从蒸汽机到汽车——交通机动化 [M].

电子工业出版社. 北京. 2006.7
[17] 蒋学伟等. 中国本土汽车企业成长战略 [M]. 清华大学出版社. 北京. 2015.1
[18] 中国汽车技术研究中心. 中国新能源汽车动力电池产业发展报告 (2017) [M]. 北京. 社会科学技术文献出版社. 北京. 2017.8
[19] 崔胜民. 智能网联汽车新技术 [M]. 化学工业出版社. 北京. 2016.8
[20] 黄晨东等. 系统工程指导下的产品开发 [M]. 北京理工大学出版社, 北京. 2014.7
[21] 朱高峰等. 全球化时代的中国制造 [M]. 社会科学文献出版社, 北京. 2003.2
[22] 李安定. 家庭轿车诱惑中国 [M]. 作家出版社. 北京. 1997.12
[23] 朱盛镭. 伴随能源发展的汽车产业 [J]. 科学画报. 2016.11
[24] 朱盛镭. 变化世界中的汽车产业 (1985—2009 论文汇编)[M]. 清华大学. 中国知识资源总库. 2009. 12
[25] [美] 阿尔特舒勒等. 汽车的未来 [M]. 人民交通出版社. 北京. 1992.2
[26] [美] 詹姆斯等, 余锋等译. 改变世界的机器 [M]. 机械工业出版社. 北京. 2015.3
[27] 李士等主编. 改变世界的力量 [M]. 科学普及出版社. 北京. 2000
[28] 陈光祖, 慧聪网编. 百奇——在中国的汽车零部件企业 [M]. 机械工业出版社. 北京. 2014.04
[29] 中国汽车技术研究中心. 中国汽车工业年鉴 [J]. 2000—2017
[30] 中国知网、百度百科、知乎等网络资源